互联网金融实践与创新

主　编／苏保祥
副主编／曾　颖

Hulianwang Jinrong Shijian yu Chuangxin

中国金融出版社

责任编辑：亓　霞　张清民
责任校对：张志文
责任印制：程　颖

图书在版编目（CIP）数据

互联网金融实践与创新 (Hulianwang Jinrongshijian yu Chuangxin) / 苏保祥主编 .
—北京：中国金融出版社，2015.12
ISBN 978-7-5049-8235-3

Ⅰ . ①互… Ⅱ . ①苏… Ⅲ . ①互联网络 — 应用 — 金融 — 研究
Ⅳ . ① F830.49

中国版本图书馆 CIP 数据核字（2015）第 286216 号

出版
发行 中国金融出版社
社址 北京市丰台区益泽路 2 号
市场开发部 （010）63266347，63805472，63439533（传真）
网 上 书 店 http：//www. chinafph. com
（010）63286832，63365686（传真）
读者服务部 （010）66070833，62568380
邮编 100071
经销 新华书店
印刷 北京松源印刷有限公司
尺寸 169 毫米 ×239 毫米
印张 24.5
字数 312 千
版次 2015 年 12 月第 1 版
印次 2015 年 12 月第 1 次印刷
定价 48.00 元
ISBN 978-7-5049-8235-3/F.7795
如出现印装错误本社负责调换　联系电话（010）63263947

序

互联网的应用最早起源于军事领域，直到20世纪90年代才步入商业化应用阶段，此后与社会经济各个领域不断融合，成为推动产业创新和经济增长的重要力量。在中国，互联网金融最初以电子商务和金融信息化的形态存在，直到阿里、腾讯、百度、京东等互联网公司从支付结算入手，用创新思维将互联网和大数据技术以艺术化的形式展现在公众面前，才得到广大用户的青睐和追捧。凭借超高人气，互联网公司渐进式地向互联网理财、P2P小额网贷、众筹、互联网保险等领域渗透，掀起一场面向传统金融业态和既有金融格局的革命。

诚然，互联网金融秉承“开放化、社群化、平台化、去中心化”的理念给商业银行等传统金融机构带来诸多挑战，关于存款被分流、网点空心化、收单费率恶性竞争的议论也甚嚣尘上。北京辖内银行业金融机构及监管者，都想就以下问题给出答案：“狼”是否真的来了？“狼”是否真的那么可怕？面对“狼群”攻击，应该束手就擒，还是逃之夭夭，或是勇敢反击？面对合作契机，是果断拒绝，还是舞步蹁跹、“与狼共舞”？

我们欣喜地看到互联网金融和传统银行业正在竞争与共荣中深度融合。从短期来看，新兴互联网金融业态对传统银行业的冲击主要在“中间部分”，即低净值客户的标准化产品和普惠性金融服务供给，而对风险厌恶型的极端保守客户和大中型公司客户、高净值个人客户等群体，在非标准化金融产品服务供给、风险管理、价格发现等专业领域的“两端部分”，传统银行业凭借专业能力、人才资源、数据优势等仍处于领先地位。因此，冲击和影响客观存在，面对业务分流、客群分化、竞争加剧的市场格局，传统银行业既要“居安思危”，也不可“妄自菲薄”。

当下信息时代快速发展，搭建信息共享、多方共赢的格局正在成为人们的追求。愿银行业金融机构以开放的心态、包容的理念和积极的态度，突破“水泥+鼠标”的桎梏，深刻理解和运用互联网精神内涵，以降低交易成本、拓展市场边界、丰富风控手段，主动在交互融合中形成多方共赢格局。

银行业金融机构从解决发展面临的实际困难、突出问题出发，深入研究分析了传统银行业的应对方向、发展策略和改革路径，总结出一系列既顺应互联网金融浪潮发展趋势、体现互联网精神内涵，又契合本行业务实际和专业特点、彰显银行业严谨审慎传统的良好做法，并做了许多有益的探索和创新。

作为银行监管者，我们也要不断更新监管理念和工作思维，创造更加公平、透明的监管环境，支持银行业金融机构在经济新旧动能转换中实现发展方式和经营模式转型升级，进一步提升服务实体经济的能力。

2015年11月16日

目　录

主题报告

专题报告

经典案例

主题报告

ZHUTI BAOGAO

鼓励创新融合　突出科学引导
支持互联网金融健康发展

北京银监局局长　苏保祥

处在互联网“风口”和金融财富效应交叉点的互联网金融俨然成为当下的热点话题。国际互联网技术直到 20 世纪 90 年代中期才在中国开始商业化应用，凭借“平等开放、交互融合、协作共享”的精神内涵和“万物互联”的技术手段，互联网金融在中国市场上从边缘技术到实现资金融通、支付结算和信息中介等中心功能也不过短短十余年时间。一方面，我们肯定这种供给创新激发消费潜力的经济新规则；另一方面，我们也需正视融合发展中的风险与挑战，以客观理性的态度，秉承开放包容，鼓励创新融合，突出科学引导，防范可能发生的区域性系统性风险。

互联网技术通过降低交易成本提升传统金融业态运营质效的事实毋庸置疑。一是资源配置效率和价格发现功能得以提升。通过基于大数据的微贷技术，小微企业和弱质客户赢得了更大的金融服务空间；公开透明的市场化投融资利率，改进了存贷款定价技术，有效推动了利率市场化进程。二是基础金融服务的可得性和普惠性得以提升。通过全天候无障碍的银证保在线业务和智能化网点打破了时空限制，截至 2014 年末，已有超过 5 亿人使用互联网及移动设备进行支付结算，电子银行对传统柜面业务的替代率已超过 60%。三是营运管理的集约化和标准化程度得以提升。通过数据集中、流程优化和系统整合，金融业务处理从传统分散式向工厂化、流程化、规范化的运营中心集中，业务效率和运营成本实现“一升一降”。四是风险防控的前瞻性和有效性得以提升。通过大数据挖掘和物联网同步，推动局地化、时点化、碎片化的传统风险管理思维向综合化、全面化、持续性的信息流风险管理方式转变。五是管理能力和改革创新的源动力得以提升。借鉴互联网企业扁平化管理、信息化流转、快速化响应的优势，传统金融机构管理理念和方式得以改善，互联网企业的“鲇鱼效应”激发出传统金融机构深度挖掘客户需求、“试错试新”加速产品迭代、勇于变革大胆创新的源动力。

在看到互联网金融提升金融服务效率和客户便利化程度的同时，我们也要密切关注互联网金融可能带来的问题和风险；在精心呵护互联网金融创新精神的同时，也要高度重视、有效维护金融稳定和金融秩序，保护消费者合法权益。

由于互联网技术和金融业务的高耦合性，互联网金融具有互联网、金融业及两者积聚合成后的三重风险，且风险的关联性、跨界性、传染性较强，极易衍生新的风险。

首先，互联网金融具有与生俱来的技术风险：一是计算机病毒、系统漏洞、黑客入侵、钓鱼网站诈骗等物理环境风险和运行平台风险；二是客户信息泄露、身份识别错误、账号密码伪冒等数据风险和信息安全风险；三是程序技术掌握不深、人为操作不当导致的系统失灵宕机风险。

其次，互联网金融没有改变金融的高风险属性，传统金融风险在互联网平台上甚至被进一步放大和延展：一是信用风险，如 P2P 网贷实际上是将融资风险转嫁给了投资者，但风险并未消失；二是流动性风险，如资金在互联网平台的高速运转和跨界流动极大地增强了对短期资金市场的依赖性，资金池交叉混用、期限收益错配极易引发兑付困难，导致流动性风险加大；三是市场风险，如股权众筹面临着经营失败、项目破产等风险，可能导致投资者投资损失甚至血本无归；四是操作风险，互联网金融的虚拟性使身份认定、资金流向、信用评价的做假成本更低，所谓的数据分析可能导致严重的信息噪音。

最后，上述两类风险叠加合成的“长尾风险”更应引起重视：一是道德风险，不法分子利用互联网金融平台开展非法集资、金融诈骗等犯罪活动，网络交易的虚拟性和非接触性使得犯罪手法不断翻新、损失波及面不断扩大。二是消费者权益被损害风险，如片面强调高收益、弱化风险义务、信息披露虚假等市场营销和“收益倒贴”的非理性竞争极易引致“劣币驱除良币”现象，一方面助长了金融消费者对投融资收益的过高预期，另一方面致使倒闭“跑路”风险增加，最终损害金融消费者、投资者实际利益。三是系统性风险，互联网金融的快速传播特征使得市场“羊群效应”凸显，个体非理性极易演化为集体非理性，一旦风险跨界蔓延，对经济金融的负外部效应将叠加放大。

有创新就可能有风险，有风险就会有挑战，作为存在三重风险的互联网金融也给现有金融监管体系带来诸多挑战：一是互联网金融实际深化了金融综合化趋势，在现有分业监管和机构监管为主的监管体制下，混业经营与分业监管的制度性安排需要加强协调，进一步发挥金融监管合力。二是传统监管思维更加关注单体机构和单项功能风险，但在互联网金融时代，关键核心技术、网络通信、生产系统、灾备系统等硬软件设施运行不当可能导致金融运行的整体性坍塌，这对金融信息安全基础设施维护管理和监管提出了新的更高要求。三是互联网金融改变了信息抓取、数据分析、风险评估等传统监管方式，新型监管人才的储备培养和知识技能更新的需求将更为迫切和现实。

起源于美国的互联网金融在中国土地上从无到有、从点到面实现了快速发展，一方面与中国金融市场的深度广度有关，另一方面也与中国政府鼓励创新、包容、开放态度直接相联。今后一个时期，我们应按照“依法监管、适度监管、分类监管、协同监管、创新监管”的原则，继续支持互联网金融创新融合，做好科学引导和监管服务工作。一是引导互联网金融回归服务实体经济和服务大众的定位，重视“互联网+产业+金融”的产业融合，发挥互联网金融对大众创业、万众创新的激励催化作用，以及对中国实施创新驱动发展战略、建设创新型国家目标的助推作用，打造内涵丰富、基础牢固的产业互联网金融平台。二是厘清行业发展思路，健全管理体制机制，明确监管职责边界，在防范风险前提下鼓励创新。人民银行等十部委已共同发布了《关于促进互联网金融健康发展的指导意见》，在各自监管领域既要合力做好宏观统筹，尊重市场规律、引导行业融合发展，又要分别开展微观指导，不断完善监管服务体系。三是以消费者合法权益和金融信息安全保护为目标，建立健全信息披露和消费者权益表达机制，一以贯之、灵活有效地保障互联网金融消费者的正当权益。四是以中国古典式的智慧艺术和西方哲学式的勇气担当，因势而谋、应势而动、顺势而为，科学处理创新发展与风险防控的关系，努力达到提高金融效率与维护金融稳定的动态平衡，实现互联网金融健康可持续发展。

最后，愿新兴互联网金融在包容中创新，在创新中发展，在发展中更好地实现“优化资源配置、提升金融效率、增进社会福利”的多方共赢目标。

“互联网+”时代商业银行的应对与思考

北京银监局副局长　曾　颖

随着以互联网为代表的现代信息技术（移动支付、社交网络、搜索引擎、大数据、云计算等）的快速发展，新兴电商凭借数据、信息和客户体验优势对商业银行传统盈利模式带来巨大影响。人民银行等十部委《关于促进互联网金融健康发展的指导意见》（以下简称《指导意见》）的出台，明确了互联网金融的发展方向。本文通过研究互联网金融新业态对传统银行业的影响，着力挖掘辖内银行在互联网金融浪潮中的融合交互、迭代创新和改革转型的良好做法，并尝试为传统银行的变革突破和专业化发展提供有益建议。

一、互联网金融的发展现状

互联网金融是传统金融机构与互联网企业利用互联网信息通信技术实现资金融通、支付、投资和信息中介服务的新型金融服务模式。目前，互联网金融与银行间的竞争主要集中在支付结算、融资和投资理财三大领域；现阶段互联网金融模式主要有第三方支付、P2P 网络借贷、大数据金融、众筹、网络理财、直销银行等。

在支付领域，截至 2014 年 6 月，国内获得第三方支付牌照的企业已经达到 269 家，不同服务牌照总数共计超过 500 张；2013 年，互联网支付占比扩大至 31.2%，其中支付宝、财付通等互联网支付企业占市场份额近30%，移动支付交易规模增长率高达707%。[①]在融资领域，截至2014年6月末，全国范围内活跃的P2P网络借贷平台共计1263家，半年成交金额接近1000亿元，投资者约29万人，行业存量资金约338亿元。在众筹融资领域，截至2014年末，众筹项目达到4494个，市场总融资规模突破44亿元，同比增长123.5%[②]。在网络投资理财领域，截至2014年7月，互联网企业及银行系网络理财产品均已超10款，基金系网络理财产品超50款，券商系网络理财产品超5款，网络理财用户规模达6383万人。在其他领域，京东白条等供应链融资模式也逐渐兴起。

二、互联网金融对传统商业银行的冲击与影响

互联网金融改变了信息的传递和处理方式，启发了多边市场意识，降低了交易成本和信息不对称因素。其从商业驱动入手，先商后融，凭借尊重客户体验、强调交互营销、主张包容开放等特点对商业银行传统的信用中介、支付中介和金融服务等主要功能形成冲击，从而推动社会资本配置模式由金融中介主导向金融市场转变。从短期来看，新兴互联网金融企业与传统银行的竞争领域主要集中在低净值客户的标准化产品和普惠型金融服务供给。

（一）储蓄存款分流明显

互联网金融打破了银行交易结算的绝对垄断地位，其与券商、保险、信托等其他金融机构的跨界合作也在改变着资金支付版图，从而分流银行原有沉淀资金。特别是具有高收益率和“类存款”特征

① 资料来源于《中国互联网金融报告（2014）》。

② 资料来源于艾瑞咨询公司报告。

的互联网理财对商业银行储蓄存款冲击明显。以个人业务较有优势的招商银行为例，据估算招商银行北京分行被互联网金融分流的储蓄存款，2013 年超过 50 亿元，2014 年超过 300 亿元，2015 年前 7 个月已超 970 亿元。农业银行北京市分行 2014 年每月向支付宝账户净流入 30 亿～40 亿元，2015 年增至 60 亿～70 亿元。

（二）零售信贷业务受到一定影响

在个人融资领域，互联网公司、电商企业借助交易平台和交易数据沉淀积累了大量优质商户和客户，同时基于对电商平台交易数据、用户社交网络和行为习惯的分析处理，建立起网络信用评级体系和风险计算模型，并据此向网络平台商户发放订单贷款或信用贷款。如“阿里小贷”成立以来累计放贷超过 1000 亿元，“京东白条”、支付宝“花呗”服务等信用支付产品通过简化用户审核、低息信用、场景匹配等优势对银行消费信贷产品构成一定的影响。

（三）支付及收单业务份额快速下滑

2014 年，第三方移动支付交易规模达 7.77 万亿元，继 2013 年 800%的环比增速后，再次迎来近 500%的环比增速，①线上收单对线下收单、第三方支付平台对银行支付清算替代效应逐步放大。一是资金清算去银联化，第三方支付平台借助快捷支付与银行实现直联；二是银行被管道化，越来越多的支付场景中仅能在支付宝与微信两种支付方式中二选一，银行卡只能选择与其绑定；三是支付低成本化，第三方支付平台的收单费率由 1%降至 0.1%，甚至免费，但银行信用卡

① 资料来源于易观智库发布的《2014 年度中国互联网产业核心数据盘点报告》。

接入“银联在线”的成本费率则达到 0.4%；四是服务客体全覆盖化，第三方支付机构可提供资金收付、跨行转账汇款等类银行业务，且客户类型覆盖大中小企业和个人客户。上述特点致使传统银行的原有市场份额正被第三方支付机构不断挤占，互联网及移动支付市场份额从 20%提升至当前的 50%，线下收单业务量则从 76%降至 48%。以建设银行北京市分行为例，2012—2014 年，银行卡收单业务交易额增速低于第三方机构增速 20 个百分点以上。

（四）客群结构和行为特征显著变化

受基础金融服务支撑，互联网金融尚未对银行客户总量造成重要影响，但客户结构和金融行为已发生深刻变化。一是存量客户移动化、年轻化趋势特征明显。2012 年至 2015 年上半年，北京银行个人网上银行用户由 200 万户增至 390 万户，年均增幅为 30%；手机银行用户由 10 万户增至 90 万户，年均增幅高达 130%；直销银行客户中移动端占比为 64%，40 岁以下客户占比为 68%。二是业务办理渠道经历了网点柜面—自助设备—PC 终端—移动终端的变迁。从 2012 年以来，农业银行北京市分行自助设备布放数量增速超过 90%，但 ATM 现金交易额、笔数及 ATM 转账交易额、笔数仅分别增长 33.50%、18.5%及 18.81%、7.73%，交易量与设备规模增速悬殊。三是信息脱媒现象开始加速。互联网金融兴起后，银行客户活跃度降低、业务办理量减少，信息的充足性、时效性和实用性明显下降，银行运用数据进行风险管理的有效性、业务拓展的精准度受到影响。

三、传统商业银行具备的优势

虽然互联网金融对银行业务形成冲击和挑战，但冲击仅限于经营方式而非资金融通的本质。对于大中型公司、高净值个人客户、非标准化金融产品服务，以及风险管理、价格发现等专业领域，传统银行凭借技术和人才优势仍处于领先地位。

（一）风险管理是银行的核心优势

人民银行等十部委下发的《指导意见》明确指出，互联网金融本质上仍属于金融，没有改变金融风险隐蔽性、传染性、广泛性和突发性的特点。而在风险管理上，商业银行有与生俱来的优势，在几十年的发展过程中积累了丰富的风险管理经验，获取了大量客户的风险管理数据，建立了严谨的风险管理制度，研发了先进的信息管理系统，这些都是互联网企业无法比拟的优势，且在短期内无法超越。面对互联网金融的冲击，银行业必须继续坚持风险管理不放松，加强风险管理能力建设，完善和创新风险管理工具，才能在互联网金融的发展竞争中立于不败之地。

（二）金融人才资源是银行的财富优势

互联网金融并没有脱离金融经营风险、管理风险的业务本质，金融互联网化更需要既懂经济金融又懂信息技术，既懂风险防控，又懂监管规则的复合型专业人才。商业银行在长期发展中逐步培养出一支专业能力和风险管控并重、营销能力和内部管理兼顾的人才队伍，同时建立起系统相对完善的集理论培训与实践锻炼为一体、老中青衔接紧密、前中后台全覆盖的人力资源培训体系和人才队伍进阶发展机制。这种机制是商业银行持续稳健发展的基石，也将在未来竞争中为传统银行业带来不可比拟的长期优势。

（三）数据挖掘应用是银行的后发优势

互联网企业凭借对大数据的充分挖掘和应用、良好的客户体验抢占了部分商机。银行在常年经营中也掌握了客户的大量数据，只是在传统业务发展模式下未充分使用和挖掘数据的潜在价值，各内设部门和业务版块之间也未能实现数据连接和共享，形成大量的“信息孤岛”，潜在资源没有得到充分利用。目前，商业银行已逐渐认识到大数据的核心价值，并着手数据挖掘和系统研发，产品创新与数据应用也迅速跟进，这些都将助力银行转型发展。

（四）客户差别营销将助力银行发挥特长

深入分析互联网金融的产品特点、客户结构，我们不难发现，小额支付、小额理财、小额信贷是其最大的优势，这部分客户群体呈现年龄轻、亲网络、少资产、轻规模的特点，这些客户在银行的占比相对较小。对另外三大群体来说，银行仍具有较强的吸引力。一是中高龄个人客户，他们的工资发放、储蓄理财、日常结算、水电燃气等费用缴纳仍然高度依赖银行渠道，维系这些客户既能带来一定规模的资金沉淀，又能体现银行应承担的社会责任。二是高端客户，互联网金融十分强调交易小额便捷化、交流虚拟网络化，而银行高端私人银行客户资产规模高，大额、低频的交易特点使其更加强调交易的安全性和交流的私密性，因此高端客户目前仍然对银行更为信任，更希望享用银行专属化、高端化、小众化的金融服务。三是大中型对公客户，虽然众筹融资平台正在积极向服务大客户、筹集大资金转型，但其风控能力的缺乏、资金稳定性的不足仍然无法满足中大型客户的融资需求，部分电商企业虽然也在设计闭环的供应链融资，但流动性的缺乏易导致供应商资金大受挤压，推高小微企业融资成本，银行在流动性管理、为小微企业提供低成本融资等方面的优势仍然存在。

（五）数据保护有效使客户更为信赖

互联网金融的发展源于对客户数据的获取及充分挖掘。但是，在利用数据为自身盈利的同时，如何确保数据的安全性，保证客户隐私不被泄露，是互联网企业面临的挑战。2015 年以来，陆续出现多起互联网企业因系统故障导致客户信息被泄露的事件，凸显出互联网企业在数据保护有效性方面的漏洞和不足。与之相比，银行对客户数据的保护更为有效：一是银行的信息科技系统建设较为完备，系统运行稳定性强，风险管理等级高。二是数据的使用、复制、对外公布受到严格的内控机制约束，内部人员违规获取、泄露客户数据的行为相对较少。三是银行监管部门对银行实施了较为严格的信息科技监管，银行高度重视客户数据的安全性管理。银行在数据安全性管理上的自发需求和外部约束，使其较互联网企业更具可信度，更能得到客户的信赖。

（六）监管规则统一使竞争更为公平

近年来，互联网金融企业之所以快速成长、急剧扩张，原因之一是较少接受外部监管，政府和监管部门在较大程度上给予其自由创新、野蛮生长、“试新试错”的空间，但也出现较多问题，失败破产后不对投资人进行补偿，跑路失联者比比皆是。与之相比，银行的创新则受到内控管理、社会责任、监管规则的诸多限制，两者所受到监管和约束极不对等。随着人民银行等十部委正式下发《指导意见》，互联网金融从业机构的准入标准、监管主体、信息披露等得以明确，相关监管规则也将进一步细化，银行和互联网企业将面临相对统一的监管规则，两者之间的竞争将更加公平。

四、传统商业银行的改革转型与融合应对

面对互联网金融的冲击和影响，传统商业银行大多数以开放性姿态顺应发展浪潮，广泛应用“平台开放、客户体验、交互营销”的互联网金融内涵和现代科技成果整合升级产品服务，着重从互联网金融业务的顶层设计、制度保障和技术支持层面积极探索，促成互联网金融与传统银行业务的交互融合。

（一）组织战略层面注重顶层设计

传统商业银行纷纷将“互联网金融”放在银行改革创新和发展转型的战略位置，从组织架构搭建、中长期发展规划、信息科技系统建设、业务板块整合统筹、全面风险管理等内容入手“自上而下”整体推进。工商银行2015年9月发布了“E-ICBC 2.0”互联网金融银行品牌战略，初步建立了集五大功能（支付、融资、金融交易、商务、信息）、三大平台（电商平台、即时通信平台、直销银行平台）、三大产品线（支付产品、融资产品、投资理财产品）为一体的互联网金融服务和运营体系。北京银行利用战略投资者荷兰ING集团在直销银行方面的先进经营理念和技术援助，于2013年9月推出国内首家直销银行；同时，依托中关村高新科技园设立中关村小巨人创客中心，尝试打造线下投贷孵联动、线上合作互动的社区，打造“互联网+创客”、“互联网+资本”、“互联网+信贷”、“互联网+孵化”的互联网金融生态圈。

（二）商业模式层面强调跨界融合

商业银行在深耕传统金融业务的同时，也遵循互联网精神打造“工具+社群+电商平台”的商业模式，将个体客户的分散需求有效聚

拢、沉淀在一个统一平台上，探索建立“以客户留客户”的新业态模式，并努力形成和打造闭环流动的新价值需求和泛金融生态圈。民生银行直销银行颠覆了传统电子渠道的“辅助服务角色”，创造了“拓展新增客户平台”的新价值，重点关注“忙、潮、精”（工作繁忙、深入网络化生活、价格敏感型客户）三类目标客户群，截至2015年10月，直销银行客户数逾240万人。建设银行集资金流、信息流、物流为一体的“善融商务”平台对互联网企业普遍收取的保证金、年费、服务费、交易手续费等实行了全免，截至2014年末，“善融商务”平台注册会员数突破800万，交易额460亿元，融资规模达10多亿元。

（三）信息系统与渠道平台体现深入全面

互联网金融的发展离不开大数据的积累挖掘和信息科技系统的配套支持，未来银行业的竞争更体现为数据积累、信息系统和计算挖掘能力的竞争。工商银行在系统研发中始终坚持“自主研发、自有产权”的原则，同时成立了由一把手挂帅的领导小组及跨部门协调团队，在已有的大数据应用基础上组建了400人的专职数据分析师团队，搭建了良好的互联网金融硬件、软件架构。北京银行于2015年7月与蚂蚁金服旗下的芝麻信用签订战略合作协议，双方在用户授权和保证信息安全的前提下，拟联合运用个人金融数据、网络行为数据、公共机构数据进行用户画像、关系识别和场景匹配，为互联网大数据、云计算批量用于传统商业银行作出有益尝试。

（四）服务产品层面突出创新丰富

创新高质量、品种丰富的金融产品是银行伸向客户的触角和服务客户的有效载体，也在一定程度上决定了金融互联网战略的成败。近年来，辖内商业银行在产品创新上顺应新兴消费习惯，开发出便捷存取款、信息查询、快速支付等产品和工具，详见下表。

辖内部分银行互联网创新产品表

银行	无卡取现	手机 APP	微信银行	扫码支付	即时通信	网络小贷	借记卡理财
工商银行北京市分行	√	√	√		√	√	√
农业银行北京市分行	√	√	√			√	√
中国银行北京市分行	√	√	√			√	√
建设银行北京市分行	√	√	√	√		√	
交通银行北京市分行	√	√	√			√	√
北京银行	√	√	√			√	√
招商银行北京分行	√	√		√		√	√
中信银行总行营业部		√	√	√		√	√
民生银行总行营业部	√	√	√	√（指纹支付）		√	√
平安银行北京分行	√	√				√	√

同时，辖内银行充分发挥在公司客户风险管理、供应链整合方面的优势，研发新的产品。例如，建设银行利用积累的供应链融资经验，整合央企集团内部应付账款资源，在央企对相关应付账款确认并增信后，通过与央企集团建立一对一互联网接口向其“应付账款”供应商快速发放贷款，实现了从产业端介入、批量解决中小企业融资困境的融资模式。

五、政策建议

（一）重视顶层设计的统筹规划

互联网金融不是互联网信息技术在商业银行传统领域的简单应用，而是运用互联网思维对传统银行的流程再造和体制机制重塑。一是商业银行应从法人层面进行全局规划，以集团化、协同化、长期化战略布局互联网金融，并自上而下整体推进，从组织架构、系统建设、品牌战略、体制机制、激励考核、人才储备等方面进行战略规划布局。二是凭借全面的风险管理技术、投资银行产品链、综合化投融设计等优势，提供定制化、精细化、专业化服务。三是在对公业务、高端服务、专业服务上确立自身的优势，对标准化、同质化、普惠型的零售业务则可适当作出取舍，同时将互联网思维和技术作为自身服务的延伸和补充。

（二）重视商业模式的变革转型

一是适应利率市场化趋势，从现有重资产的经营模式向轻重资产并重的经营模式转型；二是顺应互联网金融的免费化、社群化、互动化商业模式，通过尊重用户体验、解决急切“痛点”、跨界交互营销争夺公众关注和流量资源，利用差异化的延伸价值和增值服务获取盈利；三是转变盈利点，由传统的产品服务提供者转变为建立产业供需连接点、搭建平台生态圈，实现新的盈利增长点；四是依托自身在风险管理、金融人才储备、投融资专业化、资本规模等方面的优势，借鉴互联网金融企业的组织模式、技术创新和服务理念，加快产品和服务更新迭代，重塑传统业务流程。

（三）重视风险控制和大数据挖掘能力提升

一是强化风险管理，发挥内部控制专业性和风险控制有效性的传统优势，实现便捷性与安全性的统一，提升商业银行的核心竞争力。二是强化数据积累和挖掘应用，树立数据也是金融资产的意识，拓宽数据维度、提高数据可比性，重视对客户行为数据的获取、比较和分析，打通银行内部的“数据孤岛”。通过数据整合应用，丰富客户全景视图，提升内部管理精准度和产品服务价值创造能力。三是将信息使用授权和信息安全保护提升到全面风险管理的重要位置，既要做好信息共享、交叉营销，又要严格信息使用授权审批，筑牢风险防火墙。

（四）重视平台渠道的持续改进

互联网金融创新经历了“产品—服务—平台—社群”的升级递进，在平台和社群的高级阶段，银行产品和服务将通过用户链接和自我复制传播。传统银行应从平台层面入手，逐步打造适合不同用户的社群模式：一是发展自有平台，打造银行平台生态圈，持续加大业务与产品创新力度，打造网络金融系列服务产品，推动传统银行业务网络化、移动化的转型。二是结合自身物理网点现状，积极布局直销银行，突破网点界限、降低投融资门槛，强化对草根阶层和小微企业的潜力挖掘，通过 B2C 模式实现规模定制化，以“多款少量”的产品来增加客户黏性和盈利水平。三是利用已有平台、社群的数据积累和交易行为分析，打造无纸化、简约化、跨地域的一站式服务平台，提供产业链、供应链等批量化金融服务。

（五）重视服务体验的重塑升级

传统银行应重视虚拟人群的聚集和“平等、包容、参与”的新经济规则，重视银行软智能的打造：一是以“开放、共享、透明”精神改进金融服务，更好地服务现有客户、吸引潜在客户。二是重视客户体验，发挥虚拟网络和物理网点的差别化优势，突出线下服务重体验、线上服务重效率的特点，促进线上线下服务质效同步提升。三是重视应用场景的丰富和人性化，通过将金融产品功能内置于应用场景中，培养用户习惯，增强客户黏性。四是优化工作流程、调整审批机制，增强创新反应速度，对影响用户体验、增加交易成本的业务节点和流程进行快速调整。

（六）重视监管服务的示范引领和包容创新

互联网金融浪潮同样也给传统的分业监管、机构监管模式带来了新的挑战。银行业监管者应遵循“依法监管、适度监管、分类监管、协同监管、创新监管”的监管原则，快速适应线上线下金融服务增值延伸，金融、非金融跨界融合和综合化经营变化。一是树立“与市场同在”和“寓监管于服务”的全新监管理念，在守住不发生系统性、区域性风险前提下，从制度层面给予市场参与者主体一定的政策引领和支持。二是秉承兼收并蓄和开放包容的积极态度给商业银行预留一定的“试错试新”空间。三是持续提升监管专业水平和跨领域协调解决复杂问题的综合能力，强化金融配套服务职能，简化冗余监管流程，鼓励和引导有利于提振消费和实体经济的新兴便利业务。

专题报告

ZHUANTI BAOGAO

互联网金融发展实践与思考

中国工商银行北京市分行行长　王珍军

作为现代信息技术的代表和新经济模式的主要载体，互联网自20世纪60年代末诞生以来，正以惊人的速度影响并改变着世界。通信、零售、传媒等诸多行业的经营与商业模式，都因互联网的渗透而发生革命性变化，也对银行业产生了深刻影响。20世纪90年代美国安全第一网上银行（SFNB）的成立，代表着网络银行开始冲击银行传统业务，其革命意义上的碰撞，促使银行界开始纷纷引入网络信息技术改进自身金融服务。目前，借助大数据、云计算、社交网络和搜索引擎等信息技术优势，互联网技术与金融业相融合，创造了新型的金融形态，在支付、融资、存款、信息资源等核心业务领域，打破了传统的金融界线和竞争格局。互联网金融的发展对传统商业银行的地位形成了深层次的冲击和挑战，也创造出新的市场机会和盈利空间。在这样的大背景下，工商银行北京市分行就互联网金融业务发展态势进行了调研，具体情况如下。

一、互联网金融对银行业务的冲击

与最初单纯引入互联网技术改善金融服务相比，当前的互联网金融模式更多地体现在互联网企业依托服务平台，通过商业模式和服务模式掌握个人消费、商户经营等核心信息资源，从用户端将服务延伸至银行的支付、融资等核心业务，带动周边金融服务需求，这与前者存在本质不同。现阶段，互联网金融对工商银行业务的冲击主要体现在五个方面：一是在资金流方面。自 2013 年下半年以来，受互联网金融高速发展、非银行金融机构跨界经营等因素影响，储蓄存款经营环境发生较大变化，增长动力相对不足。从中央银行公布的数据来看，2014 年人民币存款同比少增 3.08 万亿元，而同期互联网理财产品占据半壁江山的货币基金规模达到 2.18 万亿元，当年新增 1.35 万亿元，互联网金融对传统金融业务的冲击愈加明显。二是在客户群方面，工商银行北京市分行个人客户、个人网银客户及个人网银证书客户保持近十年的加速增长，但以 2013 年为拐点，增速明显放缓。随着互联网金融的快速发展，第三方互联网公司全力加速抢占市场份额，特别是第三方支付金融产品对银行产品功能的替代性越来越强。三是在渠道平台方面，工商银行北京市分行 2014 年与上年相比，柜面持卡人数下降了 12%，自助机具数量上升 13%，柜面工作量下降了 16%，自助机具交易量上升了 6%。个人网银交易额同比增长 18.9%，手机银行交易额同比增长 83.55%。客户从柜面到线上、再到移动端规律明显。四是在信息源方面，目前工商银行个人贷款客户信息来源仍为合作机构渠道和自身网点渠道，在自有网银渠道也提供自助贷款服务，互联网金融对银行个人贷款信息来源尚未产生明显影响。五是在支付及收单业务方面，根据易观国际数据，综合线下 POS 机和互联网支付的交易量，银联商务、支付宝和财付通占据前三位，市场份额超六成，排名前八的支付机构瓜分了九成以上市场份额。从全国第三方支付发展趋势看，互联网支付和移动支付发展空间巨大，线下收单业务可能会继续萎缩。2010—2015 年，互联网支付及移动支付市场占比从 20%提高到 50%，线下收单从 76.9%降至 48.1%。从线上收单看，业务规模逐年放大，2014 年分行线上收单业务量同比提高 50%。在交易构成上，第三方支付机构占比在逐年增加，2014 年第三方支付机构线上收单量在分行线上收单业务量中占八成，同比提高两成。第三方支付机构以聚合的线上流量入口资源、银行渠道整合优势、极低的边际成本，持续给商业银行传统收单市场带来冲击。

二、工商银行布局互联网金融的相关举措

面对互联网金融和大数据时代的风云变幻，抓不住就是挑战，抓住了就是机遇，工商银行从 2014 年起对新时期互联网金融的发展进行了深入研究和整体谋划，2015 年初更是将“互联网金融”作为全行 18 项改革创新任务之一，成立专门工作领导小组和跨部门团队加快推动，明确了全行互联网金融建设的总体任务，即年内初步构建集支付、融资、金融交易、商务、信息“五大功能”于一体，较为完备的互联网金融服务和运营体系，建设三大平台和三大产品线，构建线上线下交互联动的服务体系和深层多维的大数据应用机制，争取通过几年超常规发展，牢固确立在互联网金融领域的领军者地位，打造全新的 E-ICBC。

（一）加快三大平台建设

打造开放式网络银行，建立生态级金融平台，工商银行正在以三大开放策略构建开放的金融平台。

一是电商平台。“融 e 购”平台自 2014 年 1 月 12 日上线以来，通过搭建平台，整合银行客户、产品、渠道，实现商品交易与支付、融资等金融功能的无缝结合，拓展信息应用的深度和广度，推出更为贴近市场、更加符合客户需要、更富效率和价值的金融服务，走出一条“以融引商，以商促融”的电商平台发展新路。在零售商城方面，

"融 e 购"平台秉承"名商、名品、名店"的定位，商家汇集数码家电、汽车、金融产品、服装鞋帽、食品饮料、珠宝礼品、交通旅游等覆盖 40 余个行业、近 4000 个品牌、数万件畅销商品。支付方式包括网银和工银 e 支付，购物可贷款、积分能抵现。在企银合作方面，除企业商城外，工商银行在 B2B 领域还将推出 B2B 投资银行、B2B 大宗商品、B2B 航运平台等。目前 B2B 投资银行已上线。

下一步，我们将充分发挥工商银行在金融服务领域的专长，充分利用全行综合优势，从商户和用户两端发力，积极抢占外部市场。针对商户和商品拓展，在坚持"三名"定位、保持商品较高价值量、维护品牌信誉的基础上，扩大商户规模，丰富商品种类。结合平台热销商品类别和行业发展趋势，着力吸引包括国际知名品牌、地方名特优企业等在内的一批优质商户入驻，并通过健全推荐审批和责任追究机制、加强市场研究和数据分析、加快系统对接开发进度、强化银行增信作用推介等一系列有力措施，实现成熟商户和热销商品的多上线、快上线。进一步突出"融 e 购"的金融性和服务性，争取更多缴费类和投融资类产品入驻平台，带动银行支付、融资和存款业务发展。针对用户扩容，不断改进和提升对用户的营销服务工作，做大做实用户规模。以"积分抵现"为突破口，将"融 e 购"积分应用与精准营销、交叉营销、睡眠户唤醒等工作结合起来，广泛利用短信、网银、微信等线上媒介开展宣传互动，把"融 e 购"打造成工商银行线上重要流量入口和揽客渠道。不断改善平台功能和客户体验，加紧推出基于大数据应用的电商推荐服务，定期组织商户精选优质商品、推出优惠价格，并相应抓好网银开放式改造及逸贷、分期付款等产品的内置与衔接，有效激发潜在用户的参与热情和购买欲望。目前，为企业客户提供线上交易撮合、支付、融资、数据分析等综合服务的 B2B 商城已上线运营。下一步将在大宗商品交易模式投产的基础上，加紧推出供应链金融及航运金融两大主题模式，并尽快将网贷通等易于通过网络办理的融资业务整合到B2B商城。

二是直销银行平台。直销银行不依托实体网点和物理柜台，主要通过网络、手机、电话等远程渠道为客户提供银行产品和服务，既有纯线上模式，也有线上线下融合模式。工商银行直销银行采取的是后者，目的是要打造一个开放式、快捷购买的精品业务平台，吸引他行客户购买工商银行理财、贵金属、外汇、基金、保险等产品，并进而转化为工商银行客户，同时在一定程度上激活工商银行存量客户。

三是即时通信平台。目前，即时通信软件已经成为客户沟通和社交的主要工具之一，成为客户信息集成的主渠道。最具代表性的是腾讯推出的微信，其通过朋友圈、公众号、微网等整合了大量生活和商业服务资源，打造了一个与人们日常生活和社交活动密不可分的移动互联生态平台，并通过微信支付构建了信息流、资金流、交易流“三流合一”的商业生态闭环。工商银行一直高度关注客户沟通方式和社交行为的变化，推出了工商银行微信方式的银行，目前签约客户超过500万户，日推送信息200多万条。但这种模式的后台建立在外部合作方，没有实现真正意义上的闭环。为此，总行决定建设工商银行自有的即时通信平台，对客户的信息推送、客户管理、客户交易都依托这个平台实现。这一产品成熟后，将会对银行客户营销方式和服务模式产生影响。例如，通过构建社交型的沟通渠道，改变客户经理传统办公方式，能真正使客户经理“走出去”营销，同时也有利于节约网点和95588资源。以全员、即时、移动、按需的机制建设、解决服务规模与效率的问题。未来工商银行的手机银行、“融 e 购”、即时通信平台三个客户端将分别从金融服务、电子商务、社交与生活服务层面作为客户流量入口，并相互之间通过业务场景进行串联和导流，整体建立起工商银行移动互联网金融的生态圈。

（二）加快三大产品线建设

一是支付产品线。工商银行对现有支付体系进行完善，按照“小额讲便利、大额讲安全”的原则，打造新的支付模式。工银 e 支付就是工商银行的快捷支付方式，主要是满足客户日益增多的便利支付需求，争夺第三方支付在小额快捷支付上的份额。2015 年以来，工银 e 支付发展势头非常好，现在要进一步将工银 e 支付嵌套到现有支付方式中，方便客户购物、转账时直接开通；同时要扩大工银 e 支付在年轻客户和重点目标客户群体中的覆盖面。

线上 POS 可支持多银行支付和收单，既能较好地满足商户一点接入支持多银行的需求，也为他行客户在工商银行电商平台上购买商品创造条件，将大大弥补过去因不能支持跨行支付和收单造成的竞争短板。同时，与其他第三方支付相比，线上 POS 最大优势在于可通过办理逸贷打通“支付+融资”，为客户合理安排资金提供了便利。目前，线上 POS 已在工商银行“融 e 购”平台推广应用，下一步将加大推广力度，拓宽使用范围，形成规模效应，带动线上线下业务整体发展。

二是融资产品线。目前小贷、P2P、众筹等互联网融资尽管模式各有不同，但目标市场均面向小微企业和个人消费者的小额融资领域，同时也是工商银行信贷转型需要着力深耕的领域。在互联网融资上，工商银行探索起步较早，包括借记卡和贷记卡逸贷、小微商户逸贷公司卡、网贷通等，均为可以直接在线上办理的融资产品。今后，工商银行还将从流程、机制、制度等方面入手，抓紧对现有产品进行互联网化改造，使其更贴合客户需求、更具有竞争力，真正成为互联网融资市场的引领者。

新推出的逸贷业务是工商银行研发的基于线上 B2C 和线下 POS 的小额信用贷款产品，涵盖了个人消费信贷和小微商户信贷两大领域。投放市场近一年来，发展势头较好。该产品依托“额小、面广、量大”的特点，具备成为消费信贷拳头产品的巨大潜力。近期，工商银行还将推出个人金融资产自助质押贷款平台，满足客户需要资金周转时即可自助办理质押贷款业务的需求。

网贷通是工商银行 2006 年开发的面向小微企业的网络融资产品，能较好满足小微企业“短、频、急”的融资需求，成功获得了市场的肯定和认可。下一步，工商银行将立足网贷通业务，对小微企业发展模式进行改进和完善，通过供应链、商品交易平台，将客户资金链、信息流、物流进行整合，实现营销客户、高效审批和控制风险工作的模型化、自动化、批量化，降低运营和风险成本，增强产品适用性，并进一步将目标客户下沉到更为广阔的微型企业信贷市场，推动小微企业金融的可持续发展。

三是投资理财产品线。当下互联网金融行业的互联网理财产品发展迅猛，尽管对银行存款造成一定的分流和冲击，但也在某种程度上帮助我们拓宽了投资理财的思路和市场。借鉴“客户门槛低、操作更便捷、产品标准化”的互联网理财理念，工商银行将加快投资理财产品的创新和改造，突破互联网理财的竞争重围，打造互联网理财领先品牌，尽早开发针对“长尾”客户，购买起点低、流动性高的互联网专属便民理财产品，在扩大普惠金融服务的同时，将这块传统经营模式下的“贫矿”改造成新盈利模式下的“富源”，提高大众理财市场获利能力。同时，进一步精简交易流程，不断适应客户交易习惯变化，使投资理财交易更加开放、便捷。近期，工商银行在同业中率先推出了工银 e 投资客户交易终端，作为一款全新的开放式交易工具，工银 e 投资客户交易终端不仅能方便客户利用碎片时间随时随地进行理财，还可利用即时通信工具实时互动交流。下一步，工商银行将加快网银和手机银行投资理财功能的电商化改造，优化界面和交易流程，提高操作便捷性。丰富投资产品，在进一步充实货币基金、保本理财等低风险产品种类的同时，加快账户交易类、贵金属等领域的投资产品创新，丰富投资标的，以更专业、更丰富的产品满足客户投资、套利、避险等不同需求。

（三）构建线上线下一体化服务体系

随着移动互联技术的发展和智能移动设备的普及，客户金融服务需求和服务获取方式发生了深刻变化，金融服务和交易加速向线上迁移，尤其是以手机银行为代表的移动服务增长迅猛，2014 年工商银行北京市分行网上银行交易笔数增长率为 15%，而手机银行增速高达 186%，正在取代 PC 端成为线上主要入口。与此同时，全行柜面交易量总体呈逐步下降趋势，目前日到网点办理业务的客户数较 2009 年下降了 25%。但我们也认识到，物理网点在满足客户，特别是中高端客户的个性化和差异化需求等方面仍然扮演着重要角色，这也是工商银行区别于其他互联网企业的最大优势。在互联网金融大发展的时代背景下，工商银行北京市分行将加快存量网点的布局优化和服务转型，加强与线上渠道的互动，把强大的落地服务与高效的线上服务结合好，整体构建“任意一点接入、线上线下互联互通、全程响应”的一体化渠道体系，打造出互联网企业无法媲美的服务体验。

三、应对互联网金融浪潮的问题及建议

创新是推动金融向前发展的动力，工商银行正在积极构建互联网环境中的金融服务体系，但互联网金融，其金融本质未变，风险控制要求未变。在创新过程中，如何寻找金融服务安全底线与客户需求之

间的平衡点、如何把握金融生态环境搭建中跨界探索边界、如何将开放的互联网工具应用于严谨的风险控制都是亟待解决的问题。近期，《关于促进互联网金融健康发展的指导意见》、《非银行支付机构网络支付业务管理办法（征求意见稿）》等政策性文件的陆续发布，将使互联网金融逐渐回归金融本质，期待更多的实施细则出台，指导创新工作开展。

信息经济时代的到来，推动互联网成为了构建现代社会的基础设施。随着金融场景从线下到线上的转移，金融互联网化已成为金融服务行业的发展趋势和战略选择，其基于互联网“开放、平等、协作、分享”的精神，也牢牢契合工商银行“以客户为中心”的经营理念和服务方向。工商银行北京市分行将根据监管要求，在总行统一部署下，坚持以互联网思维构建网络银行服务模式，加快经营转型和业务创新。从流程驱动向数据驱动，从做产品向做客户，从做功能向做场景，从做渠道向做平台转变，以平台思维整合各个渠道，在保证安全稳健运营的前提下，不断适应移动互联网时代客户需求和消费模式的新变化，充分发挥大型银行在互联网金融建设中的作用。

互联网金融发展态势分析及应对建议

中国农业银行北京市分行行长　陈　军

2015 年初，李克强总理在《政府工作报告》中首次提出“互联网+”行动计划，“互联网+”成为社会焦点。从商业模式角度来说，互联网建立了新的商业业态，加速了金融服务实体经济的时效。在互联网时代，国内银行无一例外地将互联网金融战略作为转型升级的核心战略，从各方面加大资源倾斜，以期抢占互联网金融制高点。

一、互联网金融发展前景预判

互联网金融中国化是必然趋势。互联网金融在中国的具体国情下，将更便捷地服务于实体经济。具有中国特色的法制监管将会随之调整，征信体系建设也会进一步完善，从而使互联网金融在实体经济中发挥实实在在的作用。

金融生态圈将进一步融合和膨胀。互联网金融生态圈主体日益多元化，第三方支付机构、传统电商、传统零售行业和传统金融巨头纷纷进入互联网金融市场，业务领域不断拓展，行业应用进一步深化。

超级互联网金融平台或将出现。从互联网角度看，完全有可能打造一个超级互联网金融平台，所有的金融机构以及金融服务消费者都可在该平台上登记注册，开展业务，共享超级互联网金融平台服务。该平台可与超级商品交易平台、公共服务互联网平台进行融合，搭建全国级乃至全球级的互联网超级大平台以及相应的互联网运行和管理规则，形成“互联网+”强大的基础与核心。

二、互联网金融的影响与冲击

互联网金融的兴起，使商业银行的金融中介角色面临弱化。传统商业银行在金融业务往来中主要扮演资金中介的角色。互联网金融的兴起加速金融脱媒，使商业银行的资金中介功能边缘化，互联网企业为资金供需双方提供金融搜索平台，资金融通双方可以通过网络平台自行完成信息甄别、匹配、定价和交易。商业银行逐步向服务无网点化、消费支付移动化、金融服务垂直化和金融信用人格化的方向发展，传统业务正在受到挤压。

（一）资金流方面

从 2013 年以来，个人存款增幅逐年递减，递减原因之一就是互联网理财的冲击，对银行存款和银行理财形成了明显冲击。虽然目前各类“宝宝”的收益已经大幅下滑，但其收益仍高于银行同类型开放式产品。同时，其方便快捷的服务方式已对传统银行服务模式带来了巨大的影响。

（二）客户群方面

2013 年 6 月，余额宝上线，一年时间内用户数量超过 1 亿户。同时期，同类互联网金融产品不断推出。受此影响，银行出现严重的客户流失情况。

（三）信息源方面

在新兴互联网融资模式下，融资价格更为公开、透明，信贷资金由非银行金融机构或自然人客户直接提供，贷款由非金融机构直接发放给借款人，传统融资定价难以为继。在新兴互联网融资领域，数字认证技术、生物识别技术和视频技术的大量应用，让客户足不出户就可享受现代融资服务。

（四）渠道平台方面

近年来，农业银行北京市分行持续增加自助设备布放，设备数量增长超过 90%。但受互联网金融分流的影响，客户对自助机具的需求增长缓慢。无论是现金业务，还是转账业务，交易量没有与设备数量实现同步增长。

互联网金融企业日益激烈的竞争现实，无疑对商业银行的产品创新和渠道建设能力提出了更高要求。如果不能快速应对客户需求的提升，提供具有竞争力的产品，商业银行不但会失去与互联网金融企业的合作机会，还将面临传统市场被互联网金融企业逐步渗透蚕食的困境。

三、应对互联网金融采取的举措

在互联网金融环境下，农业银行北京市分行坚持走经营转型的发展道路，高质量发展与高水平管理并重，突出电子银行及网络金融业务的战略地位，以电子银行业务和客户为基础，围绕门户金融、移动金融、电商金融、社交金融、数据金融，融合互联网思维，全面开展金融生态圈建设。

一是实施第三方支付机构合作属地化管理。对客户进行分级管理，实施总行直管和分行直管客户的管理原则。在划归分行管理时，严格以第三方支付机构注册地为业务管理行，所有业务划归管理行接入，统一管理，避免第三方支付机构多头接入，形成行内压价，扰乱内部管理。

二是统一准入，对业务产品规则、费率进行把控。所有第三方支付机构与农业银行合作的业务及相关费率均需总行统一审批、准入。严格限制代收业务范畴，审慎开展 MOTO 支付产品合作，持续规范快捷支付产品，有条件地开展基金销售支付结算业务，加强线下支付业务管理。加强对第三方支付机构二级商户管理和限额管理，对分行特色产品加强立项管理和测试验收工作。

三是严格执行人民银行备付金管理要求。紧跟人民银行支付机构监管信息系统建设进程，每月通过支付机构监管信息系统，向人民银行报备与本行有备付金合作的账户开立、变更情况及相关信息，加强与第三方支付机构合作的风险把控。

（一）电商平台建设情况

1. 传统业务电子化。

（1）网上银行。农业银行网上银行为个人客户提供了便利的网上金融环境。除一般性金融服务外，还提供上海黄金交易所代理、账户贵金属、银医直通、公积金联名卡查询、善薪计划等丰富的业务功能，帮助客户全方位管理个人资金，满足客户多样化的业务需求。对于企业客户，还提供银商通、自助循环贷款、电子票据、预约提取现金、预签银行汇票、社保缴费等多种金融功能，满足企业客户多种资金结算及管理需求，具有资金“零在途”、安全“全方位”的特点。

（2）掌上银行。农业银行掌上银行（手机银行）自 2009 年上线以来，围绕客户构建产品体系，已形成了涵盖多浏览器、多操作系统、全面覆盖各类主流终端的掌上银行体系，适用于各类不同的客户群体，全方位满足客户方便、自由、快捷、潮流的掌上生活需求。

（3）电话银行。农业银行电话银行（95599）系统作为一个传统渠道，不仅延续了传统功能，还不断嫁接其他渠道的新功能。外汇、基金、第三方存管、301 医院挂号、银彩转账等服务均可在电话银行体验。

2. 金融电商。

（1）电商产品。目前农业银行北京市分行网上支付业务包括 B2C、B2B、交易市场、网上基金直销。农业银行整体终端类别组成较为完整，支持证书、K 码、K 令、手机 WAP、委托扣款、跨行等支付方式。

在商户方面，电商商户已覆盖第三方支付、网购零售、IT 电信、公共事业、酒店旅游、交通运输、商贸批发、基金保险、农林牧渔等多个行业领域，部分行业内龙头企业已与农业银行开展了实质性合作。

（2）E 商管家。E 商管家是以企业为中心，集商品展示、在线交易为一体，并配套经销商管理、财务管理等功能的综合性服务平台。该平台充分利用移动互联网等新技术平台，实现线上线下多渠道的融合，有效破解传统企业电商化转型过程中遇到的资金流、物流与信息流等方面的难题，为企业发展提供更多增值服务，推动企业转型。

（3）E 购天街。E 购天街是农业银行与商户联合推出的，面向掌上银行客户的专属移动端生活服务平台。目前可以支持总分行及内外部用户加载各类商品及应用等移动端增值服务，满足客户在移动端生活娱乐消费需求，以各类虚拟服务为主、实物销售为辅，调用农业银行掌上银行各类支付形式，全面覆盖客户的衣、食、住、行各个方面，充分满足客户需求，为客户提供移动、自由、潮流、精致的生活方式。

3. 创新金融服务。随着客户对互联网金融产品便捷化、智能化的需求日益迫切，对银行创新金融服务能力的要求也越来越高。农业银行北京市分行不断改进支付模式，拓宽支付渠道，提升用户体验，在创新过程中不断优化服务体系，践行普惠金融。

（1）支付渠道方面：不断构建更丰富便捷的支付通道，除支持农业银行卡交易外，还能实现跨行支付，极大地丰富了客户选择，实现了商户一行接入、多行支持的需求。

（2）支付方式方面：为提升用户体验，提供了多种支付产品，如证书支付、K码支付、K令支付、快捷支付等，满足客户不同层次的需求。

（3）提升用户体验方面：不断在服务上做深做专，为商户提供超值的增值服务和贴心的一站式支付体验。积极为申请 e 站、生活 e 站、互动 e 站和理财 e 站引入优质商户，提供给客户在线享受业务办理预约、实时掌握优惠生活、无距离交流及专业理财服务。

（二）互联网产品服务创新情况

1. 小额网贷。农业银行于 2012 年末推出了“保捷贷”业务，该业务是农业银行与保险公司合作的一款个人小额保证贷款，实现了网上多渠道受理、线上审查审批、系统自动放款、风险处置自动理赔，7×24 小时不间断服务。

2. 借记卡闲置资金 7×24 小时开放性理财。例如，农业银行“双利丰”和“快溢宝”产品，客户在柜面或电子渠道签约，当指定账户活期存款余额大于一定金额时，系统自动把超过指定金额的资金用于购买“双利丰”和“快溢宝”，客户既可以享受远远高于活期存款的收益，又可以享受类似于活期存款的便利。

3. 其他产品或服务。农业银行私人银行部研发了私人银行远程银行系统，通过私人银行客服与客户进行一定程度上的交互，取代了完全由客户主动通过电子银行系统进行交互的方式，实现了私人银行客户通过拨打 40088-95599 农业银行私人银行客服专线，购买农业银行理财产品。该服务进一步方便了客户购买理财产品，改善了私人银行客户的使用体验。

（三）直销银行发展情况

1. 借记卡方面。目前借记卡支持在自助开卡机上开卡，存取款、转账业务也支持在自助机具、电子渠道办理，电子现金账户支持在自助机具上存款和在指定自助终端消费。待农业银行开办直销银行后，上述银行卡业务都支持在直销银行办理。

2. 个贷业务方面。2013 年 10 月，农业银行推出了个人网上贷款平台系统，包括个人住房贷款、个人抵押消费贷款、个人经营贷款、个人信用贷款等 9 种个贷业务产品。该系统拓宽了个人贷款营销渠道，给予客户更加快捷、高效的体验。

四、互联网金融发展的几点建议

（一）体制政策先行，为市场健康发展提供可操作的依据

从根本上来说，互联网金融发展必须打破传统银行产品体制，以符合客户体验要求为目标，建立客户建议收集反馈机制，快速分析转化为生产实践，提高产品更新迭代速度。同时，转变旧业务体系的惯性理念，运用互联网思维重塑运作体制，以线上运作为主，提高业务效率。

（二）共享客户资源，共建数据平台

互联网金融应以竞合思想为指导，实施“抓大放小”的策略，在

保证各行核心利益的前提下，本着合作共赢的原则，与第三方支付机构、电信运营商等主体建立合作联盟，共享客户资源，延伸银行业务合作领域，为各行大数据平台的实现奠定基础。最终建立以客户资料为核心，能为银行提供运营战略的 CRM，以获得价值收益、品牌收益、关系收益。

（三）着力发展互联网金融“三农”市场

伴随农业信息化、农村数字化、农民网络化进程，运用互联网金融服务“三农”的条件的逐步成熟，“三农”领域或将成为互联网金融的下一个蓝海。要以银行品牌为依托，以银行惠农产品为载体，积极拓宽支付渠道，持续推出具有农业特色的产品和服务，形成多维度、广覆盖的互联网金融产品体系，改善农村支付环境，促进农业产业化升级和现代化农业流通体系建设。

（四）加强互联网金融风险防控

在与互联网金融企业的合作中，应当规范业务管理，加强风险防控。在开办快捷支付、代收代付、基金销售支付结算、线下支付、信用卡还款等创新业务之前，应经过严格的业务、技术风险评估，对可能存在的风险隐患制定相应的预防措施，建立配套的业务管理制度和风险事件处置流程。要加强联动，定期通报金融创新动态，提高硬件、软件、通信协议的兼容性，保证互联网金融的长期可持续发展。

互联网金融发展思考

中国银行北京市分行行长　王建宏

如果说2013年是互联网金融元年，2014年是互联网金融深化布局的一年，那么2015年就是互联网金融逐步走向规范的一年。经过近三年的发展，虚拟账户逐步渗透到各个应用场景，存款与货币理财界限日益模糊，线下应用与线上即时支付被打通，电商、社交、P2P等互联网平台开始分流银行客户与小额支付、信贷和理财业务，互联网金融“润物细无声”地植入我们的生活。

什么是互联网金融？如何界定互联网金融的范围？这一直是有争议的话题。随着人民银行等十部委联合发布《关于促进互联网金融健康发展的指导意见》，国家对互联网金融的范围基本确定，随之而来的管理规范将逐步展开。相信在互联网“开放、平等、协作、分享”的精神下，在国家有序的监管下，互联网给传统金融业，尤其是给银行业带来的不仅是挑战，更是经营转型、提升服务水平和能力、实现弯道超车的机遇。

一、互联网金融对银行的影响

（一）储蓄存款在个人资产配置中占比逐步下降

2012—2013 年，银行人民币储蓄存款（时点、日均）均能保持相对稳定的增量，而 2014 年末时点余额出现负增长，日均余额也仅仅维持了较低的增量。而作为互联网金融的最典型代表，余额宝诞生于 2013 年 6 月，2013 年末资产规模达到 1853 亿元，2014 年末规模达到 5789 亿元。在余额宝出现后不久，2013 年 10 月至 2014 年，百度理财、华夏活期通、微信理财通等互联网理财工具相继推出，均对银行存款产生较大的影响。存款在个人资产配置中的占比基本呈逐年下降的趋势。特别是 2014 年以来，伴随着互联网金融的冲击，银行个人客户存款资金配置占比显著下降。

（二）电子渠道对柜台业务加速分流

近几年中国银行北京市分行（以下简称分行）电子交易客户数增长迅猛，电子渠道使用率逐年递增。2014 年对公网银交易客户数较 2013 年增长 1.2 万户，客户覆盖率增长 13.42 个百分点；对私网银交易客户数较 2013 年增长 18.32 万户，网银使用率增长 2.32 个百分点。同时，柜面渠道交易笔数逐年下降，电子银行渠道交易笔数逐年较快增长。2014 年柜面渠道交易笔数较 2013 年减少 147 万笔，电子银行渠道交易笔数增加 1325 万笔，电子渠道占全渠道交易占比提升 13 个百分点。

（三）银行的金融信息中介地位受到挑战

1. 个人贷款方面。目前分行非房贷业务主要包括信用消费和生产经营两大类产品，信用贷款主要针对本行限定的优质客户群发放，生产经营贷款主要针对商圈内个人、小微企业进行发放。因与互联网金融目标客户定位有差异且业务占比不大，所以目前互联网金融对传统个人贷款业务冲击并不显著。

2. 中小企业贷款方面。互联网金融借助支付平台、交易平台、搜索引擎等互联网工具能获取一手客户基本信息、交易信息和信用信息，通过大数据技术识别和筛选目标客户，突破物理空间的限制，实现了在线融资审批、发放和回收，相较传统银行业线下融资发展方式，挑战逐步显现。

（四）支付领域的渗透使银行成为账户处理的后台

第三方支付机构在系统开发、产品设计、技术改造等方面在一定程度上优于银行，尤其可以解决跨行支付，银行线上的支付产品逐步被第三方支付替代。此外，第三方支付公司正从线上支付延伸到线下的支付场景，利用远场支付技术解决近场支付的需求。客户通过第三方支付公司实现对其银行账户的支付，使银行不能获得客户交易的完整信息，缺乏对交易的风险把握，同时也对银行大数据挖掘带来一定的障碍。

二、总分行互联网金融布局

（一）总行互联网金融布局

为了适应互联网发展需要，总行于2014年3月正式成立网络金融部，由原网络银行办公室、电子银行部（电子商务）、创新研发部（未来银行实验室）等共同组成，主要负责全行网络金融的统筹规划与协调推进。内设规划与平台服务、移动支付、网络商务、网络融资、在线产业链、大数据应用、市场合作7个团队。

同时，总行在2014年确定了《网络银行建设发展规划》（参见互联网金融布局图），网络金融业务以“中银易商”为整体品牌，借助开放的技术与业务平台，围绕易金融、泛金融、非金融、自金融四个维度，探索建立新的商业模式。目前共推出多项网络金融产品与服务，涵盖了互联网模式下的支付、融资、理财、跨境、产业链、O2O综合服务六大业务领域，并重点聚焦在跨境、小微、社区、移动金融四个应用场景打造金融生态。2015年，总行将产品线进行了进一步整合，提出未来将重点打造中银E通达、中银E融汇和中银E社区三大业务产品线。

（二）分行互联网金融布局

针对总行的战略部署和北京地区发展实际，新一届分行党委提出将互联网金融发展战略作为分行未来发展的六大战略之一，通过互联网金融创新，在客户拓展、服务能力提升和经营转型方面实现弯道超车。具体包括：

1. 加快电子渠道建设。加大投入力度，增加交易品种，推进业务向线上迁移，不断提升客户电子渠道服务体验，并将电子渠道建设与网点转型相结合，实现渠道体系从多渠道分散交叉向有机整合的转变。

2. 加强与电子商务企业的合作。丰富电子支付产品，挖掘直联合作商户潜力，提高便捷性和安全性，进一步提升分行网上支付收单规模。依托线下商户市场优势，积极开展线下新模式支付业务。

3. 创新应用互联网思维和技术。积极探索传统金融业务与互联网技术及互联网思维相结合的新型发展模式。围绕总行“中银易商”品牌，依托总行开放平台及技术资源，拓展适合北京地区商业特点的互联网金融项目。

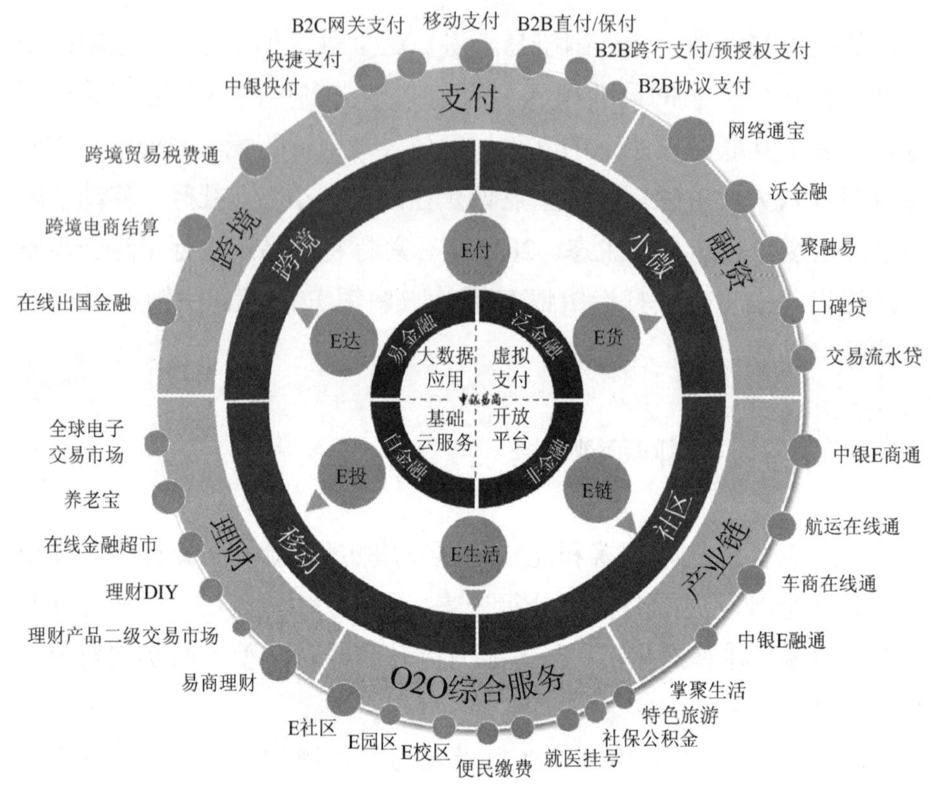

互联网金融布局图

三、下一阶段工作设想

（一）电子渠道建设

近两年，分行在特色业务开发和电子交易客户拓展两个方面的电子渠道建设上取得了一定成果。由于电子渠道产品覆盖率已经达到一定水平，今后金融产品电子化推出依从于总行线下产品开发节奏，但分行的民生服务等特色业务开发可以根据市场需求挖掘持续拓展。

个人网银方面应大力发展民生服务，包括移动话费流量、银医合作、银校合作等；企业网银方面应发展个性化服务，包括银企对接、分行特色、专项需求电子化解决方案等。预计到2016年，企业网银交易客户数达到5.2万户，个人网银交易客户数达120万户，手机银行交易客户数达到80万户。

分行继续建设好两个平台：一是分行微信平台，积极建议总行在保留分行微信特色业务的同时，打通总行已有微信的接口，调用总行微信功能，丰富分行的特色服务，将分行微信平台建设成地区客户服务和营销的综合平台。二是移动设备管理平台。基于未来智能网点建设，着手进行移动设备在网点和外出营销的引入，通过搭建移动设备管理平台，将移动设备的使用、信息发布、数据调用、数据上传、签约受理功能逐步引入到平台中，将服务延伸到柜台外。

（二）总行成熟创新产品推广

1. 中银E社区是2014年总行网络金融部重点打造的产品，其核心是以社区服务为出发点，基于中国银行的线下网点资源及网络云服务平台构建O2O综合服务体系，发挥传统商业银行网点与人员优势，以互联网方式提供金融和泛金融服务的方式，打造物业、住户、商户、银行共同合作繁荣的生态。E社区通过对客户生活圈的营造，进行客户的拓展，提升网点对周边客户和商户的挖掘渗透，发挥物理网点“碉堡”作用，延伸金融服务触角，对今后网点转型和构建新型金融服务模式有较大意义。分行将结合地区特点进行系统的深度利用，分别确定小区物业、商业物业和园区管理的综合方案，进行局部试点，取得经验后在全辖区推广。

2. 报关即时通业务是中国银行在银行业率先与海关合作的电子支付类业务，经过多年的发展，中国银行的报关业务规模占到全国通关业务的35%，分行在地区电子报关量位居第一，为分行对公客户营销作出了积极贡献。2013 年，分行在中国银行系统内率先实现了收单业务上收和电子化集中处理，极大提高了分行电子报关业务处理能力，保证了该业务的快速发展，得到了北京海关和总行的认可。2014年末总行与海关开始了区域电子支付保函一体化通关工作，京津冀在全国率先实现一份保函三地通关，北京也加快了电子口岸建设，分行将抓住此次机遇，积极开展客户营销，拓展现有客户。

3. 移动 APP 和移动支付推广。一年来总行网络金融部在“中银易商”的品牌下打造了出国金融、便民缴费、金融管家、校园缴费宝等多个针对细分市场的移动 APP，对满足不同客户群体特色需求，补充手机银行的金融服务有较大帮助，分行将根据北京市场情况有针对性地开展相应的推广，适应移动金融的变化，提升分行在移动金融领域的服务水平。移动支付包括远场支付和近场支付。对于远场支付，要针对电商平台移动化发展需求，加强与垂直电商的合作，整合分行的支付产品，重点推广分行的中银快付等移动快捷支付。针对近场支付，要结合实际应用的场景，重点研究基于全终端近场支付模式，寻找实际应用场景，提升近场支付的使用率，进而促进金融账户的活跃度。

（三）继续加强与各方面互联网金融参与方的合作

1. 继续探索与第三方支付公司合作。第三方支付公司是互联网金融的先锋，与电子商务企业存在天然的联系，市场敏锐度较高。基于分行与第三方支付公司的合作现状，今后将发展四方面的合作。一是满足监管部门对第三方支付公司的监管要求，推广总行备付金监管系统。二是引导第三方支付公司的快捷产品迁移到总行快捷产品，谨慎推广快捷支付产品。三是积极与第三方支付公司合作，拓展跨境外币和人民币支付业务。随着海淘和人民币国际化步伐加快，电子商务产品和服务业进出口业务将迅速提升。分行已经与北京地区9家获得跨境外币支付的第三方公司进行了接触，成功营销其中4家与分行签订了合作协议，并开始系统对接。四是进行数据交互，开展流水贷和POS贷业务。利用第三方支付公司掌握的大量交易数据，可以展开数据交换，拓展基于交易数据的线上消费金融贷款。

2. 积极与各种平台类公司开展合作。分行与北京地区7家交易所（中心）签署了股商存管业务合作协议，并已经实现7家系统对接。针对交易所成员单位资金需求，可以商谈通过交易所授信、货物质押等方式，开展线上的融资业务。

对于一些供应链中的核心企业，其上下游企业资金运作频繁且金额较小，企业本身资质良好、技术力量较强，也可以开展线上供应链融资业务对接，既能丰富分行供应链产品，增加企业对分行的依赖度，又能减轻分行线下业务操作压力。

密切关注P2P平台和众筹的发展。银行如果介入其中，既可以满足资金监管的需求，也可以借此了解项目参与方，对于满足个人客户投资多样化需求，筛选和发展优质小微客户具有重要意义。与P2P类似，众筹在中国发展处于起步阶段，未来想象空间巨大，分行会关注业内运作模式和监管政策的变化，把握其中市场机会。

3. 开展与运营商的合作，争取实现渠道共享。近两年来移动运营商的经营发生了较大变化，传统话费和短信业务受到微信等互联网即时通信工具迅速发展的影响，4G业务推广使数据流量成为新的业务增长点。同时，运营商具有庞大的客户群体，与客户日常生活紧密关联，门店众多。分行可以考虑与运营商在两方面的合作：一是渠道共享，将银行业务引入到运营商营业厅，参与运营商话费换手机资金存管，推广银行卡分期、手机取款代理点，分行网点渠道代为推广运营商业务；二是依托中国银行金融IC卡服务功能，实现基于运营商SIM发行中国银行PBOC标准的金融IC卡，扩大分行NFC近场支付市场。

4. 拓展线上商户合作范围，巩固分行在线上支付市场地位。经过多年努力，分行 B2C 线上支付在商户数、交易笔数和交易金额都在系统内处于领先地位。尽管第三方支付公司对分行线上支付产品有一定的替代，但针对一些金额较大和风险意识较强的客户，银行的传统支付产品仍是客户必然的选择，为此分行还会积极推广网上支付产品。此外，2014 年 B2C 领域移动支付的趋势越来越明显，“双 11”淘宝移动交易占整体交易的 70%，分行会注意加强对商户移动端支付产品的推广。

针对 B2B 类客户，企业客户需要依托网银账户进行资金划转，且金额一般较大，第三方支付公司的支付产品不能完全满足企业需求，这应是分行今后拓展业务的重点领域。B 类客户电子交易平台也是分行开展平台合作的重点之一。分行 2014 年 11 月在系统内率先实现了跨行支付，可以借此产品推广拓展针对 B 类商户的合作。

四、未来互联网金融与商业银行竞争态势和融合发展前景的预判

互联网金融以其独特的经营模式和价值创造方式，对商业银行传统业务形成一定冲击。

（一）互联网金融改变商业银行的价值创造和价值实现方式

目前，传统商业银行的发展模式和盈利方式基本上还延续着靠规模扩张盈利的增长模式。利差仍然是中国商业银行的主要收入来源，银行的价值创造和价值实现主要是以其专业的技术、复杂的知识和冗繁的流程向客户提供安全、稳定、低成本和低风险的金融产品与

服务。

在互联网金融模式下，客户的消费习惯和消费模式发生了巨大改变，客户价值诉求也发生了根本性转变，金融产品或服务更聚焦于为客户提供快捷、低成本服务，互联网金融使传统商业银行的竞争基础发生了演变，由安全、稳定、低成本和低风险转向快捷、便利和体验。

可以说中国的互联网公司是从关注传统银行忽视的支付业务和大众客户入手而迅速发展壮大的，其盈利模式基于“长尾理论”，即对大众客户和中小微企业需求的挖掘和满足；而传统银行，尤其是大型银行近年来发展模式是基于“二八理论”，即关注大型客户和中高端客户的需求和满足。中国经济进一步发展将是基于中小企业的发展壮大和个人中产阶层的兴起，互联网公司现在的金融经营模式正在为未来培养忠实的金融消费客户，尤其是年轻的金融消费客户。

（二）互联网金融导致商业银行支付功能边缘化

互联网金融模式下的支付方式是以移动支付为基础，其通过移动通信设备、无线通信技术来转移货币价值以清偿债权债务关系。互联网金融进一步加速金融脱媒，使商业银行的支付中介功能边缘化，并使其部分中间环节被替代。

目前，第三方支付的业务范围已经涵盖移动电话与固定电话支付、水电煤气、医院挂号结算等民生服务，银行卡支付、货币汇兑、保费代收等银行传统金融支付，预付卡发行受理、C2C、B2C、B2B等互联网支付和数字电视支付等，所提供的服务由单纯支付、结算渗透至为整个产业链提供行业解决方案。第三方支付已经成为一个庞大的产业，从PC端到移动端，从线上到线下，快速推进，侵蚀并不断地冲击银行传统支付市场。在交易环节，银行正在成为支付公司的清算渠道，而远离客户的支付环节。

（三）互联网金融可能会重构已有融资格局

在互联网金融模式下，互联网金融平台为资金供需双方提供了一个发现市场的机会，同时现代信息技术大大降低了信息不对称性和交易成本，双方彼此之间对信息基本实现完全了解，资金中介作用将被弱化，取而代之的是资金信息中介。此外，互联网企业发挥其平台优势正在不断进行交易数据积累，并利用大数据进行客户识别和分析，依据客户风险评估的不同，提供相应的资金服务。互联网金融特别是在服务中小企业融资及个人消费贷款等方面具有独特的优势，体现在贷款审批流程简单、放款速度快、产品类型丰富多样等。

五、发展互联网金融的政策建议

（一）关于《个人贷款管理暂行办法》中贷款面谈制度的突破创新

个人客户和小微企业（其中很大比例为个体工商户）受《个人贷款管理暂行办法》监管。这些客户融资金额小，且分布广泛，包括一些银行网点未能覆盖的县域城镇，为落实贷款面谈制度而带来的高成本和不便利，直接制约银行为小微企业和个人提供贷款服务。在互联网模式下，银行可以突破贷款空间的限制，通过互联网渠道提供贷款服务，但贷款面谈制度作为一项监管合规要求，已经成为网络融资创新的制约因素。建议可以在风险可控的前提下，创新贷款面签的形式，例如，哪些面谈信息可通过与互联网电商平台合作对接获取；对于银行存量客户，可否放宽面谈条件等。

（二）建议尽快完善账户开立政策

目前银行线下开户流程清晰，但暂无线上开户流程。2015 年 1 月，人民银行下发了《关于银行业金融机构远程开立人民币银行账户的指导意见（征求意见稿）》，对银行远程开立账户提出框架性意见。希望监管部门能尽快确定指导意见，明确线上开立账户流程，使银行开户模式进一步完善，为开展互联网业务铺垫道路。

（三）建议定期下发全国或地区互联网金融调研报告

目前我国还没有权威互联网金融数据的发布机构，在各商业统计机构中对互联网金融的统计口径也存在差异，数据无法比对。因此，互联网金融行业发展的实际情况到底如何，尚无权威数据可以参考，缺乏对行业整体发展情况的了解。希望相关机构能够将行业调研数据以及行业龙头企业的调研报告定期下发，打破各行管中窥豹的状态，让各行了解行业整体发展的真实情况，基于权威数据研发、投产更符合客户需求、更符合行业发展的互联网金融产品。

（四）建议重新考虑关于“三法一指引”中针对贷款用途的规定

“三法一指引”要求根据银行贷款用途实贷实付、跟踪资金流向，但在实际操作中存在两个方面的问题：一是企业可以设定假交易对手，贷款资金转一圈后又回到贷款企业，实际用途银行很难掌握，同时企业有可能经营构想不够周全，容易变动；二是银行在执行过程中存在较大的技术困难，容易流于形式。因此，建议重新考虑上述规定，针对不同类型企业制定不同的规定。

互联互通　积极拓展“互联网金融”业务

中国建设银行北京市分行行长　廖　林

近年来,伴随着我国金融市场化改革的推进以及电子商务技术的不断发展突破,互联网金融作为一种新型的金融形式已经开始深入到我国社会经济的发展中。以余额宝等为代表的互联网金融成为社会关注的焦点话题，互联网金融进入了迅猛发展的时期。互联网金融的兴起对传统银行业产生了巨大的影响。2015 年 7 月，人民银行等十部委联合下发的《关于促进互联网金融健康发展的指导意见》，首次明确了各类互联网金融的主要业态、监管方和监管责任，为互联网金融的发展奠定了坚实的基础。在这种背景下，建设银行北京市分行充分认识到形势的严峻，及早布局，采取各项措施积极把握互联网金融带来的巨大机遇，为各项业务发展和转型奠定了良好的基础。下面简要介绍建设银行北京市分行在互联网金融领域的发展情况。

一、互联网金融对传统银行业务的冲击

互联网金融的高速发展不仅极大地提高了金融交易和结算效率，降低了资金成本，还极大地改变了银行金融服务的方式。互联网金融对银行传统的“存、贷、汇”业务都产生了很大影响，银行面临脱媒。从目前来看,互联网金融对传统银行业务的冲击集中在标准化产品和普惠服务方面，而大中型企业客户、高净值、非标金融产品和服务方

面传统银行还依然保持自身优势。

1. 对银行个人存款形成冲击。互联网金融对银行个人存款业务形成较大的冲击。支付宝、百度、财付通等第三方支付平台纷纷推出互联网理财产品，激发了个人客户的理财意识。在利率市场化的大前提下，银行存款基准利率已经没有任何竞争力。截至 2014 年 9 月 30 日，16 家中国上市银行的银行存款总额比年初下降约 1.5 万亿元。其主要原因在于互联网理财产品的资金具备网上购物、转账等支付功能，而银行的类似产品还存在起点高、需要到银行办理等问题，与互联网理财产品还有差距。与个人存款相比，互联网金融对企业存款影响不大。

2. 对银行中小企业信贷形成一定的冲击。以阿里金融、快钱等为代表的第三方支付公司利用大数据原理，通过互联网数据化运营模式，为电子商务平台上的小微企业、个人创业者提供信贷服务。这些信贷服务依托于数据库，对提出借贷申请的企业经营状况和信用迅速作出判断，申请和放贷操作灵活便捷，且能做到大批量的借贷。另外，支付宝推出的“花呗”服务、京东商城推出的“京东白条”等信用支付产品，是对传统金融机构的消费信贷业务的又一次冲击。与传统金融机构的消费信贷业务相比，这些产品简化了对用户的审核，使用十分便捷。

3. 对银行传统支付业务形成冲击。目前，第三方支付平台拥有多家银行的支付接口，可以较低甚至免费的价格提供与银行相同或相近的服务，对银行开展与商户的直联形成冲击。绝大部分商户在接入时都选择第三方支付机构，银行商户流失严重。

二、建设银行互联网金融的基本情况

建设银行在几年前就充分意识到，互联网时代电子渠道已经成为获客和产品销售的新入口，银行所面临的重要问题就是如何实现从实体经济服务模型到网络经济服务模型的转变。2011 年建设银行就已经明确提出了“智慧、泛在、跨界”的发展方向。所谓“跨界”，即让银行突破传统边界，实现从源头寻找客户并营销。所谓“泛在”，即让银行服务无时无处不在。随着国家促进互联网金融发展战略的实施，建设银行也制定了“互联网+”的相关战略，即牢牢把握以客户为中心，用互联网的思维和方法来改造整个建设银行。围绕“综合性、多功能、集约化”的经营战略，构建与建设银行全渠道产品和服务高度融合的全方位互联网金融体系，最终提升客户体验。

1. 从商业模式上，建设银行在 2012 年就积极布局互联网，率先推出了银行系统第一家电商平台——善融商务，最先实现了跨界经营。善融商务是以专业化金融服务为依托的电子商务金融服务平台，融资金流、信息流和物流为一体，为客户提供信息发布、在线交易、支付结算、分期付款、融资贷款、资金托管、房地产交易等全方位的专业服务。

2. 从服务模式上，建设银行早在 1999 年就推出了网上银行，经过多年发展，现在建设银行已经拥有了 1.6 亿户网银客户、1.2 亿户手机银行客户。目前建设银行对公电子银行、个人电子银行、手机银行、微信银行等产品在同行业发展中处于领先地位。越来越多的客户通过电子渠道完成转账、支付等业务。建设银行已经初步完成从柜面交易向电子渠道分流转型的工作。与此同时，建设银行个人网银和手机银行的客户满意度位居国内五大行首位，建设银行正向“率先建成国际一流”和“抢占战略制高点”的目标大步迈进。

3. 从产品模式上，除了传统的网上银行、手机银行、微信银行等电子渠道产品外，建设银行还陆续推出了总对总快捷支付、扫码支付、电子 e 账户、跨行支付等产品，利用便捷高效的互联网渠道为客户提供良好的服务和体验。同时，建设银行也与多家大型的电商和支付机构客户开展业务合作，加强互联互通，不断丰富支付场景，为建设银行持卡人提供完善的服务。2014 年支付宝“双 11”大促销中，建设银行客户有 60%的支付是通过手机完成的。电子渠道已经成为建设银行最主要的交易渠道、客户服务渠道、标准化和低风险产品的销售渠道。

（1）网上银行。建设银行是国内同业中第一批推出网上银行服务的银行之一。截至 2014 年末，建设银行个人网银客户数达 1.82 亿户，企业网银客户数达到 330 万户，均位居同业前列。

（2）手机银行。建设银行是国内第一家推出手机银行业务的银行，用户数、交易额、客户活跃度等多项指标持续多年保持同业第一。2014 年，建设银行手机银行交易额突破 7 万亿元，通过手机银行进行的行内转账、跨行转账、缴费的交易量已超过个人网银。

（3）微信银行。微信银行是建设银行最新推出的服务之一，截至 2015 年 2 月末，建设银行累计发展微信银行客户 1600 万户，在同业居于首位。

（4）电子 e 账户。建设银行已经推出个人 e 账户，打造移动互联网化电子账户应用。基于互联网客户身份识别，实现远程申请开立 e 账户，接收来自包括他行任意账户的资金转入，以及向绑定账户的资金转出，并支持购买建设银行各类投资理财产品。

三、建设银行互联网金融的工作策略

建设银行在互联网金融产品部署和客户拓展上优先发展移动金融，打造一站式、全景化、满足客户从金融到非金融需求的综合服务平台，实现更加全面认识客户、更加精准市场营销和更加高效互动服务，推动建设银行的战略转型和升级。

1. 移动优先策略。建设银行把手机银行、微信银行等移动银行作为重点和优先发展方向，全力推动移动金融业务实现跨越式发展，扩大同业领先优势。在产品部署上，适合移动端的产品优先部署到移动渠道；在客户营销上，优先发展手机银行客户；运用互联网思维打造体验更好、门槛更低的移动银行。

2. 综合平台策略。基于自身平台，打造“一站式”满足客户从金融需求到非金融需求的综合体；为客户提供全景化产品和服务视图，支持客户个性化定制，实现网络渠道相互打通。

3. 智慧营销策略。在静态数据分析应用基础上，重点加强动态行为数据采集和应用，进一步丰富客户 360°视图，全面认识和细分客户，打造“千人千面”的个性化营销。

4. 协作联动策略。部门协同，条线联动，充分发挥网络金融对传统业务的支持能力，做好各业务部门和条线的战略伙伴。

在互联网金融布局上，北京市分行在总行统一的渠道建设和产品研发体系下，通过线上线下的有机结合来促进网络金融业务的向前推进。北京市分行已经开始打造具有特色的“一轴两翼”格局，“一轴”就是传统银行业务，“两翼”就是投资银行、移动金融。北京市分行将积极通过互联网渠道为客户提供更高效的服务，着重加强移动金融产品的营销力度，增强移动金融终端覆盖度，充分发挥互联网尤其是移动互联网优势，打造线上线下服务一体化。

四、建设银行互联网金融的主要导向和特色品牌

建设银行将遍布全国的网点资源、多年来积累的客户资源和数据资源用互联网金融思维整合在一起，探索利用大数据原理开展精准营销和风险控制工作。目前，建设银行的善融商务、悦生活、E 商贸通、e 贷款系列、快贷等多个产品在市场上享有较好的市场

知名度。

（一）善融商务

善融商务分为“个人商城”、“企业商城”。“个人商城”定位为B2C平台，面向个人消费者；“企业商城”定位为独立B2B平台，面向企业用户，包括专业市场、对公融资、资金托管三大部分。

（二）悦生活

悦生活是建设银行围绕客户衣、食、住、行的生活需求，于2012年率先推出的企业级生活服务平台。截至2014年末，“悦生活”平台缴费项目达4000多个，覆盖城市300多个。

（三）E商贸通

E商贸通是建设银行利用电子支付渠道，为大型商贸电子交易市场及其所属中小企业会员客户，提供高效快捷的资金清算、结算服务、资金监管和资金托管服务，以及贸易融资、信贷资金监管等综合性金融服务平台。

（四）e贷款系列

e贷款系列是建设银行的网络贷款产品，具有网络增信、轻松准入、操作简便、高效快捷等特点，e贷款系列主要包括e点通、e销通、e单通、e棉通、e保通、e贸通、e联通、e速通。其中，e单通产品被《银行家》杂志评为2015年“互联网金融创新十佳奖”。

（五）快贷

快贷是建设银行基于互联网技术及存量客户大数据推出的全流程个人网上自助贷款产品。个人客户通过电子渠道自助申请，由建设银行系统模型在线实时审批，客户可以通过电子渠道自助支用或到建设银行物理网点线下审核后办理支用。快贷产品被《银行家》杂志评为2015年“金融产品创新十佳奖”。

五、建设银行不断加强与互联网客户的合作力度

在互联网经济的大潮中，建设银行没有固步自封，除了自身的业务和产品外，还积极通过与其他互联网客户开展合作，做到互联互通，为建设银行持卡人提供更为完善的服务。目前，建设银行与互联网客户合作对接主要是由电子银行部“一点接入”，先期接洽和了解客户情况及业务发展需求，以支付业务合作为契机，然后根据客户业务需求统一协调其他（如信用卡部、公司部、个人部等）业务部门，为客户提供综合服务，为与客户开展全面业务合作打下坚实基础。

以百度营销为例。作为全球最大的中文在线旅行搜索服务供应商，去哪儿网为消费者提供机票、酒店、度假产品的实时搜索，并提供旅游产品团购及其他旅游信息服务，是建设银行北京市分行的重要电子支付合作商户。分行积极促成去哪儿网嵌入建设银行手机银行，提供机票、火车票、旅游度假及景点门票等服务。

随着与去哪网的合作进一步加深，分行又加强对去哪网的控股公司——百度公司的营销力度，分行根据百度公司规划和布局，以支付业务合作为契机，以对公业务、综合授信、网络信贷、理财产品等建设银行优势产品联合开展营销工作，取得了很好的效果。目前，分行

已经与百度公司旗下的百付宝、百度钱包、百度糯米等公司开展了多项业务合作。其中，百付宝是百度公司旗下的第三方支付平台，承接百度公司所有的支付和清算服务，未来分行将与百付宝基于大数据的原理在精准营销、供应链融资等方面积极开展合作。同时，分行也在积极促成建设银行与百度公司的战略合作伙伴关系，未来在多个领域开展全面业务合作。

六、建设银行在发展互联网金融业务的困惑

（一）不对等监管

互联网金融的快速崛起在很大程度上得益于监管的容忍。无论是余额宝，还是京东白条，都是事实上的金融产品，但从事这些业务的互联网企业未被纳入金融监管范畴。同样开展此类业务的银行则需要接受严格的资本监管和产品准入审批。这种不对等的监管大大提高了银行拓展互联网金融的成本，并限制了其创新活动的开展，也制约了银行优势的发挥。银行无法像余额宝一样借助互联网开展理财业务。由于互联网企业与金融机构合作开展理财业务不受监管制约，既可以发挥互联网的技术优势，提高客户体验度，又绕开了监管约束，造成银行与互联网企业的不公平竞争。

（二）文化理念使效率出现差异

互联网金融以用户体验为先，最大特点是创新速度快、效率高，同时竞争激烈，产品更新迭代快。而银行长期形成的以合规文化为主导的文化氛围与这一特点有较大差异，制约了其在互联网金融领域的创新。银行各项业务首先强调的是规范，因而设计了很多制约环节和监控措施，这使银行在开展创新时流程长、制约多，难以快速响应客

户需求。

（三）风险控制影响客户体验

银行在日常经营中通常将风险放在第一位，银行对推出的金融产品不仅从自身角度，还从客户角度采取了诸多风险控制措施。比如网上银行，为了保护客户资产的安全，银行通常要求客户使用U-key，同时需要输入密码验证，导致流程烦琐，影响客户体验。而互联网企业推出的在线支付，只需要简单的密码验证就可以完成操作，非常便捷。互联网的特点本来就是便捷、高效，如果仍用传统思维，附加过多防控措施，不仅影响客户体验，还不利于发展互联网业务。

七、未来银行开展互联网金融业务的前景

互联网金融业务迅速崛起，银行传统渠道优势、柜面服务、获客优势都受到了一定冲击。但与此同时，也在很大程度上刺激了银行业务转型，为银行产品创新、客户体验提升、降低营运成本提供新的发展路径和市场机会。只有提供种类齐全、便捷、安全的支付产品和配套服务，为持卡人提供良好的用卡体验，才可能留得住客户，才可能吸引更多的客户。建设银行北京市分行将在风险可控的情况下，逐步加强对互联网理财、资金监管类等产品的研究和创新工作，将逐步完善产品和服务，真正做到“以客户为中心”。

深耕细作　转型发展
迎接“互联网+”新挑战

交通银行北京市分行行长　尹兆君

在国务院批准同意《交通银行深化改革方案》之际，2015 年 6 月交通银行董事长牛锡明亲自主持召开互联网金融研讨会，会上提出：互联网正以改变一切的力量，在全球范围内掀起一场影响人类各个层面的深刻变革。人类正站在一个新的起点上。由于信息前所未有的互联互通，一切都发生了改变。我们进入“互联网+”时代，互联网金融实质上也是“互联网+”的组成部分，是一种新的业态。互联网金融也将彻底改变商业银行传统的经营模式。

一、互联网金融对银行业务的影响

（一）资金流变化情况

2014 年，交通银行北京市分行（以下简称分行）人民币储蓄存款时点较上年同期出现负增长情况，日均存款增幅也从 2013 年的 10 位数增长下跌至 5 个百分点，受利率市场化冲击，加上电商支付平台进军金融领域后以更高的收益率、更低的进入门槛抢占客户资金，互联网金融改变了金融业态和竞争格局，分行也面临前所未有的竞争压力。

（二）客户拓展及渠道发展情况

近三年，分行个人客户及对公客户增长放缓，对公客户总量甚至出现负增长情况，但网上银行客户保持快速增长，未来网上银行客户规模仍将不断壮大。

电子渠道的发展，对于减轻银行柜面压力、降低运营成本、提升服务效率起到了重要的作用。通过我们对电子渠道多年的营销拓展，客户已充分认可并接受交通银行网上银行及手机银行产品功能，对公和个人电子渠道交易量呈上涨态势。

（三）电子渠道业务分流率发展情况

近年来，分行坚持将电子银行业务分流率作为考核指标，多措并举，通过多个方面推动电子渠道业务发展：一是网点厅堂营销和户外拓展相结合，使得网上银行、手机银行和电子支付等电子结算型客户快速增加；二是调动网点大堂经理和柜员积极性，做好小额现金业务向自助设备的分流，缓解柜面排队现象；三是以“最红星期五”、“e 动交通银行”等品牌业务宣传活动为载体，推出各类促销活动，积极拓展手机银行客户；四是由专人负责电子渠道的维护服务工作，设计并制作图文并茂、简单易懂的宣传折页等便民工具，促进客户体验的提升。

（四）对交通银行支付及收单业务的影响

1. 价格体系混乱。目前第三方支付机构在线上收单市场营销过程中，存在价格混乱的情况，尤其在对大中型电商的营销过程中，第三方支付机构存在不惜出让成本采取低价营销策略，甚至通过包年等特殊方式进行营销。据了解，第三方支付机构的盈利并不在手续费上，所以为了抢占线上收单市场，第三方支付机构会无底线地出让成本，甚至手续费报价为零，扰乱了线上收单市场的价格体系。

2. 产品多样化。第三方支付机构因在多家银行开户，借助自身平台优势和银行资源，包装了一些类信用卡还款、跨行转账、代发、代扣等产品，且手续费价格较低，服务于有需求的商户。这对于银行的跨行结算产生了重大的冲击和影响。

3. 银行收单商户流失。基于以上两项原因，在大中型商户的营销中，商户以第三方支付机构的手续费价格要求银行，造成银行在营销过程中处于被动局面，商户营销演变成为“价格战”。因银行受外部监管和内部价格体系的双重约束，很难在费率方面与第三方支付机构比拼，造成银行很难与大中型商户在线上收单方面开展业务合作。

二、互联网金融发展战略

互联网金融不是互联网和金融业的简单结合，而是在实现安全、移动等网络技术水平的基础上，被用户所熟悉、接受后，自然而然地为适应新需求而产生的新模式及新业务。这是传统金融行业与互联网精神相结合而生的新兴领域。互联网金融是利用互联网技术和移动通信技术等一系列现代信息技术实现资金融通的一种新兴金融模式。

为积极应对互联网挑战，推进互联网金融业务发展，建立适应互联网金融发展的电子银行架构体系和工作机制，交通银行于 2014 年设立了互联网金融业务中心。

互联网金融业务中心负责全行互联网金融业务的经营和管理，主要包括业务的整体推进、同业与市场分析、获客渠道建设、客户拓展、产品创新和包装组合、流程优化和客户体验、市场策划和实施推进、外部机构拓展和联络沟通等。

互联网金融将彻底改变商业银行传统的经营模式。面对严峻的形势和艰巨的挑战，交通银行将以互联网思维打造互联网金融，开辟第二战场，打造“第二交通银行”。

三、互联网金融产品

（一）网上商城——交博汇

交通银行是首家探索并上线银行系电子商务平台的商业银行。一是建成了“一轴四馆”的架构。交通银行于 2012 年 3 月 6 日正式推出了新一代网上商城——交博汇。该网上商城是我国首家由商业银行直接经营、覆盖对公与对私、具有金融特色的网上商城。交通银行网上商城命名为“交博汇”，是借鉴了世博会“一轴四馆”的概念，主要由经营 B2B 的企业馆、从事 B2C 的商品馆、出售交通银行金融产品的金融馆和提供代缴费、票务订购服务的生活馆四个部分组成，“一轴”就是交通银行的电子支付平台。通过“一轴四馆”，“交博汇”为客户提供了从个人到企业，从便民、购物、金融到贸易的一整套电子商务服务，搭建起了企业与企业间采购、求购的信息及资金桥梁，搭建起了个人与企业间零售买卖的信息及资金桥梁，同时提供金融与非金融服务，满足客户全方位的需求。在运营中，一方面，借鉴天猫等主流网站，商品馆实现了全流程的担保支付流程，买家确认商品无误且经过 14 天的维权保障期后，货款才会交付给商户，充分保障了客户利益；另一方面，运营架构以交通银行为主，充分保障了交博汇管理及服务的可靠和安全。

（二）网络旗舰店

2011 年 5 月，交通银行与阿里巴巴在上海签署了全面战略合作协议。作为双方签署全面战略合作协议后的一项合作成果，“交通银行淘宝旗舰店”于2012年7月23日正式对外推出，这也是银行与电商企业联合开设的首家网上旗舰店。

（三）交通银行微银行

2013年，交通银行正式推出微信银行服务——“交通银行微银行”，为用户提供24小时全天候的信息服务、账户查询和智能客服等服务。微信用户只需通过微信平台关注“交通银行微银行”，即可使用交通银行微信银行服务，第一时间收到来自交通银行的创新产品、业务公告，以及各类优惠促销信息。此外，客户还可通过“交通银行微银行”，向智能客户服务平台询问金融服务的各类问题，无须在线等待，即可在线实时得到专业回答。在绑定交通银行银行卡后，客户无须输入交易代码和查询密码，便可方便、快捷地查询本人账户余额。

“交通银行微银行”不仅是与客户点对点的及时沟通工具，更是方便客户进行各种金融交易的互联网金融平台。

（四）小额网贷

1.“品牌e贷”。交通银行“品牌e贷”业务是指为资产符合一定标准的个人客户提供快捷、简便的贷款在线申请、自助提款、自主支付的个人贷款业务，包括“快捷e贷”、“交银e贷”和“沃德e贷”。

“快捷e贷”和“交银e贷”是为资产符合一定标准的个人客户提供的通过自主服务渠道在线申请，在系统自动实时审批后以信用方式给予其一次性授信额度，并在规定期限内允许其以太平洋借记卡为介质，通过自助服务渠道提用后可以POS机刷卡、网上支付、取现和转账等方式对外支付，用于小额消费用途的个人信贷业务。

“沃德 e 贷”是指符合条件的沃德财富客户及私人银行客户在一定期限内可循环使用信用预授信额度；借款人通过网上银行自助申请，系统自动审批，客户实时获知授信审批结果。客户需要用款时，在可用额度内，可以借记卡为介质，通过网上银行、电话银行、自助通自助放款，也可通过柜面人工放款；在有真实交易背景的前提下，POS 机刷卡和个人网上支付使用，也可取现和转账；可通过网上银行、电话银行、自助通、柜面及系统自动方式正常或提前还款的信用贷款。

2. 部分质押类业务。目前，交通银行定期存款、国债质押贷款可以进行自助发放，对于无单折定期存款作为质押的贷款，客户可以在已开通的电子渠道自助办理定期存款质押，选择定期存款账户作为质物后，输入贷款金额、期限等要素获得贷款。

（五）“天添利 A 款”产品

为应对互联网金融“宝宝军团”的强势来袭，交通银行推出了类余额宝理财产品——“天添利 A 款”。客户在银行工作日的 8: 45～15: 30 进行申购，当日即确认并计算理财收益，赎回本金即时到账，收益当日入账。通过配置“天添利 A 款”产品，客户可在确保资金较高流动性的同时获得一定理财收益。“天添利 A 款”产品预期收益率在同业市场上高于同类“T+0”开放式表外产品，具有较强的竞争优势。

四、互联网金融中电子支付业务发展建议

（一）商户准入时缺乏统一有效的风险识别机制

银行在拓展电子支付商户时，一般通过查询法人征信信息、查询银联支付商户黑名单的方式确定商户的风险等级，但此种方式存在一

定的局限性，不能全面、及时、准确地了解商户的风险信息，建议由监管机构牵头在全国范围内建立健全一套风险商户管理系统，由各行提供数据，同时也向各行开放，便于各行在商户审批过程中对商户的风险情况进行了解。

（二）建立交易监控体制及风险商户紧急处理制度

在商户申请开通电子支付交易后，建议监管部门建立一套完整的交易监控体制，对于发现的可疑交易，及时通知各行加强交易监管及防控；对于发生风险事件的商户，建立紧急处理制度，最大限度地保证消费者及银行的权益，减少不必要的损失。

（三）进一步提升各渠道风险管控措施的统一性

建议监管部门进一步提升各渠道风险管控措施的统一性。例如，个人客户通过支付宝购买余额宝产品，余额宝产品直接对接天弘增利宝货币基金，无须经过风险评估，交易界面上也没有相应风险提示，仅突出强化了高收益、高流动性概念。而商业银行在销售货币基金时，按照监管要求，需要对客户进行风险评估，提示客户相应的业务风险。对于此类基本无差别的产品销售，监管要求却不完全一致，一方面使不同机构的竞争环境无法做到完全公平，有可能引发不当竞争；另一方面，普通客户对于进行风险提示的机构反而容易产生误解，不利于客户树立正确的投资理财意识。

五、银行在互联网金融发展中的优势与挑战

（一）银行的优势

银行发展互联网金融的主要优势，一是金融服务的经验，特别是

营运、风控方面，经验很丰富；二是O2O的优势，网点深受客户信赖。银行上千家网点是其渠道优势，有些咨询公司认为，未来银行网点依然会存在，但是主要会转为体验店，所以线上、线下的结合是我们的优势；三是互联网渠道服务积累了很多经验；四是拥有较为完备、注重安全的IT体系，有一支比较强的IT队伍。

（二）面临的挑战

银行发展互联网金融的主要挑战：一是在互联网金融，特别是消费金融方面失去了先发优势。如何选准突破口发力是摆在我们面前的很重要的问题。二是当前令人眼花缭乱的创新，影响了银行商业模式的确定。三是IT转型面临压力，互联网应用的开发模式与交通银行的IT管理具有较大差异。四是传统业务管理与互联网服务创新存在矛盾，真正体现以客户为中心、重视和提升客户体验与传统的流程管理存在较大矛盾。五是基于互联网应用新领域的先期投入问题。

六、互联网金融发展的几点思考

（一）金融互联网与互联网金融

尽管金融互联网与互联网金融最终会殊途同归，但是当前服务客户、提高市场竞争力，绝对不能只在一个方面发展。为什么互联网金融近期能够如此异军突起？一是监管差异，二是文化差异。从监管差异来看，商业银行面临非常严格的监管，而互联网金融企业作为IT公司，面临的监管环境完全不同，可以有更宽松的创新环境，“法无禁止皆可为”。从文化差异来看，传统金融强调“稳健、责任”，而互联网精神强调“平等、开放、协作、分享”，这两种截然不同的文化差异是更本质的因素。因此，发展金融互联网与互联网金融要强调齐头并进、发展业务、改善体验、创新管理。

（二）拓展互联网金融客户群

互联网金融的发展路径应当是以第三方支付链接资金流，以互联网小贷和 P2P 公司相结合做好资产业务。互联网金融的主要目标客户群包括三类：一是交易型零售客户，二是基于核心客户的产业链上下游客户，三是新一代的年轻客户。要强调客户细分，通过大数据分析保障业务质量。

（三）加强外部合作，逐步形成竞争优势

当前商业银行面临一些被动的局面，可能与其过去没有长远考虑有关。例如，过去的快捷支付，第三方支付与各家银行链接，但是并不向银行提供客户信息。此外，银行之间同业竞争，相互隔离。因此，我们要梳理好竞合关系，厘清竞争和合作的边界。

（四）建立一支具有互联网思维的创业团队

要通过创新体制机制和激励模式，引导互联网金融的人才形成创业合力。互联网金融的团队可以有银行从业人员，也可以有非金融的优秀人才，可以通过市场化手段引进专业人员，提高我们的团队水平。

顺应时代变化　紧跟金融转型
——浅析互联网金融发展

中国邮政储蓄银行北京分行行长　徐维进

近年来，随着互联网的发展及其向金融领域的渗透，互联网金融已在我国蓬勃兴起，先后出现了传统金融业务的网络化、第三方支付、P2P 网络借贷、大数据金融、众筹和第三方金融服务平台等多种模式的互联网金融衍生产品。这一系列新兴产品的诞生，对于商业银行传统业务的发展带来了一定的挑战，同时也为加速银行多元化的创新指明了新的方向。

邮储银行北京分行作为一家积极践行普惠金融，立足服务“三农”、服务社区、服务中小企业的大型商业银行，面对互联网金融的冲击，在传统金融转型的道路上积极探索，不断顺应客户的需求、市场的变化，研发出具有互联网思维的金融产品，提供更加便利、更加贴心的金融服务，立足于实现不断提升客户对邮储银行北京分行满意度的目标。

一、互联网金融的兴起对传统金融业务的冲击

（一）银行加速脱媒

金融业务的互联网化、电子商户的异军突起、第三方支付平台覆盖面的不断扩大，直接影响了客户的消费模式，越来越多的用户倾向

于线上消费，而第三方金融服务公司的一站式服务，使得客户在享受便利的同时，逐渐脱离银行传统业务，造成客户与银行黏性的减弱，进一步影响了银行储蓄存款等收益的发展。

例如，邮储银行北京分行个人持卡用户近三年交易额分别为3540亿元、4603亿元、4952亿元，交易笔数分别为1.1亿笔、1.3亿笔、1.4亿笔，虽然呈逐年增长态势，但增长率却逐年降低。同样，个人储蓄存款余额近三年来分别为1100亿元、1200亿元、1250亿元，虽然整体稳步净增，但也应看到，受互联网金融影响，在增长速度上出现放缓。同时，存款出现理财化趋势、传统交易渠道受到互联网创新交易渠道冲击、余额宝等各类产品对个人储蓄存款分流较大、第三方支付平台使客户脱离银行体系实现交易功能，都是互联网金融对个人储蓄业务的影响。

与此同时，随着微支付、快捷支付的兴起，客户在消费过程中更加倾向于选择脱离传统金融产品，导致银行原有自助渠道（POS机、网上银行等）的使用率降低。例如，截至2015年，邮储银行北京分行商贸类商户共计5000余户，终端约6500台。其中，POS机商户约2500户，较2014年同期减少近1300户，同比减少34.2%；“商易通”商户约3000户，较2014年同期减少了近80户。同时，网上银行交易笔数近三年来，分别为2800万笔、1300万笔、1250万笔，交易总量出现逐年下滑趋势。

由此可以看到，银行业务的加速脱媒，一方面对商业银行客户黏性的提高、储蓄存款业务的增长带来了一定的冲击，另一方面对传统金融自助渠道的发展也带来了一定的影响。

（二）互联网金融产品创新日新月异

互联网改变了客户获取金融服务的方式，新技术的应用充分发挥了“长尾效应”，使服务低端客户成为可能。企业利用互联网上的海量数据进行客户细分，使营销方式从盲目撒网变成精确定位。

对于客户来说，精准的营销模式更易被接受与认可，但同时对银行网点业务也带来了一定的冲击。邮储银行北京分行近555家网点遍布城乡，一直是其发展的独有优势，也是提升获客能力的有利资本。但是，面对现有互联网金融带来的变化，客户逐渐习惯“足不出户”就能实现金融服务的方式，导致本行固有网点的客源减少，从而减少了直接营销客户的时机，影响了本行业务的发展。

中国银行业协会的数据显示，2014 年中国银行业金融机构离柜交易达 1167.95 亿笔，比上年增加 204.56 亿笔；交易金额达 1339.73 万亿元。互联网金融丰富、方便、快捷，尤其是“互联网+电子金融服务”，受到广大客户欢迎，使银行业平均离柜率达到 67.88%，同比增加 4.65 个百分点。

与之形成鲜明对比的是，2014 年，工商银行、农业银行、中国银行、建设银行四大行柜员均比 2013 年有明显减少，其中工商银行一年减少柜员 12024 人，占总柜员人数（121228 人）的 10%，工商银行在 2014 年共减少营业网点 128 个，实现功能分区营业网点 49 个，这也是四大银行首次在物理网点上出现负增长。

互联网金融正快速地引导银行客户从柜台转向网络和移动端，尤其是电商企业介入到了贷款、理财等银行的核心业务，导致银行以往作为渠道的作用逐渐弱化。

（三）互联网思维深化，融资渠道多元化

随着互联网的快速发展，企业借助其技术和平台优势，纷纷推出各类网络贷款，P2P 网贷、众筹融资等新模式异军突起，对银行的传统信贷模式形成了挑战。

2014 年以来，以 P2P 平台为代表的网络贷款快速发展。据人民银行调查统计司数据，2014 年，P2P 平台交易金额达 2528 亿元，较上年增长 139%；贷款余额为 1036 亿元，较上年增长 287%。尽管 P2P 贷款规模不大，仅占 2014 年新增人民币贷款的 0.79%。

就邮储银行北京分行贷款业务而言，2013 年末，小额贷款有效客户数量约 2200 人，贷款结余约 25000 万元；2014 年末，有效客户数量约 1900 人，贷款结余约 35000 万元；2015 年 9 月末，有效客户数量约 1690 人，贷款结余约 30000 万元。通过近三年数据变化可以看出，互联网贷款产品的推广，对邮储银行北京分行的小额贷款影响较大。与上一年相比，2014 年客户量降幅为 14%，2015 年 9 月末客户量降幅为 12%。

同时，2013 年末，邮储银行北京分行消费类贷款（不含住房贷款）有效客户数量约为 1600 人，贷款结余约为 56000 万元；2014 年末，有效客户数量约为 2000 人次，贷款结余约为 69000 万元；2015 年 9 月末，有效客户数量约为 2300 人，贷款结余约为 82000 万元。通过三年数据对比可以发现，客户数量连续两年呈上升趋势，增幅分别为 28%和 13%，但 2015 年互联网消费贷产品的推出，导致邮储银行北京分行消费贷款增幅下降迅速。

究其原因，网络贷款对传统银行的冲击主要表现在三个方面：一是网络贷款平台积极拓展大数据技术，风险控制模式不断成熟和完善；二是非民营资本加快注入平台，网络贷款平台的资金实力逐渐增强；三是网络贷款业务种类日益丰富，业务发展以线上为主，线下促进。

二、接受互联网金融挑战，加快本行发展思路转型

面对互联网金融的冲击，邮储银行积极探索应对政策。2013 年，

邮储银行总行为应对互联网金融的冲击和挑战，组织编写了《中国邮政储蓄银行互联网金融发展研究报告》，分析了互联网金融的发展情况、商业银行的应对之策，并提出了响应互联网金融的发展思路和发展措施。北京分行按照总行统一的战略部署，分别从不同的业务领域，以互联网的视角，结合北京市的地域特点，积极变革产品模式，在满足客户需求的同时，加快本行业务的发展。

（一）针对不同客户群，打造个性化电子自助渠道

邮储银行目前已上线个人网银、手机银行、电视银行、电话银行、微信银行、易信银行、微博银行及 ATM、CRS 等多个线上、线下自助渠道，供不同年龄、不同层级的人使用。截至 2015 年 8 月，邮储银行北京分行结存电子银行客户 342 万户，约占整体个人客户的 22%。面对当前互联网金融的迅猛发展，为了保证现有的电子银行客户不丢失，同时吸引更多的用户使用本行电子渠道，邮储银行于 2014 年成立“互联网金融创新实验室”，立足于从客户的角度，不断研发新的金融产品。

1. 个人网银。2014 年，邮储银行针对理财类客户，推出自动理财、在线签约、“邮益宝”等多个自助理财产品；对物流企业，推出商务汇款；对企业客户，推出了智能定活资金池、批量代发工资、批量代收/国库集中批量支付等功能。同时，新增了中邮阅读网服务费、交通罚没款、预约挂号、社保缴费等多项中间业务功能。

同时，为把握互联网金融发展机遇，拓宽代理保险销售渠道，邮储银行于 2015 年进行代理保险大集中系统、个人网银系统升级，实现了保险产品在邮储银行个人网银渠道实时出单、当日撤单、犹豫期撤单、退保、满期给付、持有的电子保险产品查询等业务功能。该功能的上线，满足了客户“足不出户”的需求，客户通过线上即可购买

保险产品。

2. 手机银行。2014 年，邮储银行对贷款类客户推出“E 捷贷”，并与中邮阅读网、中邮证券合作，推出中邮阅读网代扣费功能，新增了中邮阅读网服务费、交通罚没款、预约挂号、社保缴费等多项中间业务缴费功能。

2015 年上半年，邮储银行为回馈广大客户，新增邮乐网二维码购物功能，客户可以通过扫描二维码的形式，直接在邮乐网购买商品，操作便捷，利于抢购；同时，在 2015 年初，邮储银行与共青团中央联合开展“保护母亲河绿动邮你行动”，借此在个人网银渠道上新增捐款功能，为每一位爱心人士提供便捷途径。

3. 自助设备。2014 年，邮储银行研究并试用了自助发卡机、存折取款机、高速存款机等多种新型的自助设备。2015 年，北京分行正式投放使用自助发卡机、存折取款机等，为客流量较大、养老金客户较多的网点提供便利。

（二）深化互联网思维，打造贷款网络化

在传统的信贷业务流程中，客户信用调查成本高，银行需投入大量的人力、物力进行贷款调查、收集资料、提交报告、授信审批、贷后管理等工作。同时，信贷客户筛选成功率很难提升，获客成本高。数据显示，阿里小贷单笔信贷操作成本仅为 2.3 元，而银行的成本一般在 2000 元左右，约为其 1000 倍。信贷业务互联网化，一方面可实现网上申贷、在线审批、网上签约、在线授信、网上支用、网上还款，大大减轻客户经理工作量，降低银行人力成本，提高业务效率；另一方面，可突破地域限制，增加客户渠道来源，扩大信贷客户群体范围。

基于上述原因，邮储银行开展贷款网络化探索，先后与电商平台、

物流企业合作，推出多款面向网络平台客户的信贷产品。

1. 与物流企业合作的信贷产品。基于速递物流的仓储、物流配送和监管服务优势，对传统贸易客户提供供应链金融服务。速递物流企业负责推荐融资客户并提供仓储、货物监管服务等。截至 2015 年 3 月末，邮储银行与速递物流监管合作金额累计 22.61 亿元（占比为 60%），余额 1.19 亿元（占比为 41%）。

2. 与电商企业合作的信贷产品。

（1）邮 E 贷。邮储银行针对采用“速递物流仓储+配送服务”的电商客户，以其收发货数据所反映的交易流水确定客户授信额度，并提供融资服务。同时，通过辅之以担保措施，提高贷款额度和降低融资费用。采取与速递物流企业系统对接，可实时核实物流信息。目前，从速递物流企业获取的数据只是物流信息，尚不能提供商品价格信息，客户真实经营信息评估比较困难。

（2）电商贷。电商贷是邮储银行针对天猫商户开发的小微企业信用贷款产品。该产品充分发挥邮储银行点多面广的优势，创新性地探索出了“线上客户、线下开发、线下操作、线上担保”的业务模式，针对天猫商户进行在线搜索，依靠客户端查询电商经营数据，对客户实现全程风控和线下操作，贷款额度最高 100 万元。

（3）eBay 小贷。eBay 小贷针对 eBay 电子商务平台的个体工商户、个体企业主、自然人股东提供担保贷款。总行与 eBay 签订框架协议，由 eBay 向我行推荐申请贷款的客户名单，并提供客户的交易、信用评价信息，银行受理后进行线下现场调查。

（三）结合“直销银行”理念，打造邮储银行电商平台

发展普惠金融，离不开覆盖城乡的金融服务网络，而做好普惠金融，邮储银行有其天然的禀赋，网点众多和物流服务就是最大优势。

数据显示，作为全国网点规模最大、覆盖面最广、服务客户数量最多的商业银行，截至 2014 年末，邮储银行拥有营业网点近 4 万个，覆盖全国超过 98%的县，其中 71%以上分布在县及县以下地区，服务客户超过 4.7 亿人，服务触角遍及城乡广袤地区。而中国邮政集团是中国最大的物流服务供应商，在更多的自然村、行政村通过社会加盟和自建，已经形成了一批邮政村邮站。

为此，邮储银行总部与母公司中国邮政集团合作，通过中国邮政集团推出的“邮掌柜”电子商务平台布局农村电子商务。该平台的建设，一方面通过“邮掌柜”电子商务平台和广大农村超市结合，使城市高质量或高档的商品能顺利运送到农村超市去；另一方面，农村的特色农产品能够通过这一平台，让城市人购买。通过电商平台，目前邮储银行已积累了大量的物流信息和客户信息，将能够更好地提供基于结算、消费等的经营服务。下一步，邮储银行北京分行将以此为模板，结合自身地域特点，开辟更多的电商平台合作模式。

三、依托互联网思维，展望邮储银行“互联网+”时代

顺应时代潮流，紧跟互联网金融发展趋势，依托整体的战略规划，接下来邮储银行将逐一形成“互联网金融+”的业务模式，即“互联网金融+网点转型”、“互联网金融+信贷”、“互联网金融+综合服务平台”等互联网金融搭载各行业优势资源的发展模式，以此实现业务发展转型，全面践行普惠金融发展战略。

（一）互联网金融+网点转型

互联网金融的快速发展，虽然尚未动摇传统银行业务的根基，但是对其经营理念带来了巨大的冲击，“社区银行”、“直销银行”、“智

能银行”等概念不断被提出、热议和实践。在“互联网+”的大时代，结合邮储银行自身情况积极推进网点转型势在必行，力争通过“线上线下联动营销、联动处理业务、联动客户服务互动”的方式促进转型，提升品牌竞争力。

1. 结合地域特色、客户群分类，配合网点新建、改造计划，建设针对不同客户群需求提供特色服务的轻型化网点。随着功能不断优化以及自助发卡机、存折取款机、大堂引导员等新设备、新力量的不断充实，网点流程整合向轻型化转型已具备了良好条件。轻型化网点就是要将封闭式低柜转化为开放式柜台或自助设备，当客户进门后，通过大堂引导员的有效沟通，根据客户需求的归类，将具备同类的、基础的银行需求的客户引导至轻型柜台或自助设备上办理。这样既能减轻柜面压力又可提升客户体验，也为网点向智能化转型奠定了基础。

2. 点滴融入创新，打造用卡场景，从轻型化网点向智能化网点转型。在轻型化网点基础上，打破以“客户个体”为流程主体的模式，实现柜台服务自助化，逐渐实现将以不同客户的同类需求为主体的模式整合，以智能化的形式集中提供解决方案。

首先，加快新功能开发及推广。为提升邮储银行电子银行客户规模，给客户更多的用卡理由及用卡环境，创造更多支付场景，在继续开发新功能的基础上，不断复制、拓展已开发的同类功能，达到“一通百通”的效果。

其次，实现柜台服务转型。实现用自助化机具代替人工，解放柜员，充实营销队伍。一是利用“快窗”，将传统高柜窗口“客户取号、柜员服务”模式改为“客户自助+柜员辅助”模式，从而实现“一对多”服务的高效率、自助式高柜；二是利用“快柜”，取代传统高柜和矮柜柜员，让客户自助办理柜面业务，柜员专注营销和服务，实现自动化、自助式柜台；三是利用“智能钱柜”，帮助柜员实现现金自动化处理，释放业务量压力。

最后，建设智能化网点。在功能开发、柜台服务转型的基础上，建设智能化网点。针对网点业务为主，通过智能排队、智能预处理、自助发卡、半自助柜台等智能化设备实现业务流程优化，通过机器人、电子海报屏、金融超市、智能营销桌等必要设备提升客户体验。针对视觉效果和客户互动体验，通过互联网预约、虚拟成像、体感互动橱窗、虚拟迎宾等新型服务柜台、跨界经营（玩具图书馆）等智能化系统实现客户身份主动识别，进一步提高客户到店体验和娱乐感。

在互联网的融入下，网点转型势在必行，但是邮储银行现有客群多为社区及中老年客户，一味地将网点转型为智能网点或是由自助设备所替代，对于中老年客户会带来更大的不便，不利于普惠金融的发展，所以下一步邮储银行北京分行也将着力打造“社区型”网点，满足居民用户的金融需求，同时也需要监管部门给予有力的支持和帮助。

（二）“互联网金融+多元化融资”服务

互联网信贷相对于传统业务电子化更具探索性和创新性，所以下一步，邮储银行北京分行将在总行的统一部署下，遵循先易后难的原则，首先实现现有产品线上化，精简流程，提升客户体验；同时以邮乐网电商小企业客户、农村邮掌柜客户为切入点，推出网络信贷产品，实现网贷业务零的突破。并以此为契机，采用风险由低到高、先质押后信用的产品模式，逐渐深入与速递物流、电子商务的合作，拓展网贷市场。接下来，邮储银行将陆续推出有特色的网络贷产品，满足不同客群的需求。

1. 承运商应收账款融资。针对速递物流社会承运商提供的融资服务，速递物流企业收到物流客户支付款项后，将款项打入承运商在邮储银行账户，直接偿还银行融资。速递物流企业除负责推荐融资客户外，还配合银行确认客户信息及应收账款的真实性，并保证回款资金划付至指定账户。

2. 代收货款融资。针对电子商务平台或电视购物平台的供货商提供的融资服务，还款来源主要为速递物流企业代收的货款，通过有效实现妥投信息与资金绑定，加快货款的归集回流速度，提高客户资金使用效率。速递物流企业保证货款及时回流，降低了业务风险。

3. 跨境易。与邮政速递板块对接，利用邮政速递的货流和海关代监管优势，将海关、物流、仓储、交易等物流、信息流、资金流信息数据整合，引导跨境电商平台/企业以及下游客户使用邮储银行的金融服务，实现“互联网+供应链金融”的服务模式。

4. 商乐贷。针对邮乐网电商小企业商户提供的服务，通过该产品，小企业电商可实现线上申请，邮储银行线上线下联合审批，尽快满足客户线下支用，减少审批时长，方便客户支取使用。

信贷互联网化作为新生事物，既需要市场驱动，鼓励创新，也需要政策助力，促进健康发展。近几年，我国互联网金融发展迅速，但也暴露出了一些问题和风险隐患，主要包括：行业发展“缺门槛、缺规则、缺监管”；客户资金安全存在隐患，出现了多起经营者“卷款跑路”事件；从业机构内控制度不健全，存在经营风险；信用体系和金融消费者保护机制不健全等。所以当前，既要鼓励互联网金融的创新和发展，营造良好的政策环境，规范从业机构的经营活动，维护市场秩序，同时需制定必要的监管政策，引导、促进互联网金融这一新兴业态健康发展。

（三）“互联网金融+综合服务”平台

邮储银行北京分行将按照总行的统一部署，依托互联网、云计算、大数据等新技术，以产品创新为驱动，以数据分析为引擎，以整合三大板块资源为切入点，以网贷产品为突破，着力打造集资金流、信息流、物流和商流为一体的、开放的互联网金融综合服务平台。

1. 基础平台搭建。邮储银行将利用互联网金融云平台和大数据平台，完成互联网金融综合服务平台的基本搭建，并实现与邮乐网、邮政速递物流公司的系统对接，实现与邮乐网与门户网站、手机银行相互融合嵌入。通过邮乐网电商数据、速递物流数据的接入，初步建立针对邮乐网电商小企业客户、掌柜客户和相关产品的风控模型。

2. 综合平台的对外延伸。在根基平台建成的基础上，邮储银行下一步将会对互联网金融综合服务平台功能进一步完善，具备接入其他电商、物流企业的能力。从而实现邮政集团三大板块（国际小包、分销等）相关产品的研发和上线，并积极拓展与其他电商企业相关的网贷产品。同时，接入更多的数据来源，建立围绕电商、物流企业、商户和个人消费者等互联网生态系统中多层次客户群的数据分析和风控模型。

3. 综合服务平台国际化。全面建成能够快速响应市场、打通互联网生态系统各环节及涵盖“三农”、小企业、消费、信用卡、国际和公司业务所有条线的网上融资产品体——互联网金融综合服务平台，进一步拓展服务范围，接入电商企业更为广泛（由国内至国际），并向电商企业产业链上下游延伸，形成一定的业务规模和经济效益。

快速满足客户需求、提升客户体验是衡量互联网产品成败的重要标准，也是互联网企业能够在市场竞争中生存的重要保障。邮储银行互联网金融综合服务平台的建设，既实现了自身系统内整合，运用“大数据”理念，对客户实现精准营销；又有利于与外界同业竞争，实现跨界发展。

四、结束语

互联网金融与商业银行并不是简单的摧毁与替代，双方应更多地强调在互联网金融竞争的大背景下，注重互惠合作。在当前的互联网金融浪潮中，邮储银行北京分行将与互联网金融围绕各自优势，在线上融资、电商平台、大数据运用等多方面、多领域开展合作，以竞合思维，培育产业链和商业生态系统，共创、共荣互联网金融生态圈。

顺大势而为　拥抱互联网

招商银行副行长兼北京分行行长　王庆彬

一、我们面临的冲击与挑战

近年来，互联网金融的发展方兴未艾。它对传统金融会形成什么冲击？会带来哪些挑战？该如何应对？是我们必须高度重视、深入研究的课题。结合招商银行的实际情况，我们认为这种冲击和影响主要表现在以下方面。

（一）第三方支付“银联化”，银行支付趋于管道化

在金融业支付结算领域，第三方支付平台借助快捷支付与银行直联，呈现银联化，对传统银行清算体系产生了替代性冲击，资金清算去银联化；线上支付与线下移动支付的全面发展，使越来越多的支付场景中支付宝与微信支付二选一，银行卡只能与支付宝或微信支付绑定，银行支付被管道化。第三方支付银联化与银行支付管道化对银行的结算、代理收付等中间业务产生了明显的挤占效应。例如，支付宝能为企业客户提供大额收付款等资金结算服务；财付通为个人客户提供信用卡免费跨行异地还款、机票订购等代扣代缴服务。此外，第三方支付平台已开展 POS 线下收单、医保支付等业务，对银行形成了新的竞争。以结算业务收入为例，第三方支付平台进入支付市场收单

费率已由1%下滑至0.1%，甚至免费。

对于个人客户而言，第三方支付账户可满足大部分个人客户对资金的需求，覆盖面可与传统的金融中介——银行相媲美。在第三方支付平台上，个人客户通过手机客户端即可完成账户资金的转移支付，如转账汇款、信用卡还款、网上缴费、网上基金和网上保险等功能。这与银行网银功能并无明显差异，使部分电子银行客户出现分流，越来越多的客户与商户选择与第三方支付公司合作，银行的中间业务收入与资金结算受到很大影响。

（二）互联网理财“类存款化”，银行存款加速理财化

新兴的互联网金融机构经过近年的发展，已经形成了非常固定的客群，并且客群还在迅速增长。除了传统的互联网三大巨头——阿里、腾讯和百度之外，基金公司、证券公司和第三方理财公司等机构几乎全部涉足互联网金融。从整体来看，互联网金融的参与主体是银行个人客户，对公客户所受影响较小。

互联网金融机构利用“爆品”战术与“类存款”宣传吸引客户。在互联网理财推广上，一方面，“爆品”战术是一种利用单一高收益产品带动其他产品销售的营销手段，突出“爆品”的高收益来吸引客户；另一方面，在宣传口径上简单比较理财收益率与存款利率、以“活期+”和“定期+”等冠名的货币基金与保险产品。宣传其收益保底化，强化各类金融产品的“类存款”特征，淡化互联网理财的风险性与流动性。互联网金融机构各类“宝宝”产品在推广初期对招商银行个人存款产生一定的影响，但2015以来，随着其整体收益率下降和招商银行财富管理的能力不断提升，互联网金融对客户的吸引力降低，对招商银行个人存款的影响也趋于平稳。

招商银行近两年来个人储蓄存款的变化从侧面见证了互联网金

融飞速发展，对银行存款的分流呈几何级数增长的情况。以招商银行北京分行 2013 年 1 月至 2014 年 12 月的个人存款变动为例，2013 年北京市金融机构个人存款余额仅增长 467 亿元。其中，招商银行北京分行减少了 0.89 亿元，互联网冲击表现尤为明显。2013 年 1～9 月，招商银行北京分行直付通渠道走款（互联网金融的主要走款项）为进出平衡，在 10～12 月大幅增长至 58 亿元，即便考虑到年末消费增长的因素，估算互联网金融也分流了招商银行北京分行储蓄存款 50 亿元以上；2014 年，北京市金融机构个人存款余额增长 894 亿元。其中，招商银行北京分行增长 254 亿元，直付通渠道走款从 58 亿元扩大至 300 亿元，较 2013 年增长 242 亿元。

面对互联网金融的挑战，招商银行积极面对，加大理财产品的开发力度。自 2013 年以来，招商银行陆续推出天添金、周周发、月添利和睿远系列等安全、收益和流动平衡的净值型理财产品，吸引了大量回流资金。

总体来说，互联网金融对招商银行产生了一定影响。首先是改变了客户的习惯，其次是分流了银行的储蓄存款。但只要银行能积极应对，发挥自身的渠道优势，研究开发新型理财产品，就能最大限度地减轻互联网金融的影响。

（三）网络融资“颗粒化”，银行贷款提升效率是关键

传统银行基于借贷双方信息不对称，从事经营风险与资金，从而为资金需求方提供融资服务。互联网金融贷款服务依托国内大型互联网金融平台，基于互联网与大数据分析，呈现融资“颗粒化”，有效地解决了信息不对称的问题。互联网金融平台利用其经营积累的广大客户资源，分析和挖掘客户的交易和消费信息，掌握客户的消费习惯，并准确预测客户行为，实现“颗粒化”经营。而银行目前局限于传统

信用评分体系，拥有客户数据有限，分析客户行为的准确性不足，就会制约产品营销，导致产品推介效果差强人意。例如，阿里小贷的水文模型、腾讯“微粒贷”，经过大数据分析，一般来说计算机系统在很短的时间内即可计算出客户的信用情况，并给出相应的贷款额度，产品便捷快速是银行传统信贷产品不可比拟的，这势必会给银行信贷带来冲击。

（四）互联网金融拓客“社交化”，个人客户影响有差异

互联网机构生存的法则就是用户数要快速达到爆破点，才有可能实现盈利。而快速提升用户数的模式通常是基于六度空间理论的“社交化”拓客模式。2015 年春节期间，全民发红包、“抢”红包的活动是互联网金融机构利用“社交化”拓客的代表案例。传统银行与新兴互联网公司拓客模式类似，但效率差的根本原因是银行强调实名认证的高成本。根据个人客户在招商银行的资产规模分类，招商银行将所有客户划分为四类客群。这四类客群分别是大众客群、中端客群、金葵花客群、私钻客群。这四类客群在年龄、资产规模和理财观念等多方面的需求不同，导致了互联网金融对这四类客群的吸引程度有较大差异，个人客户的资产规模与对互联网金融的接受程度呈现负相关的关系。

1. 互联网金融对大众客群和中端客群带来较大冲击。这两类客群所受冲击主要体现在客户流失方面。以余额宝为代表的互联网金融产品分流了招商银行个人客户的储蓄存款。2014 年 7～9 月，在招商银行中端客群中，超过 25%的持卡达标客户转入余额宝金额累计大于 5 万元；超过 33%的客户流失的原因是资金转移至余额宝等互联网理财产品。除此之外，互联网金融产品对招商银行有代发工资的个人客户影响也较大，这表现在个人客户工资留存率的降低上。在余

额宝上线初期，其高收益率、高灵活性的特点直击招商银行代发客户痛点，对招商银行客户资产，特别是活期资产产生了强烈的引导性。2014年2～5月，招商银行代发客群的整体留存率下降5%。2014年6月，招商银行推出“朝朝盈”产品并开展广泛营销后，代发整体留存率恢复到了冲击前的水平，有力地回击了互联网金融产品对招商银行个人业务的冲击。

2. 私钻客群和金葵花客群所受冲击不明显。在互联网金融的冲击下，招商银行私钻客群和金葵花客群依然保持了高速增长。个人资产规模较大的金葵花客群和私钻客群对于收益的敏感程度低于大众客群和中端客群，更注重于银行品牌、安全性、“面对面”的服务体验和附加服务等综合服务水平。招商银行私人银行全球连线服务、高端及以上客群专享的申根国家签证、各类客户活动和专业投资讲座等多项服务成为固化客户的重要方式，当然，专业的财富管理能力也是吸引和维护客户的一个重要原因。招商银行私钻客群2013年和2014年的增长率分别达到26%和43%，金葵花客群近年来的年增长率维持在12%～20%。

3. 交易偏向电子渠道，支行网点来访量呈下降趋势。互联网金融改变了个人客户的金融行为习惯，网络渠道已经成为客户完成金融交易的首选。招商银行电子银行渠道覆盖率大幅提升，电子交易成为主流，而网上消费则成为重要的用卡场景，支行网点客户到访网点量持续下降，网银覆盖率逐年提升。金葵花客群2013—2014年的网上银行覆盖率分别为84%、86%；在同一时间段，私钻客群的覆盖率更高，达到90%以上，网上银行已基本能够解决客户金融交易的需求。

二、我们的策略与做法

面对互联网金融的“大举进犯”，我们认为，商业银行未来的出路并非与之相互对抗，而是学习借鉴互联网思维中的精华；在理念、体制、流程、产品方面，要用互联网思维来武装改变自己，从而在互联网时代立于不败之地。主要策略是以手机银行为中心，做好两个“专注”。

（一）以手机银行为中心，全面布局互联网金融

无论是支付、各种“宝”，还是社交化拓客、小额信贷平台，均是以智能手机为黏合剂。面对移动互联时代，招商银行以手机银行为中心，全面布局互联网金融。在组织体系方面，招商银行面对互联网金融快速发展的局面顺势而为，将发展互联网金融提到战略层面，设立一级部门零售网络银行部，并在渠道产品上投入大量人力物力研发新产品，面向未来。在发展模式方面，从 2013 年开始，招商银行便在战略发展规划上敏锐地把握了移动互联网的发展机遇，高度重视在移动互联网时代的产品及业务创新。作为国内首家推出手机银行的商业银行，招商银行将手机银行的地位提升到与物理网点、网上银行相同的战略高度，提出“轻型”银行战略。在传统互联网时代的“水泥+鼠标”业务发展模式基础上，创新推出“水泥+鼠标+拇指”的全新业务发展模式，即在优化网点布局、创造网上银行优势的基础上，进一步打造在移动互联网时代新的优势。大力发展“手机+金融”的模式，将更丰富和全面的银行服务搭载到手机上，通过手机将银行的业务与客户的应用场景更有机地连接在一起。

招商银行北京分行高度认同总行构建以“轻型”银行为核心的互联网金融战略布局。围绕“轻型”银行这一核心战略，北京分行积极推动手机银行等轻型渠道拓展，推出加强手机银行营销资源支持、提高绩效考核权重、培训一线营销人员等多项措施，运用互联网金融思维开展自媒体营销活动，针对互联网金融属性客户有效推动银行类互联网金融产品配置。

招商银行最新一代的手机银行3.2版在业内第一次以用户为中心对手机银行进行顶层设计，已成为领先同业的优势产品。手机银行在设计理念、开发方法、功能创新、营销推广、安全机制等方面具有十大核心竞争力：（1）用户视角，重构顶层；（2）基于需求，设计体验；（3）敏捷开发，快速迭代；（4）细分用户，专属服务；（5）基于场景，打通功能；（6）NFC 应用，不止支付；（7）线上线下，无缝对接；（8）数据驱动，智慧银行；（9）社交娱乐，业务结合；（10）安全便捷，风险可控。

（二）做好两个“专注”：专注客户、专注产品

招商银行秉承一贯以客户为中心顺势而为，专注客户、专注产品，紧跟客户对金融需求的变化，利用互联网思维，开发了支付结算、理财和手机银行 APP 等新兴产品。

1. 专注客户支付结算需求。招商银行应对客户日益增加的新型支付结算需求，推出扫码支付服务。随着互联网技术，尤其是移动互联网的高速发展，在线支付的触角逐渐向线下延展。在互联网巨头积极布局移动支付的同时，招商银行也紧跟市场支付需求在 2012 年就布局移动支付。先后与铁路 12306 客户端、1 号店、美团及大众点评等知名电商在客户端上进行合作。从招商银行目前的交易金额数据来看，移动支付是 PC 支付的 1.8 倍；从各家商户近三年的实际交易数据来看，移动端与 PC 端占比由 4∶6 变为 6∶4，团购类商户则更加明显，甚至达到 8∶2。

除手机支付外，微信银行和 ATM 无卡取现也在服务客户的金融需求。招商银行微信银行具有免费通知提醒、一卡通余额查询、结汇购汇和本地优惠推广等多项功能，实现了客户足不出户即可查询账户信息；ATM 无卡取款功能也满足了客户小额取现需求，只需利用手

机银行操作验证即可到 ATM 取现。

2. 专注产品设计贴近需求。“朝朝盈”是招商银行于 2014 年 6 月推出的一款金融产品。其特点是：（1）购买起点金额低，1 分即可购买，最高限额 5 万元；（2）赎回时间无限制，7×24 小时全年无休，可随时申购赎回，实时到账；（3）无申购赎回手续费。“朝朝盈”的交易渠道为招商银行手机银行和信用卡掌上生活的客户端，客户即使没有招商银行储蓄卡，也可以通过信用卡掌上生活客户端开设电子一卡通购买。该产品自推出后吸引了大量互联网属性客户。在持有“朝朝盈”的客群类别中，中端客群及大众客群占比超过 90%；大量中端客群和大众客群因购买该产品从支付宝转入招商银行，该产品提升和巩固易流失客户效果明显。

三、我们的体会——竞争中谋发展，发展中促融合

互联网金融是时代发展的方向。行业创新成果虽斐然，然而风险隐患却不可忽视。《关于促进互联网金融健康发展的指导意见》（以下简称《指导意见》）的出台标志着我国最高监管层全方位规范了互联网金融行业的监管架构，这表明野蛮无序的扩张告一段落，各细分行业将进入正规化的发展阶段。《指导意见》也多次强调并鼓励传统金融机构的业务创新与转型，传统金融机构在互联网金融领域的地位和话语权将得到大幅提升。以技术为先导的创新与变革还在商业银行个人银行业务中大有可为；对互联网企业而言，市场占有率较高的领军企业将会显著受益。

（一）传统的商业银行与互联网巨头的竞争将会更加激烈

一是传统金融行业边界和格局将有巨大变化。从监管政策上看是

鼓励传统金融机构和互联网金融企业进行融合，未来金融市场的格局和合作方式将会发生重大变化。首先，在数据资源共享和客户资源共享等方面或将有进一步突破；其次，银行、证券、保险和信托等传统金融的子行业边界将更加模糊，无论是传统金融机构，还是新兴金融机构，都将顺应大资管这一时代趋势，进而向提供综合性的金融服务迈进，而行业将会开展整合与兼并，传统机构将会面临巨大挑战。如中国平安这类具有金融全牌照的金融控股集团，已经在银行、证券、保险、信托及互联网金融领域进行全面布局，各项业务之间协同发展、流量互补、客户输送，在未来将有较大的竞争优势。

二是互联网巨头进一步侵蚀传统银行的支付结算服务。在支付结算领域，规模和市场较小、运营不规范的第三方支付机构将受到严格的监管，已经形成优势和获取银行牌照的互联网巨头发展将加快。以微信支付为例，具有天然的客户基础及人性化的用户体验的腾讯自推出线下扫码支付的功能以来，线下交易量逐月增加，这给传统银行线下 POS 消费业务带来了很大的挑战。未来，如何尽快加大移动端布局力度和支付结算创新力度来应对互联网巨头对银行客户及交易量的分流将是不可回避的重要问题。

三是财富管理市场将会成为金融企业的必争之地。近年来，互联网理财机构如雨后春笋般崛起，与传统银行争夺财富管理市场。部分互联网龙头企业已形成相当的规模，加之监管政策明确支持互联网企业建设创新型互联网平台，开展传统银行业务，在可预见的未来，互联网金融机构将成为传统银行的重要竞争对手。例如，东方财富网的线上活跃客户达到 1.2 亿户。其客户流量和黏性在此类财经网站中长期位列第一，日均覆盖人数 2196 万人，旗下的天天基金网上半年实现基金销量 4000 亿元；东方财富电商平台代销产品由公募基金向私募基金和银行理财产品不断延伸，覆盖客群不断向上、向下同时延展。随着我国通信技术的发展及其基础设施的完善，习惯使用移动终端的

“85后”、“90后”客户将会成为互联网金融机构的中坚客户，互联网理财机构与商业银行的客户和资金争夺战还将越演越烈。

四是消费信贷和小微领域的竞争将会更加激烈。互联网巨头近年来大力发展消费信贷和小微业务。在个人消费信贷方面，京东白条、天猫分期购和花呗等互联网企业信贷产品层出不穷，触及了传统银行消费信贷的核心领域，且业务呈现快速发展的趋势。目前部分互联网消费信贷产品对传统商业银行业务发展造成了直接影响。2015年6月，阿里终止了与银行的信用卡分期合作，将潜在客源全部引导至其“花呗”产品并承接信用卡分期职能。在小微贷款方面，互联网企业表现也十分强劲。以阿里巴巴和淘宝平台的蚂蚁微贷为例，该项业务可以通过其依附的互联网平台来分析账户资金交易行为和信用数据，通过深入的数据挖掘，向客户提供短期、无抵押小微贷款。目前，蚂蚁微贷的贷款规模已发展到近300亿元，以小微贷款为主。

（二）商业银行和互联网金融机构的融合与竞争相伴而生

监管政策的出台明确了互联网金融平台的职能作用和表现出对银行业机构开展银行创新的期望。监管政策鼓励银行业机构开展业务创新，为第三方支付机构和网络贷款平台提供支付结算服务，同时规定互联网支付机构应始终坚持服务电子商务发展和为社会提供小额、快捷、便民小微支付服务的宗旨，表明银行不仅有机会在第三方存管和与之相关的结算领域拓展业务，而且在大额转账汇款、资金流转领域，相对于互联网支付机构仍然具有政策许可优势；在支付结算方面，银行需紧跟时代潮流，利用互联网思维研发新产品，同时，互联网支付机构也应回归“支付业务”本质，防止出现自身的“银行化”和“银联化”的情况。

“互联网+”时代的光大普惠金融

中国光大银行副行长兼北京分行行长　邱火发

自2013年以来，随着我国经济改革和对外开放的不断深化，经济金融形势出现了显著变化，人民币国际化、利率市场化进程不断加快，金融市场发展迅速，金融脱媒越演越烈，特别是互联网和移动通信技术的加速发展，促使新技术在金融领域的应用层出不穷，新型金融产品和服务日新月异，客户分层与客户需求也更加复杂、多元。面对经济增长的新常态，金融机构受到了转型期间传统经济增长乏力和互联网金融异军突起的双重挑战。在新的发展环境下，如何焕发新的活力，实现金融业的再次腾飞，已成为所有金融家绕不开的话题。

光大银行作为互联网金融的领军者之一，2013年就提出打造“网络里的光大银行”的发展理念，积极探索业务产品创新和商业模式创新，从光大银行“云缴费”到“云支付”，再到“阳光银行”，不断刷新着对“互联网+金融”的认识和实践。

目前，我国银行业互联网金融的发展更多倾向于将传统业务实现电子化和线上化，业内称为“金融互联网”，而更广义的“互联网金融”还包括非金融互联网企业提供的金融服务和产品。但不管是金融业涉足互联网，还是互联网企业试水金融，传统意义上的金融产业拥抱互联网已是不可逆转的现实和趋势，互联网技术带给传统银行业的变化有目共睹。

一、互联网对传统银行业的冲击

互联网技术在银行业的渗透和应用很早就已出现，网上银行早已成为银行客户管理资产、投资理财、消费支付的有力助手。特别是2013年以来，互联网技术以一种前所未有的速度，对传统金融业带来了巨大冲击。

（一）传统存贷汇业务的新对手

银行传统的“存、贷、汇”三大业务，正面临着互联网金融的全面竞争，余额宝等“宝宝”类理财产品、P2P网贷、众筹、电商平台、第三方支付等新型互联网金融，与银行展开全方位竞争，使银行的传统业务领域和盈利模式遭受了空前的挑战。

（二）客户资源的竞争

互联网金融打破了传统意义上的时空界限。由于互联网金融具有客户体验好、投资门槛低、处理效率高、不受地域时间限制等特点，极大地迎合了新生代客户的需求，也在很大程度上分流了银行的传统客户。银行客户正在从传统的物理网点向网上虚拟网点迁移，传统的银行客户向互联网金融客户转变已经是大势所趋。

（三）中间业务的被替代

快速崛起的互联网平台给客户提供了从日常缴费到基金、保险销售、贷款融资等更加多样化的选择，银行传统的中间业务大量被新型的互联网平台所替代。在银行产品和服务同质化严重的市场环境下，高效、便捷的自助式网络化服务更具吸引力，互联网企业在提供更加人性化、个性化的客户体验方面有着传统银行不可比拟的优势。

（四）商业模式的挑战

互联网时代的金融服务，尤其是互联网企业提供的金融服务，在盈利模式、服务模式和营销模式等诸多方面，与传统银行有本质不同。传统银行秉承经营风险的理念，比较看重“二八理论”，着力于高端客户。客户拓展平台也较为单一，以客户经理和柜面推销为主组织营销。而互联网金融企业注重客户体验，运用“大数据”、“云计算”、“网络征信”让金融经营的“大数法则”落地，同时有效控制风险，打造出更具开放性的商业生态，降低门槛吸引客户消费和投融资，短时间内形成大量客户和资源聚集的“长尾效应”，以一种完全不同的商业模式与传统银行展开正面竞争、全面竞争。

二、银行业应对“互联网+”挑战的思考

2015 年 3 月，李克强总理在《政府工作报告》中首次提出“互联网+”行动计划，标志着以“互联网+”为代表的新的经济形态正在形成。所谓“互联网+”，是指以互联网为主的一整套信息技术（包括移动互联网、云计算、大数据技术等）在经济、社会生活各方面的扩散、应用过程，“互联网+”不仅是促使传统产业转型升级的外部动力，还是促使金融产业转型升级的强大动力。

（一）“互联网+”使银行业面对新的外部环境

1. 在客户营销上要面对网络化的新生代客户和未来客户。当前，2 亿多户“80 后”年轻客户从创业到立业，逐步成为社会中间力量，他们普遍掌握计算机知识，习惯用互联网、微信交流，喜欢网上购物，

很少有到物理网点办理业务的需求。同时，智能设备和移动技术的发展使更多客户对物理网点的依赖度大大降低。

2. 在业务拓展上要面对金融活动的全面去中介化。伴随着直接融资市场的快速发展，人民币国际化投融资体系的进一步完善，以及P2P、众筹、第三方支付、消费金融等新兴互联网金融企业的兴起，客户对资产、负债、支付、投融资的全面解决方案的替代选择越来越多样化，银行中介角色将被不断弱化。

3. 在经营管理上要面对传统经营模式的被边缘化。我国的利率市场化进程到今天已基本完成，传统银行重规模、重资产、高消耗的发展模式已不可持续。即使仅从节能增效的角度来看，电子化、网络化、平台化的创新和管理也必将成为未来银行的发展方向，大数据、云计算等新技术将为银行创造更多新的发展机遇，也必将变革银行的运营模式、管理模式和盈利模式。

（二）应对挑战的最佳策略就是改变，“互联网+金融”是银行的必由之路

1. 传统银行业务“线上化”。“互联网+”的本质是传统产业的在线化和数据化，是将商品、人和交易行为迁移到互联网，实现真正的在线化，以此挖掘和调动更多有价值的数据资源。传统银行业务借助互联网技术实现升级，将更加快捷、便利、高效、安全，不但节省了大量的人力成本和网点资源，而且为客户行为的大数据积累和挖掘利用奠定了基础。

2. 与互联网企业融合，彼此取长补短。互联网企业已积累了海量的企业和消费者的生产、经营、销售、消费、信用的大数据资源，商业银行在这方面虽然已相对滞后，但在长期积累的资金来源、管理经验、专业团队和客户资源等方面还存在一定的优势，双方合作的前

景依然十分广阔。

3. 整合优势资源，搭建自主平台。目前，国内多家商业银行，包括光大银行都已采取行动，利用长期积累的客户和业务方面的资源优势、信息优势、资金优势，搭建自己的电商平台、网贷平台，在丰富金融产品和服务，满足客户多样化选择的同时，积累了自己的大数据资源和业务经验。

4. 创新应用移动支付、大数据、云计算等新技术。无论在任何领域，开创性、变革性的进步都离不开新技术的应用，金融业更是伴随着计算机互联网技术的进步迎来跨越式的发展，未来金融行业对新技术的依赖更是有增无减。在经营管理活动和产品服务中，创新应用新技术将为银行带来更高效的运营管理、更明确的目标客户、更完善的金融产品、更优质的客户服务、更精确的风险控制和更丰厚的利润回报，产生更广泛深入的社会影响。

三、光大银行“互联网+”普惠金融的探索和实践

光大银行一直以包容的心态，理解和学习互联网金融企业的优势和特点，并结合自身优势，在擅长领域精耕细作。目前，光大银行已经拥有了覆盖 3 亿用户的金融服务能力。李克强总理提出“要大力发展普惠金融”，使普惠金融的内涵更丰富，客户覆盖面更广阔，产品和功能更多样，服务渠道也由单一的线下拓展为线下线上协同并行，具备电子化、网络化、移动化的特征。光大银行作为一家具有一定影响力和业务规模的全国性股份制商业银行，对于四家大型商业银行而言，网点较少，只有通过建设强大的开放式金融平台、通过特色化的服务，才能继续实现自身价值的提升。当前，光大银行正在积极探索通过“互联网+”实现普惠金融的发展愿景。

光大银行的创新能力一直处于银行业前列。近年来，光大银行在

互联网金融产品和服务方面进行了积极的探索，通过“一扇门、两朵云、三个 E”等互联网金融服务产品，努力实现“网络里的光大银行”的战略目标。也就是通过阳光直销银行平台（一扇门）打通金融通向互联网之门；依托“云缴费”、“云支付”（两朵云）技术领先优势，打造大数据、云端支付结算服务体系；跨界开放合作，构建适应互联网形态的“E 融资”、“E 理财”、“E 电商”（三个 E）创新产品与服务。通过上述 6 大业务品牌，探索新型服务模式，实现“四个领域的突破”：“互联网+生活”——“消费金融+社交”新模式；“互联网+生产”——产业金融二次升级；“互联网+开放”——开放平台打造普惠金融新模式；“互联网+移动”——移动金融。提升金融服务实体经济、方便大众生活的能力，切实为推动普惠金融出力。

（一）互联网金融助力业务发展，优化客户服务

光大银行致力于打造涵盖吃、住、行、用、财、沟通、健康的“易+”生态圈，让客户在生活中轻松获得金融服务体验。截至 2015 年 9 月 30 日，光大银行北京分行手机银行客户数量较 2014 年增长 50%；个人网银客户增长 30%；微信银行绑定银行卡用户增长 135%；手机银行、微信银行已成为光大银行的重要服务窗口。

1. 将中央财政授权支付网银业务作为完善国库集中支付的重要服务渠道，通过应用互联网技术大幅提升财政支付效率及服务水平。预算单位高度关注支付安全性及操作便捷性，分行财政网银系统在权限设置、流程控制、操作界面及信息提示等方面进行了重新设计和全面优化，在有效控制风险的前提下，突出网银的实用性及易用性，贴合业务特点，便于实际操作，全面满足预算单位的业务需求。截至 2015 年 9 月 30 日，100 余家预算单位客户利用光大银行的财政网银累计办理支付 53000 余笔，金额 450 多亿元，2/3 以上的财政客

户使用网银支付，网银交易占比近 90%。

2. 在业内首推“房屋交易资金网上托管”创新模式。借助便捷的网上银行渠道，通过全流程在线管控、专用 POS 机具刷卡、交易资金银行托管、保证金账户线下落地等环节，实现二手房买卖双方资金有效监管、高效划转、安全保障。目前已与北京地区市场主要房屋中介公司及一些业务定位清晰的中小型中介公司签署协议并开展网上托管业务。同时，借鉴该项业务的成功经验，积极将此种业务模式向旅游、拍卖等其他领域的资金托管业务拓展，推动业务创新发展。

3. 与众多第三方支付公司及直连电商企业开展电子支付业务合作。光大银行通过互联网和电子终端为客户提供支付中介服务，满足客户在线自助资金支付的需求，为第三方支付公司提供支付结算服务，同时也对稳定银行客户资源、增加存款及银行中间业务收入起到了积极作用。截至 2015 年 9 月 30 日，光大银行北京分行共开通电子支付接口总量 200 余个；当年电子支付交易量较 2014 年同期增长 155%；交易金额较 2014 年同期增长 75.2%；手续费及中间业务收入较 2014 年同期增长 159%；电子支付商户对公存款沉淀也出现大幅增长。

4. 促进“阳光理财”网络化。“阳光理财”是光大银行的拳头产品，市场竞争力较强，产品创新优势明显。光大银行北京分行构建了包括不同风险收益配比、不同期限结构、不同币种、不同投资方向的多元化理财产品体系，契合不同层次客户的投资需求，从产品开发到销售模式，创造了银行业理财业务领域的多项第一。为满足更多客户随时随地购买光大银行理财产品的需求，2012 年，光大银行推出了“理财夜市”（E 理财）及手机银行渠道的“阳光 e 理财”专属产品及其他高收益产品服务。2015 年，光大银行又结合互联网金融的特点，进一步提升了“理财夜市”服务品质，拓宽业务接入渠道，创新服务模式，打造“小轻新”和“简单即美”的品牌形象，从服务体制上引领行业变革。

（二）科技创新驱动，打造普惠金融

近年来，光大银行通过科技创新探索，构建高效的互联网金融服务体系。自 2012 年起开始打造光大银行金融服务平台，2013 年又以“云缴费”为基础推出移动端“瑶瑶缴费”，2014 年联手第三方支付公司实现金融产品跨界输出，2015 年推出“阳光银行”与电商平台。光大银行以互联网技术为基础，通过科技创新驱动，在互联网金融服务方面硕果累累，为推动普惠金融奠定了坚实基础。

1.“阳光银行”搭建客户网络服务平台。光大银行坚持打造“网络里的光大银行”，于 2015 年 8 月 18 日正式对外推出直销银行品牌——“阳光银行”。“阳光银行”全面打通了理财、融资、电商等多重渠道与业务，打破了时空限制与银行卡归属限制，向广泛的互联网用户提供服务，同时将更多生活化的场景融入其中，带给广大用户优质的产品与阳光般的服务。

光大“阳光银行”是国内首家采用 HTML5 技术的直销银行，具有跨平台特性。首先，在支付结算、账户管理方面，坚持以用户为中心，为客户提供更好的使用体验，同时依托电子账户、云支付等功能，支持多家银行的借记卡、贷记卡，让更广泛的用户享受“阳光银行”优质服务；“阳光银行”还聚焦“梦想”这一主题，推出梦想计算器，为每个人量身打造专属的个性化理财方案，将财富梦想分解到每一天，引导新生代客户从点滴做起，积少成多，通过不懈的努力实现自己的财富梦想。其次，打造“金融+生活”一体化的服务体系，突出“金融+生活”理念，构筑一体化服务生态圈，通过建立“会员+客户”的服务体系，将专业金融与生活服务加以区分，灵活服务于不同的人群，降低使用门槛。“阳光银行”建立了“5+4”的产品体系，提供 5

大金融产品，包括保险理财产品——财富宝、货币基金产品——阳光宝、定期存款产品——定存宝、黄金定投产品——积存金及理财夜市；提供4大生活场景式服务，包括在线预约机场外币兑换业务在内的出国金融服务、以“云缴费”平台为基础的生活缴费服务、实物黄金购买与赎回服务及在线申请、审批信用卡服务。“阳光银行”打破了资金账户的限制，用更人性化的服务，更生活化的体验，更简洁化的金融产品，全面融入到客户的生活中，成为真正的“网络里的光大银行”。

2. “云支付”改善客户支付体验。为了能够更好地服务广大用户，光大银行2015年推出了支持受理他行卡的支付产品——“云支付”，将大小额支付、超级网银支付、第三方支付等业务进行整合，通过服务功能的包装升级，为外部电商及光大阳光直销银行等平台提供跨行支付、资金托管在内的专业化支付结算服务，一方面为客户提供了更为安全的金融服务和完善的风控保障，另一方面为商户提供了更加便捷的二级清算服务，提高了商户的资金效率。

“云支付”产品内涵丰富，可提供个人与企业、线上与线下、虚拟与实体、本币与外币、本行与跨行、境内与境外等综合支付解决方案，同时作为银行开发的支付工具具有更高的信用保障。目前，“云支付”已在中国黄金集团电商平台、光大“阳光银行”上线并保持平稳运行。为了推动普及更广泛的“云支付”体验。2015年光大银行以自然节气、法定节假日、农历节日、重要事件为主线，推出“光大购精彩”营销品牌，联合中粮我买网、苏宁易购、当当网、银联在线等知名电商企业推出众多营销活动，利用“云支付”帮助客户获得更加便利、快捷、实惠的支付体验，推动电子支付覆盖更广泛的人群。

3. “云缴费”创新便民金融服务体系。光大银行秉持“开放、合作、共赢”的理念，与主流第三方支付机构、电商、商业银行、移动运营商等开展跨界合作，建立功能丰富的便民缴费生态圈——“云缴费”。“云缴费”作为当前中国最大的开放式网络缴费平台，自2008

年诞生以来，以其兼具开放性、便捷性、延展性的综合金融平台服务新模式，成功融入到寻常百姓家。

经过六年的发展，光大银行“云缴费”上线的缴费业务已达500项。2009年3月，第一家第三方支付合作伙伴支付宝上线；2011年7月，第一家POS合作伙伴拉卡拉上线；2011年9月，第一家同业机构合作伙伴东亚银行上线；2014年10月，光大网络缴费升级为“云缴费”；2015年6月，云缴费与微信合作推出微信生活缴费服务，融入微信社交属性，快速直达用户触点，帮助用户更加方便快捷地享受“移动生活+金融服务”带来的便利。

“云缴费”平台是光大银行便民服务的核心要素之一，它的目的是搭建一个全方位的便民服务体系。在这个体系中，光大银行以合作共赢的态度，广泛吸纳各类同业、跨界的商业伙伴加入，从而形成一个覆盖范围更广、层级更深的便民服务网络，让更多普通民众由此受益，真正实现惠及大众的金融服务革新。

4. 光大银行电商平台助力企业发展。随着互联网企业不断向金融业的渗透，银行业也开始了跨界新业务领域的探索，光大银行通过搭建电商平台，围绕与社会公众生活密切相关的“衣、食、住、行、娱”几个方面，引入诚信合作伙伴和知名品牌商家，协助商家利用光大银行多样化的电子渠道进行销售，并通过高质量商户的引入选择为消费者把好平台的商品质量关。在这个过程中，银行负责提供网络基础设施、支付平台、安全认证平台、管理平台等资源，有效地、低成本地帮助商户宣传品牌、销售产品，同时商家和消费者的销售回佣、支付手续费、融资利息、存款沉淀、代发工资、贷款、信用卡等业务携同发展，为银行带来了可观的综合收益。

光大银行目前主要的电商平台有垂直电商平台和微商城两个亮点。面对电子商务的高速发展，越来越多的传统企业纷纷“触网”以寻求业务的新突破，但受制于各种原因，企业自建电商平台往往难以成行。鉴于此，光大银行适时开发了垂直电商平台业务，以银企合作的模式为企业搭建电商销售平台，及时满足了企业尤其是中小微企业的迫切需求。银行负责平台的开发和运营，企业专心负责生产和营销服务。银行雄厚的资金底蕴与稳健的风险运作模式为电商业务提供了良好的发展“土壤”，在银行良好信誉的担保下，企业和客户均可以安心地进行商品交易。“微商城”是光大银行紧跟时代步伐，在微信公众号“中国光大银行”中建立的一个电子商务平台，旨在为客户提供更加便捷优质的商品、为优质的企业提供良好的销售渠道，从而为客户与企业建立起一个优良的互动交易平台，提升客户体验。

“互联网+”创新金融的大潮已经来临，在互联网的广阔平台下，必将催生更多创新的服务模式。未来的银行，一定将从以产品为中心的服务模式向以用户为中心的服务模式转变，强调客户体验的互联网思维也必将成为互联网金融发展的驱动力。移动互联网将成为互联网金融用户资金融通、支付结算的主要平台，而大数据、云计算等新技术的应用更将极大地推动互联网金融的发展。光大银行将紧跟“互联网+”的大趋势，乘势而进，顺势而为，抢占先机，持续创新，稳健经营，为更加高效地服务实体经济，为金融便民惠民贡献更多的力量。

开放合作 包容创新
打造特色化的互联网金融业务体系

中信银行副行长兼总行营业部总经理 朱加麟

随着大数据、云计算等技术的应用，互联网发展又进入一个新的阶段，互联网与各行各业的加速融合正在改变人们的生产生活以及理解世界的方式，成为新发明、新服务和新管理的源泉，不断催生新的产业形态和商业景观。“互联网+”行动计划已被正式写进了2015年的《政府工作报告》，而互联网技术与金融的融合造就了互联网金融的异军突起，深刻影响了金融运行方式和生态环境，将金融服务深度嵌入人们的日常生活。银行已不再是客户要去的一个地方，而是逐渐演变成一种随时可得的服务。

然而，互联网金融不论融合了多少网络技术特征，仍离不开金融的基本功能和属性，互联网金融的本质还是“金融”。互联网企业和商业银行的创新路径虽然不同，但终将殊途同归。对于商业银行而言，真正的挑战并不是来自跨界竞争者，而是我们自己能否更好地适应互联网时代的金融生态环境和客户需求变化，以创新进取的心态拥抱技术变革新趋势。

一、中信银行互联网金融业务的发展思路

李克强总理在2015年的讲话中提到，站在“互联网+”的风口上

顺势而为，会使中国经济飞起来。在互联网金融业务方面，中信银行始终秉持开放包容、创新合作的态度，通过加快互联网与金融的融合创新、积极贯彻“再造一个网上中信银行”的发展战略，迎来新一轮的成长。同时我们保持开放的态度拥抱互联网，利用自身技术和平台，与各类企业平台实现互联互通，帮助企业实现“互联网+”，提升产品价值和服务效率，为广大消费者提供更具效率、更有价值的金融服务；也愿意自觉接受社会监督，与各方携手共同打造健康良性、包容开放、生机蓬勃的互联网金融生态，更好地服务实体经济转型升级和大众创业、万众创新的时代需求。

作为中信银行互联网金融业务发展最早试点的分行之一，总行营业部一直是中信系统内实践互联网金融业务的先锋军，在北京地区多个互联网金融领域内保持着先发优势，先后在支付、投资、融资等方面开创了多个“第一”，包括第一家开展互联网金融产品托管的银行，托管了我国目前规模最大的公募基金——余额宝；系统内第一批试水网络贷款的分行，面向小微企业及个体商户推出全线上的“POS 商户网络贷款”；北京地区第一家推出“全流程线上跨境电子支付”的银行等。

二、中信银行互联网金融业务的探索成果

为从机制上保障互联网金融业务专业化，总行营业部于 2012 年 10 月在同业中率先成立了网络银行部，积极探索商业银行互联网金融化的发展路径，将业务战略定位于“金融互联网”、“互联网金融”的双向创新，并运用于产品研发、市场营销及客户服务。

在“金融网络化”方面，搭建电子渠道“高速公路”，加强电子渠道整合，为客户提供线上化的“金融+非金融”产品和服务，实现基础服务类、支付体系类、生活服务类、特色服务类等产品和功能在

电子渠道上线。

在“网络金融化”方面，搭建金融互联网“跨界之桥”。通过建立开放的互联网平台，向客户展现中信银行的产品和服务，同时拓宽互联网渠道入口，加强与第三方的跨界合作，做强中信银行电子渠道功能，满足客户需求，实现获客引流。

中信银行重点围绕支付、融资、理财、生活四个领域发力创新，打造覆盖各领域的互联网金融重点产品和业务解决方案。

（一）个人网银、手机银行

2015 年 9 月 9 日，中信银行个人网银 V6.0 版正式发布，以“网银颠覆者”的形象亮相。以简洁明快的视觉设计、便捷的操作体验及更加安全的账户管理和更加优化的服务管理，为客户带来全新的体验强烈的视觉冲击、贴心的私人订制、简洁的用户体验（三级菜单、三步可达）、专业的理财投资、安全的账户管理。2015 年 9 月 15 日，手机银行 V3.3 版随即推出，采用全新架构设计，注重客户体验，新增薪金煲、理财夜市、理财日历、美国签证进度查询等特色服务，为客户提供智能、便捷、贴心的开放式移动金融服务平台。

（二）互联网金融门户

中信银行于 2014 年 7 月 2 日启动了“门户网站重构”项目。新版门户网站将以优质的客户体验和丰富的产品及服务向客户提供集“信息、交易、服务、互动”于一体的全方位开放式金融服务。

（三）网络信用贷款

网络信用贷款是中信银行通过大数据智能评估，为个人客户及小微企业提供的随时申请、即时放款、按日计息、随借随还的在线贷款服务，是中信银行互联网金融成功的产品创新，也是互联网化的普惠金融产品。截至2015年9月5日，累积服务客户达35884户，累计放款笔数为152801笔，累计放款金额228.41亿元，不良率仅为1.95%。

（四）"信E付"供应链金融解决方案

"信E付"是中信银行通过移动APP客户端面向供应链提供上下游在线订货、销售及收付款服务的产品，提供B2B2C与B2C2C两类业务模式。"信E付"重点为快消品、连锁商超、物流物业、农副产品等垂直行业，提供供应链金融解决方案，实现了商流、信息流、资金流与物流的"四流合一"。通过网络渠道服务体系的完善和技术的升级，"信E付"为服务小微企业、个人创业者和普通消费者等"长尾"客户创造了条件，为核心企业上下游迈进"全渠道零售消费时代"提供更好的金融服务。

（五）跨境支付

中信银行推出国内首套跨境人民币支付平台以及跨境电子商务外汇支付平台，成为业内首个具备"全流程、全币种、全线上"跨境服务能力的商业银行。同时，中信银行还将推出服务于国内跨境电商企业的"全流程跨境支付平台"，为下一步抢占国内跨境支付市场奠定了坚实的业务基础。

（六）微信银行

中信微信银行服务是全天候、多渠道、富媒体和人性化的服务平台，使用便捷，客户只需关注“中信银行”微信公众账号，绑定银行卡后，即可便捷地查询本人账户余额和明细，并可以 7×24 小时向智能客服询问金融服务的各类问题，实时得到专业回答，也可接入人工在线客服。此外，还可第一时间收到中信银行推送的动账提醒、签证进度动态、业务公告及各类优惠促销等信息。

（七）“薪金煲”余额理财

中信银行于 2014 年 5 月 19 日启动了货币基金余额理财项目“薪金煲”，为客户提供借记卡闲置资金 7×24 小时开放性理财。该产品通过将签约资金账户与所选择的货币基金相关联，在保证资金流动性的前提下，取得比活期存款更高的收益，并提供活期账户余额自动转入、转出等便利性功能。目前已接入合作 5 家基金公司。

（八）直销银行

随着互联网金融的飞速发展，直销银行以“打破网点、地域、时间限制”、“高效低成本”等特点，成为众多银行互联网获客、实现弯道超车的首选利器。中信银行在总结同业经验的基础上，发挥后发优势，现已全面启动直销银行建设工作。

三、关于未来互联网金融与商业银行竞合前景的预测

互联网金融的发展给商业银行带来了一定冲击，但在很大程度上，互联网金融的本质仍是传统金融业务在产品设计、交易模式、业务渠道、操作平台等方面的发散与延伸，互联网金融所强调的普惠金融、重视客户体验、强调数据化、网络化运营的思路，对银行经营是一种有益补充，也给国内商业银行带来了新一轮创新的动力，引发了

我们对自身经营模式和发展方向的重新思考。

（一）借鉴互联网金融优势，充分利用大数据资源

商业银行应当积极借鉴互联网金融的优势，转变经营方式，利用数据资源，做好客户分析、产品推送以及风险把控，提高金融服务水平。比如，银行可通过客户浏览网上银行子模块的记录、所浏览相关银行产品的频率、客户购买银行产品的记录及交易信息，记录分析客户的风险及产品趋向，同时可根据大多客户的银行产品投资倾向、风险承受能力，设计覆盖受众客群较多的银行产品，进行有目的的营销。

（二）进一步完善金融服务，扩大服务客群

商业银行应进一步深入民生领域，扩大商业银行传统金融服务外的服务范围。利用互联网平台，将银行与特约商户、事关民生的公共服务行业加以“绑定”，利用银行客户的忠诚度，进一步增强客户黏度。同时，应加强服务理念创新，争取客群全覆盖。一方面，商业银行应考虑如何获取年轻、低起点的储蓄客群，尝试通过对小金额储蓄客户的吸引，实现带动效应，促进负债业务的增长；另一方面，商业银行应牢牢把握老年客群，并将其稳定为负债业务重要组成部分。

（三）助力“城镇化”，实现无缝化地域全覆盖

根据中国社会科学院城市发展与环境研究所的预测，未来一段时期我国城镇化率年均提高速度将保持在 0.8～1.0 个百分点，到 2030 年之前，我国仍将有 2 亿多农村人口需要转移到城镇就业和居住。商业银行应该抓住这部分客群，以远程柜员机、手机银行、微信银行等

智能化终端实现“无缝”化的地域全覆盖，更好地为城镇化助力。

（四）保持现有产品优势，进一步探索理财产品创新

当前互联网金融产品的品牌效应尚不明显，客户忠诚度相对较低，客群规模和资金量易受收益率变化出现波动。各商业银行应在继续保持现有个性化产品优势的基础上，在获取传统“二八理论”的中高端客户之外，进一步探索产品创新，提高银行产品的吸引力，将中低端客户纳入目标客户群，获取海量“长尾客户”。

中信银行总行营业部希望通过坚持不懈的合作与努力，积极推进“互联网+”普惠金融行动，为用户提供更加丰富安全的产品和便捷流畅的客户体验，为发展普惠金融、支持实体经济发展作出积极贡献。

互联网金融浪潮下商业银行业务发展之思考

中国民生银行总行营业部总经理　马　琳

一、互联网金融对民生银行总行营业部业务的影响

2013 年以来，互联网金融的飞速发展在客观上对民生银行总行营业部的储蓄和金融资产规模增长带来了较大影响。下面通过近三年的业务数据从资金量、客户群、渠道平台等方面互联网金融对民生银行总行营业部带来的影响进行分析。

（一）资金流分析

民生银行总行营业部近三年储蓄和金融资产变动情况如表 1 所示。

表 1　近三年储蓄和金融资产变动情况　单位：%

项目＼时间	2012 年 12 月末	2013 年 6 月末	2013 年 12 月末	2014 年 6 月末	2014 年 12 月末	2015 年 6 月末
储蓄同比增长率	—	—	28.17	27.98	16.52	3.11
金融资产同比增长率	—	—	29.82	26.05	23.71	11.83
金融资产中储蓄占比（日均）	49.62	46.75	45.94	41.61	41.55	39.95
金融资产中理财占比（日均）	45.43	46.93	47.51	51.91	51.54	47.42

从表 1 可以看出，自 2013 年以来，民生银行总行营业部储蓄存

款和金融资产增长速度呈逐年下滑的态势，而理财产品在金融资产中的占比呈逐年上升的态势（2015 年由于资本市场火爆，大量理财资金转入了资本市场，导致 2015 年 6 月末金融资产中理财产品占比不升反降）。尤其是进入 2014 年后，储蓄存款和金融资产的增长速度明显放缓。特别是 2015 年 6 月末金融资产同比增速仅为 11.83%，远低于前三年的增长水平。若将金融资产增速大幅放缓主要归因于互联网金融和资本市场带来的影响，那么假设在不受这两项因素影响的情况下，2015 年金融资产增长率能够取得近三年来平均 26.5%的水平，则 2015 年 6 月末金融资产将比实际多增加约 210 亿元。考虑到 2014 年 7 月至 2015 年 6 月由于资本市场原因第三方保证金资金净流出 42 亿元，则简单推算近一年互联网金融对民生银行总行营业部的资金分流量达到约 170 亿元。

（二）客户群分析

民生银行总行营业部近三年来个人客户和对公客户数变动及柜面业务笔数变动情况如表 2、表 3 所示。

表 2　近三年个人客户、对公客户数变动情况　单位：%

时间 项目	2012 年 12 月	2013 年 12 月	2014 年 12 月	2015 年 6 月
个人有效客户增长率	—	17.74	23.17	2.48
对公客户增长率	—	16.81	13.50	6.18

表 3　近三年柜面业务笔数变动情况　单位：%

时间 项目	2013 年	2014 年	2015 年 1～9 月
柜面个人业务笔数增长率	—	15.35	–29.81
柜面对公业务笔数增长率	—	22.65	–25.53

从表 2 可以看出，进入 2015 年以来，个人有效客户数增长速度明显放缓，若将 2015 年 1～6 月个人有效户增长率推算为全年增长率，则 2015 年增速仅为 2014 年增速的 21%。从对比来看，2015 年对公客户增长率基本与 2014 年持平。可以看出，近期互联网金融对传统银行业的冲击主要集中在对个人客户的影响上。

从表 3 可以看出，若将 2015 年 1～9 月柜面业务笔数推算为全年业务笔数，则 2015 年通过柜面办理的业务量不增反降，在一定程度上反映了互联网金融对主要在柜面办理业务客户的分流影响。

（三）渠道平台分析

民生银行总行营业部近三年各渠道业务笔数变动情况如表 4 所示。

表 4　　近三年各渠道业务笔数变动情况　　单位：%

项目 \ 时间	2013 年	2014 年	2015 年（1～9 月）
柜面业务办理率	18.60	12.20	7.99
自助机具业务办理率	38.51	28.83	19.58
电子渠道业务办理率	42.89	58.97	72.44

从表 4 可以看出，随着近年来互联网金融的飞速发展，客户的业务办理习惯也发生着巨大的变化。在交易总笔数大幅增长的基础上，柜面业务办理率由 2013 年的 18.6%大幅降至 7.99%，自助机具业务办理率由 38.51%降至 19.58%，而电子渠道业务办理率则由 42.89%大幅提升至 72.44%。2013 年柜面与自助机具的业务办理率之和接近 60%，而 2015 年则降至不到 30%，客户的业务办理习惯正在由柜面和自助机具渠道飞速地向电子渠道进行转移。

（四）支付及收单业务

民生银行总行营业部收单商户主要为各大型批发市场的小微商户，受互联网金融的冲击和影响较小。

二、民生银行互联网金融布局

（一）总行层面

为了主动应对互联网金融、移动互联支付的快速发展，抓住市场机遇，迅速形成民生银行在互联网金融、移动金融领域的竞争优势，民生银行于 2014 年末下发文件，对网络金融及支付结算业务运行模式进行调整，成立负责零售业务的网络金融部和负责公司业务的公司网络金融及现金管理部，布局互联网金融业务。

一是调整网络金融管理模式。原电子银行部更名为网络金融部，负责全行网络金融业务的统筹管理及零售网络金融业务（含移动互联及互联网支付、直销银行）的专业化经营与管理。设立公司网络金融及现金管理部，承担公司业务电子产品及渠道管理、现金管理、线上融资等职能。非网点渠道客户服务职能划归全行运营集中平台。

二是明确部门定位与职能。网络金融部定位为民生银行在网络金融、移动互联领域发挥突破性创新作用的“实验室”、“加速器”，负责全行移动互联、互联网支付、直销银行等业务，是全行网络金融及零售支付结算业务统筹管理部门。公司网络金融与现金管理部定位为公司业务领域网络金融与现金管理产品管理与支持部门，负责全行公司业务电子产品、渠道市场营销管理，包括业务规划、组织推动、营销宣传、商务合作等，推动对公业务渠道、产品和平台的电子化、网络化改造，整合提升线上供应链金融服务能力。

三是明确网络金融产品与渠道管理。网络金融部负责移动互联、互联网支付（B2C 和第三方支付）、直销银行等产品创新、渠道开发、业务管理、市场营销推动等；负责与电商合作的消费贷款产品创新。公司网络金融与现金管理部负责基于供应链、电子商务模式下的线上融资业务、结算与现金管理、在线财富管理、对公网银、银企直连、B2B 等业务创新与推广，以及产品运营等。零售银行部负责统筹协调线上、线下渠道，通过多渠道功能互补、资源协调联动，实现在业务处理、客户服务及产品销售等客户体验的一致性。

（二）分行层面

民生银行总行营业部在互联网金融布局上已经走在同业前列，当前业务重点为移动互联、互联网支付及直销银行的金融服务。面对互联网金融蓬勃发展的大趋势，为抢抓市场机遇，在互联网金融领域扎实布局，总行营业部率先将电子银行处更名为网络金融处，并下设二级处室——互联网企业金融处，专注于互联网行业资源挖掘及业务模式创新。此次组织架构的调整，标志着以往单一的电子银行指标推动与产品支持处室转变为互联网行业开发、产品服务创新、指标推动及营销支持并重的专业处室。

此外，总行营业部一直努力加强网络金融产品经理队伍建设，2014 年，我们从同业陆续引入一批具备相关经验的人员，力求建设一支涵盖行业规划、整体方案设计、产品创新、客户关系管理、项目推动等多项职能的产品经理团队。在深入行业研究的基础上，网络金融处组建了多个专注于重点子行业的产品经理队伍，制订了企业开发分类营销规划，形成了互联网金融企业、O2O/垂直电商、综合类电商以及向线上转型的传统企业等几大类企业的开发思路。通过分支联动的方式将客户营销与创新产品建设紧密结合，根据客户需求研发具备市场价值的互联网金融系统及产品。

在互联网企业开发方面，分行采取的是公私联动、提供综合服务方案的方式，从重点子行业切入，充分挖掘互联网企业成长过程的全价值。一方面，我们针对互联网企业不同的成长阶段提供相应的配套金融服务，持续跟踪优质互联网企业，陪伴企业成长。对于初创期企业，采取批量开户引入的策略提供基本的对公账户服务；对于成长期企业，深入了解其盈利模式、团队素质以及流量数据；对于健康稳健成长、有潜力成为行业龙头的企业，结合行业特点重点合作交易银行、投资银行业务，通过供应链金融服务、投融资服务以及现金管理服务进行深度合作；对于成熟期的行业龙头，在提供基础现金管理服务的同时，结合企业所在行业特点，围绕“互联网+”新业态进行金融服务创新，成为业内的网络金融领军者。另一方面，我们对重点子行业进行纵深发掘，根据不同行业特点提供行业整体解决方案：针对互联网金融平台，我们通过公私联动共享客户资源，向民生银行移动金融平台引流，实现零售批量获客；针对传统行业，引导其潜在的转型需求，找准时机迅速切入，合作共建在线交易与资金监管平台，助力传统企业线上业务升级；针对战略客户和行业龙头客户，以交易结算为业务切入点，与互联网战略客户和行业龙头企业开展全面合作，提升网络金融综合服务能力，扩大民生银行网络金融服务的品牌影响力。把握企业自身及上下游的全面金融需求，嵌入民生银行交易融资产品、结算产品，创新推出针对企业终端消费者的消费融资产品，围绕企业的全生态链条嵌入民生银行产品和服务。

三、民生银行互联网金融产品及服务

（一）支付方结算

1. 无卡取现。为客户提供民生借记卡当日 ATM 设备预约无卡提取现金服务，单笔最高预约金额 3000 元。客户在手机银行中操作“预约取款”，设置 6 位预约码，预约当日即可在民生银行 ATM 设备上，凭所设置的 6 位预约码以及民生借记卡交易密码进行无卡取现交易。

2. 手机银行。民生手机银行是专门为智能手机和移动终端客户量身打造的移动金融服务平台，创新推出“我的民生”、“手机银行”、“生活圈”等服务专区，为客户提供丰富实用的金融服务与非金融服务。

（1）我的民生：打造自主设置个性化功能服务，方便客户根据自身金融消费需求，任意选择设置常用功能区，提高业务处理效率。

（2）手机银行：为客户提供账户查询、转账汇款、跨行通、投资理财、信用卡、外汇业务、取现、网点预约、回单验证、私人银行、短信银行、贷款服务、直销银行等丰富的移动金融服务。

（3）生活圈：话费充值、水电燃气取暖费等日常生活缴费及特惠商户、飞机票火车票购买、全国各地影院影讯查询和在线选座购买影票、游戏点卡等移动增值服务，应有尽有。

（4）更多服务：民生客服、客户之声、安全提示、去 APP 评价等更多服务，方便客户及时查询了解各类信息，随时反馈意见建议。

3. 微信银行。通过腾讯微信企业公共账号，为微信用户打造的专属移动金融和移动生活服务平台。2013 年 10 月 31 日，民生银行正式推出微信银行服务，微信公众平台命名为“中国民生银行”，微信号为“cmbcwxbank”，微信客服昵称为“小薇”。民生银行微信银行既为客户提供业务咨询服务，又提供借记卡账户查询、储蓄服务、理财超市、贷款服务、开户行查询，以及信用卡快速办卡、推荐有礼、额度查询、账单查询、办理分期、快速还款、用卡优惠、积分查询、申请进度查询等丰富的移动金融服务，同时，还创新推出了网点预约、精彩优惠、特惠商户、积分商城等便民服务。

4. 扫码支付。客户使用手机银行二维码功能，不仅可以生成二维码名片，通过“扫一扫”实现收款、付款、支付、查看电子回单，还可以在“转账汇款”中通过“二维码付款”生成付款二维码。

5. 指纹支付。在通过手机银行进行支付时，使用手机设备的指纹验证功能替代短信验证码进行交易验证，简化交易流程，提升客户体验，增强交易安全性。目前支持 iPhone6 Plus、iPhone6、iPhone5S 等设备，系统要求 iOS8 以上。成功开通指纹支付后，在手机银行话费充值、二维码支付和商城支付中均可使用指纹替代短信验证，并通过交易密码与指纹验证方式完成支付交易。

（二）小额网贷

2014 年末，民生银行推出了基于小微企业结算流量的线上贷款产品——“民生网乐贷”，让小微客户 5 分钟就成功办理贷款 50 万元，广受小微企业的欢迎。“民生网乐贷”整个申请过程通过民生银行网上银行或手机银行即可在线申办，从贷款申请到到账仅需 5 分钟。

以手机银行操作为例，客户收到来自 95568 的主动邀约后，登录民生银行个人手机银行，点击进入“贷款服务”里面的“贷款申请”，按照提示进行还款账户绑定和个人信息填写；之后系统进入自动审批环节，根据提示进行合同自助签约，最后实现自助放款。

（三）借记卡闲置资金 7×24 小时开放性理财

面对人民币理财产品日益强烈的需求与在政策限制下有限的创新空间，民生银行积极致力于在规范经营下的产品创新，开发了“钱生钱”理财账户系列产品。

2005 年 6 月 6 日，民生银行在全行范围内正式推出“钱生钱”理财产品，目前该产品是民生银行的特色储蓄业务产品。2005 年 7 月，新版“钱生钱 B”理财账户增加了系统自动购买、网银签约、网银查询及开立存款证明等功能，在同业中具有一定的领先水平。

“钱生钱 B”账户理财产品以通知存款为投资标的来设计，每 7 天为一个投资周期。在款项存入时自动通知，在通知到期日实现自动结息，达到起存条件时本息续存，实现高于活期存款的收益，同时又具有活期存款产品的流动性。“钱生钱 B”理财账户不仅提高了资金流动性、收益性，而且与目前不断升级的金融需求有效契合，实现了借记卡闲置资金 7×24 小时开放性理财的功能。

四、民生银行直销银行业务开展现状

（一）对直销银行的理解

直销银行也被称为直通银行、直营银行、直接银行，是互联网金融时代下顺势而生的新型银行运作模式。直销银行没有营业网点，不发放实体银行卡，客户主要通过电脑、手机等远程渠道获取银行产品和服务，是一个“看不见的银行”。在这一经营模式下，业务拓展打破了时间、地域、网点等限制，客户不用再奔波网点，不必再排队等待，也不再受到工作时间的限制，而是可通过网站、手机等远程渠道获取银行产品和服务。直销银行具有机构少、人员精、成本低等显著特点，因此能够提供更便捷、优惠的金融服务，已在欧美市场获得了较好的认可。

直销银行既是对传统银行业的一种突破，又是一种补充，是银行发展变革中的一次跨越式发展。客户通过直销银行，可以享受更加简单、快捷且更加经济实惠的金融服务，这一变化与电商、支付一样，是必将出现的，符合“互联网+一切”的发展规律。

直销银行并非是传统银行渠道的简单延伸，我们其实可以将其看成一种独立运作的真正的银行，只是其业务拓展不以柜台为基础，没有实体网点、不发放实体卡、纯线上提供金融服务。除了“亲签亲访”柜台服务外，其成本控制、产品开发、系统搭建、销售营销能力均具有明显优势。由于没有高昂的场地、人工费用损耗，所以直销银行能够将更多的实惠回馈给客户，这也是直销银行能够快速迭代开发简单、低门槛产品的主要原因。只有加强普惠金融市场教育，才能进一步为直销银行争取生存空间，使更多的需求得到满足。打破神秘感，将真正的实惠交给互联网客户。

（二）民生银行直销银行发展现状

2014 年 2 月 28 日，民生银行在国内率先尝试推出直销银行业务，引领了随之而来的直销银行热潮。经过一年半多的稳步运作，民生银行直销银行各项业绩已遥遥领先，截至 2015 年 10 月，直销银行客户数超 240 万户，如意宝总申购量超过 6800 亿元，累计为客户回馈收益超 12 亿元。

1. 民生银行直销银行目标客户。民生银行直销银行拓展了一批有别于传统零售网点的新客户群，这批新客户第一次与银行接触是在线上，而不是在线下。此模式颠覆了传统电子渠道的“辅助服务角色”，创造了“拓展新增客户平台”的新价值，结合互联网的特点，目标客户重点关注“忙、潮、精”三类客户群。

（1）“忙”：工作繁忙，生活节奏快，无暇到网点办理业务群体。

（2）“潮”：深入网络化生活，习惯使用互联网、手机的群体。

（3）“精”：价格敏感型客户，容易被优惠、免费活动吸引，有货比 3 家的心态。

2. 民生银行直销银行的服务渠道。民生银行直销银行的服务渠道均力求简洁、方便，使客户能够通过手机、网站、微信等手段获取金融服务。

（1）www.mszxyh.com 网站：根据产品简单的特点，为提升客户体验，结合互联网企业的成功实践，将网站和网银整合设计。

（2）手机银行：页面风格清新、流程简单的手机银行。

（3）微信银行：专属的微信公众号 cmbcdirect，在提供开户、产品服务的同时，强调互动式营销。

（4）10100123 客服电话：简单直接，提供全人工服务，提高互联网客户服务感受。

（三）直销银行定位布局

得客户者得市场，民生银行直销银行的未来发展一定是走一条产品驱动加优质服务的路。好产品自己会说话，民生银行直销银行在做好现有产品的基础上，将继续秉承开放、简单的互联网精神，以提升客户体验和普惠大众为宗旨，围绕客户需求陆续推出更多的好产品，有效满足客户多元化互联网金融服务需求。虽然系统、产品可以被复制，但优质品牌和人本服务却很难被模仿。面对互联网金融的如火如荼，放下传统银行身段，迎接广大互联网客户的回归才是目前民生银行直销银行创新的最终目的和心愿。优质的金融服务，对于客户来说，除了收益好，一定还需要一份安心与信任。

未来，民生银行直销银行还将结合客户的真切需求，在原有余额理财、贵金属等产品的基础上不断开发更丰富但简单的产品，如探索按揭贷款、消费贷款、学生贷款业务；尝试打造基金超市、保险超市等信息平台、交易平台、撮合平台业务。

五、民生银行应对互联网浪潮的最大困惑和具体困难

（一）政策方面

自互联网浪潮席卷金融圈以来，民生银行坚持与时俱进的改革精神，不断完善直销银行、手机银行等功能，拓展微信银行等新兴渠道。

然而目前监管政策的不明确和法律法规的相对滞后，极大限制了互联网金融的创新发展。尽管 2015 年 7 月 18 日，人民银行等十部委联合发布《关于促进互联网金融健康发展的指导意见》，宣告了互联网金融“无监管”时代的落幕，但在互联网金融的流程监控、隐私保护等方面，相关的法律法规仍存在大量空白。

（二）业务模式方面

首先，银行在设计金融产品时，把安全性放在首位，客户体验方面不如互联网金融。尽管民生银行的网上银行、手机银行等已实现全天候、全地域的为客户服务，让客户及时便捷地购买产品、灵活自如地转账收款，但开卡销户、风险评估等仍需到柜台完成，而互联网金融不仅超越了传统银行营业机构在时间和空间的限制，还可使资金能够以更高效率、更低成本、更低风险地实现融通。

其次，作为近几年发展最快的互联网金融形式，第三方支付拥有大量的网络客户资源和海量的真实交易数据，电商公司不仅可以分析买家的消费行为和偏好，监控卖家的现金流量和仓储物流，还可以评估他们的信用等级和偿还能力。与此相反，银行基本还停留在监测客户的资金流量、了解客户的财产抵押情况上，对客户行为数据的积累和分析与互联网金融企业相比仍有一定差异。

此外，银行在拓展小微企业客户、审核客户贷款时需要耗费较高的人力和物力成本，而电商公司使用大数据和云计算等技术，解决了信息不对称问题，大幅降低了信贷成本。

（三）技术人才方面

第一，目前银行的技术人才储备与应对互联网金融的快速发展存在一定差距。金融行业本身即属于知识密集型产业，而互联网金融融合了金融、通信、IT、法律和管理等专业，需要掌握“跨学科”知识的综合性人才，尤其是收集、处理、分析数据和设计、开发、维护互联网平台的技术人才，而银行的此类人才占比较小，成为发展互联网金融的一大阻力。

第二，银行面临着互联网金融企业的“挖角”压力。互联网企业除待遇优厚外，还具有创业氛围浓厚、人际关系简单、工作环境开放的优势，同时也亟须有银行从业背景的人才，以优化流程、控制风险和获取投资者信任。相比之下，银行对技术人才的吸引力还不够大，这将严重影响银行的金融创新能力和市场竞争力。

（四）其他

此外，随着余额宝、网贷平台如火如荼的发展，银行还面临着客户群和存款逐渐流失、渠道被直接入侵、代销收入明显减少等困难，互联网金融平台凭借优势垄断了大量有价值的客户信息，使得银行无法快速回应客户的金融需求变化，无法有针对性地进行创新，在未来的市场竞争中有可能会失去先机。

六、对互联网金融发展思考及建议

（一）互联网技术对商业银行及互联网金融机构业务发展的促进作用

1. 互联网是商业银行快速发展的重要手段。商业银行都在积极寻求业务拓展和区域扩张，但是采用传统的以扩大网点规模的方式来拓展覆盖区域将面临巨大的人财物成本支出。商业银行必然需要积极抓住互联网时代的机遇，主动创新和变革发展模式，利用互联网时代信息技术的优势，借助于创新性的战略定位、商业模式和运营体系摆脱传统银行对实体网点的依赖，在更大的空间范围内快速布局，吸引客户。

由于互联网金融不需要像传统银行那样运营庞大的网点和机构，而是借助于互联网技术平台，缩减了大量管理和运营成本。因此，互联网金融能够将这部分成本转化为更高的收益反馈给客户，为客户提供优惠的金融服务。同时，由于互联网平台不受时间和空间的限制，使得互联网金融的服务更加人性化、更加及时。

2. 互联网技术是互联网金融发展的基础。当前中国正处在互联网普及的阶段，民众对互联网接受程度也在逐渐提升，这为互联网金融以及商业银行互联网化营造了有利的市场环境。随着信息技术的发展，交易信息更加对称、透明；随着大数据等互联网技术的提升，基于互联网的拓展业务和控制风险的能力也逐渐增强。

（二）互联网金融业务发展展望

1. 市场环境。互联网企业发起的互联网金融浪潮强烈地冲击着传统的金融市场，以往处于垄断地位的商业银行不得不作出选择，是“被革命还是自我革命”。在互联网企业对传统银行不断冲击的背景下，商业银行不得不在经营模式和业务流程上进行深层次变革，进行大胆创新。虽然互联网企业借助于其互联网技术上的优势侵蚀和冲击着传统银行的领域，但同时也促进了商业银行向互联网金融进行转变。

互联网企业在金融领域的渗透和尝试，也会造成其自身的分化与转变。例如，阿里巴巴旗下的网商银行和腾讯旗下的微众银行已获得了银行牌照，将会使互联网企业在金融领域的业务拓展更加深入，但同时也会接受更多的监管要求，互联网金融发展将会更加健康和规范。

2. 客群变化。借助于互联网平台会使商业银行的客群特征更加广泛，客户总量会持续增加。首先，随着互联网在生活中的渗透，民众对互联网的接受范围逐渐增大，客群整体年龄结构从年轻人群向中老年和少年人群扩展。其次，随着国内人群受教育程度逐步提高、电商业务进一步发展将有利于培育出更多的接受电子化消费和理财的客群。

3. 产品策略。商业银行将会迎合互联网特点，推出更加简单便捷、具有价格优势的产品，并且产品种类将会朝着银行业务的全方向发展。同时，面向不同风险偏好客群的高风险、中风险、低风险产品也会随之出现。

4. 营销策略。线上仍然将是营销和品牌推广最主要的手段，但随着业务的发展，线上线下相结合的营销模式和精准营销将成为互联网金融营销策略的主流，商业银行与互联网金融企业将在线上线下融合方面具有较大的合作空间。比如，目前各种广泛应用于电商行业的抢购、秒杀等活动，基于移动设备的信息主动推动、结合大数据技术的精准营销、基于搜索引擎的产品比价系统等，都是下一步发展的方向。

两个对接　共同兴业
拥抱互联网金融的“春天”

兴业银行北京分行行长　张　霆

金融企业应用互联网技术起步较早，早期主要是利用计算机技术、网络技术来提高中后台作业效率，并通过开发网络银行、手机银行等全天候交易渠道，降低交易成本，扩大金融交易可能性边界。这是互联网与传统金融有效结合的方式之一。与此同时，随着互联网技术、通信技术、大数据和云计算的快速发展，电子商务、社交网络等平台型互联网企业在掌握大量业务流、信息流和资金流的基础上，逐步向第三方支付、产业链金融等业务领域渗透；以P2P、众筹为代表新兴业态，旨在通过互联网平台降低信息不对称，直接撮合资金供求双方，达到去金融媒介的效果。近年来，金融企业互联网化和互联网企业金融化交相推进，在竞争中融合，在融合中竞争。尽管新的金融业态和交易模式不断涌现，并对传统金融业务、市场效率和交易结构产生深刻的影响。但金融作为支付结算、资金融通和财富管理的核心功能没有改变，金融对未来现金流进行跨时空配置和责权利界定的交易基础没有改变，金融风险防控的专业性和外部性特征也没有改变。未来变化更多的是在信息处理方式、交易组织模式、风险控制手段和服务渠道重组等方面，对商业银行既有挑战，也有机遇，需要综合把握。

一、互联网金融的基本业态

从类比银行业务的角度看，互联网金融大体可以归纳出四种业态。

第一种是以余额宝为代表，类比于银行业存款类的负债业务，主要是以货币基金形式和互联网渠道吸纳小额资金，形成规模效应，通过资金池让用户随时赎回，享受银行活期存款便利，又有相对较高的收益，较大程度地驱动了银行存款搬家，对银行的负债业务构成现实挑战。

第二种是以阿里小贷和京东白条为代表，类比于银行贷款类的资产业务，主要借助互联网平台和大数据、云计算技术，利用电商平台的交易数据、社交网络的用户信息和行为习惯的分析处理，对客户进行信用评级和风险定价，扩展金融服务范围，具有流程简单、操作便捷的优势。

第三种是以支付宝、财付通为代表，类比于银行中间业务，基于互联网平台的第三方支付，在开展支付结算、代理业务、信用卡还款、转账汇款等业务上，拥有低成本和第三方信用担保优势，能够满足客户多场景的生活需求，增加了客户的黏性。

第四种是众筹和 P2P 模式，具有低门槛、多样性、去中介化等特点，通过互联网平台促进资金供需双方直接交易。但金融风险本质和项目潜在风险，并不会因为交易模式创新而降低。相关法律法规也有待进一步规范。

二、互联网金融带来的挑战和机遇

（一）挑战

1. 盈利模式的挑战。金融跨界竞争打破了传统金融市场的竞争格局，加速了利率市场化进程，提高了市场资金收益预期，对银行资产负债的科学匹配和风险定价能力提出了更高要求。银行以利差收益为主、靠规模扩张的盈利模式将难以为继。另外，这种跨界竞争也加速了金融脱媒，银行需要顺应形势，更快、更主动地向混业模式发展。

2. 营销服务模式的挑战。以网络为主要营销渠道，依托平台打造金融生态圈，通过便捷的客户体验、基于大数据分析的精准投放、基于交易流程的风险控制和产品创新，让更多利益相关者能够更加便捷、更加有益地参与进来，是互联网金融营销获得成功的主要因素。银行要发挥线下优势，基于客户细分，加快整合线上线下资源，线上推行标准化产品服务，线下注重开发定制化、专业化服务，推动物理营销渠道和互联网虚拟营销渠道的有机结合，并在大数据中寻找客户、发现机会、精准营销、嵌入服务。

3. 经营理念的挑战。互联网企业极其重视客户体验和数据获取分析。银行在经营理念上，要从“产品至上”向“客户至上”转变，从“对客户卖什么产品”向“客户需要什么产品”转变，从更多关注“资金流”向更多关注“信息流”转变。另外，互联网企业“羊毛出在猪身上”的全产业链思维也值得学习借鉴。

4. 资金流的挑战。自 2013 年初以来，为应对以余额宝为代表的“宝宝”们对储蓄存款带来的冲击，兴业银行依托金融市场业务优势，先后推出“掌柜钱包”和直销银行等互联网金融产品，滚动发行较高收益理财产品，“宝宝”们的影响逐渐降低，并将其资金回流、转移到兴业银行。反映在储蓄存款上，2015 年 9 月末兴业银行北京分行存款余额为 188.6 亿元，同比增加 2.7 亿元；日均 190 亿元，同比增加 13.2 亿元，比年初增加 10.9 亿元。2014 年末存款余额为 194.2 亿元，同比增加 1.8 亿元；日均 179.1 亿元，同比增加 11.8 亿元。互联网理财加速了存款理财化的进程。在兴业银行北京分行零售综合金融资产中，储蓄存款占比仅为 25.5%，与 2013 年末的 40.7%、2014 年末的 32.2%相比，呈逐年下降趋势；反之，财富类金融资产则逐年上升。

5. 客户的挑战。互联网金融迎合新生代客户群体，较之传统金融，具有更强的集聚效应。2015 年 9 月末，兴业银行北京分行零售客户 124.7 万户，同比增加 13.4 万户，增长 12%；50 岁以上的零售客户 30 万户，同比增加 6 万户，增长 25%；50 岁以上的零售客户占比从 2014 年同期的 21%上升到 24%。可见老年客户增速明显快于整体零售客户增速，老年客户的占比逐步上升，而年轻客户的占比正在下降。

6. 渠道平台的挑战。互联网金融依托移动互联网等技术，最大限度地创造了便利、轻松的服务体验：可以 7×24 小时不间断地输送金融服务，并将服务触角延伸至每一个客户。越来越多的客户喜欢通过线上渠道办理业务，到网点的客户也逐步习惯使用自助机具。2015 年 1～9 月兴业银行北京分行各项业务量中，网银渠道的交易占比为 58.9%，比 2014 年提升 13.4 个百分点；自助机具渠道的交易占比为 26.1%，比 2014 年下降 3.7 个百分点；柜面渠道的交易占比为 15%，比 2014 年下降 9.7 个百分点。特别是零售业务，网银渠道的交易笔数占比高达 90%。

7. 信息源的挑战。互联网金融积累了海量的客户信息，包括商务、媒体、社交、网购等信息。基于大数据的应用分析，要比当前的人民银行、公安等信息核查，更加方便、快捷且精准有力。

8. 支付及收单业务的挑战。第三方支付公司的兴起，主要涉及互联网支付、银行卡收单等领域，对银行形成倒逼之势，使其能够在众多银行中获得更低的支付手续费。一些第三方支付公司线上收单手续费仅为 0.6%，且可再根据客户资质下调，转账已免收取手续费，对餐饮、娱乐、百货、零售等一般消费类收单商户造成了很大影响，交易量下降明显。

（二）机遇

互联网金融由于自身物理网点、资金规模限制等局限，金融服务的覆盖面存在不少薄弱点。商业银行在未来相当长的时期内依然具有不可替代的地位。在目前服务侧重面有所区别、分工合作大于业务竞争的情况下，互联网金融也给我们带来了一定机遇。主要包括：

1. 有利于加速银行观念更新和转型升级。通过互联网金融竞争的倒逼机制，加速管理模式、业务模式和运营机制变革，利用互联网技术和流程优化，改变系统专业分割、标准不一、流程过长；部门各自为战、信息传导不畅等大企业病问题，重组平台资源，促进运营管理效率和金融服务能力的大幅提升。

2. 银行通过近年来互联网的应用与发展，积累了丰富的市场资源、资金优势和业务人才。这是互联网机构非常需要而又在短时间内难以达到的。双方可以开展更广泛、更深入的合作，将互联网金融提升为一个平台战略，对线上和线下渠道、金融和非金融的产品进行整合，优势互补，共创价值。

三、兴业银行参与互联网金融发展的情况

近年来，兴业银行坚持线上线下“两个对接”，整合各方资源，全力加快互联网金融的布局与发展，打造了金融市场业务的“银银平台（钱大掌柜）”、零售业务的“直销银行”、企金业务的“三大直通车”三个互联网金融平台，互联网金融品牌影响力和经营效益得到提升，运行效率和销售能力不断增强。

（一）积极布局互联网金融

1. 注重顶层设计，在全行资源统一再分配的基础上，推动各业务条线与互联网金融相契合的流程再造。一是借鉴生态圈思维，推动服务网络由“物理网点”为主转向“平台构建”为主，强化对内部系统的整合优化，构造依附于银行、客户“流动”的完整生态圈。二是借鉴大数据思维，推动业务发展从“产品驱动”为主到“数据驱动”为主，加强对数据应用技术的投入，提高对海量数据的解析能力，并将其融入产品开发与创新、客户服务与开拓、运营监测与保障、风险识别与管理等各个环节。三是建立客户价值导向的绩效考核体系，尊重客户体验，通过聚焦流量经营或用户经营，以增值服务获利。

2. 大胆利用新技术、新工具、新方法，紧紧围绕人们未来生活工作的需求来思考互联网金融服务与创新；进一步加大与优秀互联网企业的战略联盟，形成从专业支付型电子银行向综合服务型电子银行发展的突破，为客户提供一站式、安全便捷的电子银行综合服务，与线下营业网点形成金融理财、信用借贷、消费支付、生活服务等线上线下充分互动的经营服务生态闭环。

3. 以直销银行为突破口发展互联网金融是工作重心。一是金融理财产品线不断丰富。在理财、基金、定存之外创新推出更多、更加适合直销银行的金融产品，如创新型的信托、集合理财、资管产品、贵金属产品等。二是进一步提升客户体验。在“互联网+”时代，追求极致的客户体验，通过微信远程视频、O2O 等新的服务模式，线上线下结合，不断优化“直销银行”的操作服务流程。三是全面提升直销银行的经营服务能力，特别是获客能力。

（二）积极建设电商平台

建有电商平台“兴业银行网上商城”。采用导购型的轻模式来建设，即精选行业排名前列的电商网站进行合作，以聚焦、合作的业务模式，一站式满足客户足不出户、便利生活的需求。目前的服务频道包括海淘、黄金、时尚、家电、鲜花、玩具、汽车、房产、彩票、充值、机票、保险等，汇集衣、食、住、行各种服务及资讯。在合作企业的选择上，精选行业领先品牌进行合作，做精做透海外购、名品、理财等热门品类，形成本行商城品牌特点。

（三）推进互联网金融产品和服务创新

1. 银银平台打造互联网金融和线下金融的完整服务体系。银银平台作为兴业银行在国内率先推出的银银合作品牌，为各类合作银行提供包括财富管理、支付结算、科技管理输出、培训服务、融资服务、资本及资产负债结构优化等金融服务解决方案。截至 2015 年 6 月末，兴业银行全行银银平台累计签约客户达 608 家，累计上线客户达 499 家，柜面代理结算累计联结网点超过 3.5 万个；本年累计办理银银平台结算为 1953 万笔，累计结算金额为 14003 亿元；累计与 262 家商业银行建立信息系统建设合作关系，实现信息系统上线 128 家。以“钱大掌柜”为品牌的互联网金融平台异军突起，成为银银平台业务发展与创新的新蓝海，“掌柜钱包”自 2014 年 3 月推出后保持稳定增长，截至 2015 年 6 月末，“掌柜钱包”个人客户数量达 100 多万户，产品规模为 703 亿元，稳居前十大货币基金阵营。

2. 推进“三大直通车”平台建设，拓展互联网金融新兴商业模式。整体规划、推进收付直通车、融资直通车和财资直通车业务体系。

截至 2015 年 8 月末，兴业银行全行企业金融网银客户达 26 万户，其中，现金管理类基础客户 1.5 万户。“三大直通车”产品线迈步上新台阶，合计拓展企业金融基础客户 1000 户，触达终端用户 22 万户。

3. 积极创新互联网金融产品，平台移动化趋势明显。推出手机 APP 客户端，包括手机银行 iPhone 和 Android 客户端，提供“手机银行”、“金融资讯”、“直销银行”、“生活商城”四大板块服务。目前兴业银行全行手机银行有效（登录）客户数超过 750 万户，2015 年 1～9 月累计交易 6600 万笔，交易金额 14000 亿元。

4. 持续优化微信银行，接入直销银行和智能客服，搭载理财卡及信用卡的账户管理、账户查询、转账汇款、服务信息查询、直销银行理财与小 i 机器人等产品，服务更加定制化、智能化。目前微信银行关注人数 135 万人。

5. 推出“远程银行”服务平台及远程柜员银行（VTM）服务，建立起以电话银行 95561 为核心渠道、以投资理财和资产管理等非现金业务为重点的新型服务模式，支持电话、传真、短信、微信、邮件、微博、视频、在线客服等多种互动服务。

6. 推进支付方结算工具创新。一是 2015 年 3 月开通手机预约取款功能，通过手机银行预约，进入手机银行设置预约取款密码，通过验证码核实身份后，会收到一组预约码，在任何一台取款自助机具上都可以通过验证手机号码、预约取款密码和预约码达到取款目的。仅北京地区自助机具共完成 764 笔预约取款交易。二是开通扫码支付功能，通过兴业银行手机银行，可生成收款账户二维码，通过使用手机银行扫描二维码，即可实现二维码对应银行卡转账功能。三是新进推出 NFC 支付产品“云闪付”，即银行卡在手机上的一张映射卡，与银行卡共用支付账户。客户一旦拥有云闪付卡，手机就成了一张银行卡，可以在线下商户进行刷手机消费，也可以在线上商户进行安全又快捷的支付。

（四）积极布局直销银行

直销银行于2014年3月正式上线发布，提供的产品包括理财产品、代销基金、定期存款、类余额宝产品“兴业宝”、“兴业红”。现已推出电脑版、手机版（iOS、Android）、iPad版。截至2015年9月末，兴业银行全行直销银行累计拓展客户97万户，比年初增加38.5万户，增长66%；客户金融资产超过800亿元，比年初增加300亿元，增长60%。

（五）联手百度、蚂蚁金服，布局互联网金融与大数据

兴业银行与百度主要在互联网金融创新、大数据、产品营销三个层面展开全面合作；与蚂蚁金服在支付结算、商户服务、渠道互通、业务互补、产品共建、客户共享及公共服务智能化等领域展开战略合作。兴业银行在资本实力、网点布局、客户基础、服务能力等方面的优势，与优秀互联网企业在大数据、客户体验、平台流量、渠道产品等方面的优势形成互补，为双方战略合作实现共赢奠定了坚实的基础。

四、应对互联网金融挑战的最大困惑和具体困难

（一）技术、人才、管理遇到的挑战

在技术方面，需要有强大的后台运营管理能力，包括强大的资源整合能力和数据管理能力；在人才方面，需要更多具有互联网思维、熟悉掌握互联网技术、能够敏锐把握互联网客户的需求变化、具有创新力和执行力的跨行业金融人才；在管理方面，需要理念的变革、持

续的投入以及高效的创新、研发和推广流程。

（二）在业务创新上面临银行业审慎监管的制约

互联网金融没有改变金融风险的本质，仍然需要审慎监管；但作为更具效率的新兴业态，互联网金融也需要更多扶持和鼓励，需要监管部门在发展模式和业务创新等方面给予更多指导。

五、互联网金融的发展趋势及政策建议

2013 年 8 月出台的《国务院办公厅关于金融支持小微企业发展的实施意见》，明确提出充分利用互联网等新技术、新工具，不断创新网络金融服务模式。2013 年 11 月召开的党的十八届三中全会又指出发展普惠金融，丰富金融市场层次和产品，鼓励互联网金融等创新金融模式要发挥普惠的功能。2014 年互联网金融第一次被写入《政府工作报告》，国家明确表示要“深化金融体制改革，促进互联网金融健康发展，完善金融监管协调机制”。2015 年 7 月，人民银行等十部委发布《关于促进互联网金融健康发展的指导意见》，这是官方第一次明确界定了互联网金融的概念，并圈定了互联网金融的范围，明确了各种要监管的业态。可见，互联网金融已进入政府高层视野，成为国家公共政策的一部分。

（一）发展趋势

互联网金融的发展壮大不仅是基于数据、平台和技术，更深层次的是其彰显了强大的互联网思维，将催生“金融民主化”和“普惠金融”的形成。互联网金融的发展趋势应该是更加平民化、个性化、国际化、多样化，遵循公平交易、充分竞争的市场运行原则，更有效地

推动资源优化配置，延伸金融服务领域，丰富金融服务内涵，提升金融服务品质，让更多的草根平民和小微企业尽享金融的普惠价值，让更多的中高端客户享受更加个性化、综合化的金融服务。

（二）政策建议

互联网金融监管政策是一个开放和与时俱进的命题。面向未来，主要有两点建议。

1. 积极推进对互联网金融监管的组织落实。互联网金融作为新兴金融业态，存在诸如市场投机、市场准入、创新与风险、消费者权益保护、投资者适当性监管等问题，应该管放结合，以监管促发展，在合理负面清单、底线思维和监管红线下鼓励互联网金融创新。要深入调研和实践有关的业态和模式，总结互联网金融推广经验与问题，注重功能监管，出台多部门联动监管的实施细则。

2. 注重发挥行业自律的作用。通过行业自律组织，出台自律公约和准则，细化监管指导意见，发挥责任主体作用，完善相关产品、服务、流程及制度，以行业规范促发展。

拥抱互联网　打造新银行

平安银行北京分行行长　刘树云

一、互联网金融对平安银行业务的负面冲击

如果把2013年定义为互联网金融元年，2014年无疑是互联金融起承转合的关键年，2015年则是互联网快速发展的一年。进入2015年，互联网金融爆发出了强劲的成长力，在加速资本流动、改善配置效率的同时，也加剧了金融市场的竞争。在互联网金融模式下，金融机构为客户提供的产品与服务是在数据分析上的模块化资产组合，以往传统商业银行为客户提供的基于密集知识和复杂技术的金融产品的优势被削弱了。互联网金融使传统商业银行的竞争基础发生了演变，由安全、稳定、低成本和低风险转向快捷、便利和体验，可以说，互联网金融不仅在渠道上影响商业银行的产品和服务，还变革着银行的融资渠道，进而从金字塔的底端开始对银行核心业务造成冲击和破坏。其影响主要体现在以下几个方面。

（一）互联网金融导致商业银行支付功能边缘化

互联网金融模式下的支付方式是以移动支付为基础，其通过移动通信设备、无线通信技术来转移货币价值以清偿债权债务关系。互联网金融进一步加速金融脱媒，使商业银行的支付中介功能边缘化，并

使其中间业务受到替代。例如，支付宝、财付通、易宝支付和快线等已经能够为客户提供收付款、自动分账以及转账汇款、机票与火车票代购、电费与保险代缴等结算和支付服务，对商业银行形成了明显的替代效应。以平安银行北京分行为例，第三方快捷支付 2015 年月均增幅超过 33%，而银行卡支付却下降 0.2%，见平安银行北京分行第三方快捷支付与银行卡支付数据对比表。

平安银行北京分行第三方快捷支付与银行卡支付数据对比表

单位：笔，%

	2014 年 1 月	2015 年 4 月	2015 年月均增幅
第三方快捷支付	917890	1223925	33.3
银行卡支付	95121	94972	–0.2

（二）互联网金融导致客户对商业银行传统渠道依赖度下降

互联网金融导致客户对商业银行传统渠道依赖度下降，业务办理逐步转向互联网渠道。由于智能手机日益普及，以及互联网金融平台蓬勃发展，客户更多转向选择比较便利快捷的第三方支付和网上交易。银行传统渠道被弱化，客户转向互联网渠道。根据平安银行北京分行 2014 年 1 月和 2015 年 4 月的客户各渠道月均消费数据，可以看出互联网第三方支付和手机银行呈正增长，而传统柜面、ATM 及 POS 机刷卡渠道人均消费次数在降低，参见各渠道月度人均交易次数对比图。因此，更多的银行客户放弃传统渠道进而转向互联网渠道进行业务办理和消费支付，并且这一趋势仍将继续。

（三）互联网金融导致商业银行资产流失

在互联网金融中各类第三方网络理财销售平台的兴起，将使商业银行流失理财资金及个人存款，减少银行的手续费收入和佣金收入。

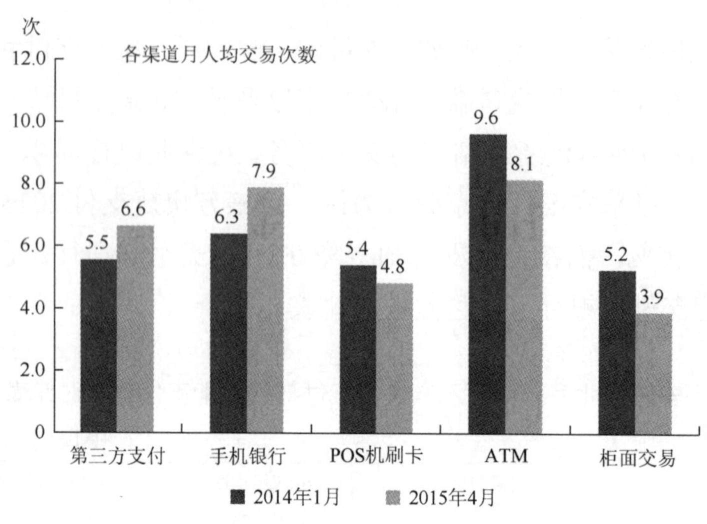

各渠道月度人均交易次数对比图

目前第三方网络理财销售平台如雨后春笋般出现，未来影响会持续加大。就平安银行北京分行而言，由于近几年用户规模的快速扩张，互联网金融的资金占比较少，分流影响并不明显，因此平安银行北京分行的资产余额持续保持高速增长。但对于存款分流有一定影响，2015 年分流存款约 10 亿元。

二、平安银行互联网金融布局

平安银行十分重视互联网金融发展，邵平行长在众多场合多次强调互联网金融的重要性，2013 年平安银行设立公司网络金融事业部，综合“金融+线上金融”的战略雏形打造完毕。在组织架构上，总分行分别设立网络金融事业部，统筹部署，一级经营。在产品线上，2014 年平安橙 e 网正式上线，协同核心企业、物流服务提供商、第三方信息平台等战略合作伙伴，在橙 e 网上打造网络金融生态体系，为客户提供一站式的综合金融服务。与此同时，网络融资、网络理财等互联网金融产品纷纷设立，品种丰富，形成了平安银行互联网金融产品集群，为打造网络金融特色奠定了扎实基础。

从分行层面看，北京分行也不断跟进形势，与时俱进，2015 年已开始陆续与平安金科、好房网合作，由以上两家网站转介客户。目前北京分行在业务模式上的移动展业进件模式逐渐应用，客户可通过移动展业网络上传资料并预审批，大大提升了业务效率与客户体验。分行准备在 2016 年加大与已合作机构平安金科、好房网合作，同时积极寻找其他可合作的外部互联网金融公司，并跟进相关公司发展，如“融 360”、“甩单网”，寻求合作点，在恰当时机建立合作。

目前北京分行消费信贷产品执行总行标准化产品，按照总行外部渠道管理办法制定分行渠道管理办法，分行尚未针对网络金融单独设立专门的产品或渠道管理办法。但在渠道上，北京分行更加注重与互联网金融公司的紧密合作。另外，还将扩大网络平台宣传，利用微信平台宣传，使更多客户通过微信直接了解本行产品并产生合作。

小企业客群在有形商圈开发乏力的形势下，将无形商圈的开发作为实现业务转型的方向之一。

从零售条线来看，2016 年北京分行零售业务将在互联网金融方面重点布局与突破，包括获客模式及产品创新方面。利用“互联网+思维”实现流量整合，寻找互联网流量入口型企业，并通过与企业的合作，将平安集团综合金融产品融入到企业的运营流程当中。通过资源共享，用户共享，数据共享帮助企业提升核心竞争力，从而实现互利共赢。

三、平安银行支付结算类创新产品简介

为满足客户对于支付结算的需求，平安银行推出了手机银行功能。平安银行“口袋银行”与以往手机银行不同，“口袋银行”更讲求“个性化”与“定制功能”，其设计、功能、服务、客户体验都将

得到全面提升。“口袋银行”除了具备无卡取现，汇款转账、个人贷款等常用的金融服务功能外，还能够满足客户日常的各类购买、消费、商旅等多种服务。能够使客户真正感受到方寸间的智慧理财乐趣，感受平安银行“不一样”的服务体验。

四、平安银行直销银行布局

直销银行是互联网时代应运而生的一种新型银行运作模式，在这一经营模式下，银行没有营业网点，不发放实体银行卡，客户主要通过电脑、电子邮件、手机、电话等远程渠道获取银行产品和服务。因为没有网点经营费用，直销银行可以为客户提供更有竞争力的存贷款价格及更低的手续费率。降低运营成本，回馈客户是直销银行的核心价值。

简而言之，直销银行是指银行通过电子渠道提供金融产品和服务业务拓展，不以柜台为基础，打破时间、地域、网点等限制，提供简单、透明、优惠的金融产品和服务的银行经营模式和客户开发模式。

直销银行相比传统银行具有以下三个优势：一是直销银行不受时间、地域、网点的限制；二是及时为客户提供更加优惠的产品信息；三是对客户来说非常便捷，信息接受更快。

平安银行通过“平安橙子”成功布局直销银行。“平安橙子”是平安集团旗下平安银行推出的创新型互联网直销银行产品，通过互联网方式为客户提供更简单的金融服务，通过更简单的方式、更智能地理财，让客户更好地享受生活。

“橙子银行”开户简单快捷。客户可直接在线开立账户，无须至任一网点，不同银行借记卡均可关联，只需在线提交姓名、身份证号及常用手机号码，就可通过简单 3 步直接完成银行级电子账户的开立。

“平安橙子”与国内其他直销银行不同的地方是提供了智能记账和理财规划。理财规划中用户设置完“未来愿望”后，“橙子银行”可以根据用户的收支情况搭配各种理财产品推荐，帮助用户在指定时间内完成心中目标。一个“设置愿望”的功能，撬动了理财产品购买和“智能记账”的使用，用户既可开源，又能节流。同时，“橙子银行”目前已提供包括定活通、银行理财、基金、养老资管计划在内的四大类产品，还为客户的平安信用卡消费提供自动记账服务，通过平安“橙子银行”手机客户端更能实时编辑记账信息，随时记录客户的消费情况。

五、平安银行在应对互联网金融浪潮上存在的问题与困难

（一）缺乏与互联网金融相匹配的风控体系和信用支撑体系

P2P 等互联网金融技术最核心的优势是随着数字技术，尤其是数据挖掘技术和存储技术等的发展，以分布式数据库交易为主导的开放式风控和信用支撑体系是互联网金融最核心的环节。由于数据来源不足和监管等问题，纳税数据、交易数据的取得成本相对较高。互联网不但要改变风险控制的形式，更要改变风险控制的手段和内核，这需要一个长期摸索的过程。

（二）不对等监管制约银行优势发挥

互联网金融的快速崛起在很大程度上得益于监管的容忍。无论是余额宝，还是京东白条，或者是票据理财，都是事实上的金融产品，但从事这些业务的互联网企业仍然被定义为商业企业，未被纳入金融

监管范畴。同样开展此类业务的商业银行则需要接受严格的资本监管和产品准入审批。这种不对等的监管大大提高了商业银行拓展互联网金融的成本，并限制了其业务创新活动的开展。

（三）监管法律法规滞后缺位引起的法律问题

当前互联网金融行业方面的监管和适用的法律存在空白和灰色地带，互联网金融监管制度建设相对滞后于市场发展。一方面，互联网金融业务呈现多元化，涵盖全部金融子领域，对我国“分业经营、分业监管”是一个挑战；另一方面，互联网金融无时空限制、客户范围广泛，一旦发生金融风险则会造成大面积的负面影响，甚至出现系统性风险。

（四）传统运作模式制约创新成效

商业银行的业务运作模式是基于资金流设计的，是在银行体系内的自循环，没有直接介入客户的交易行为，更多地是被动满足客户需求。在此基础上开发的互联网金融产品，跟客户在银行的物理渠道办理业务所依赖的账户、信息、风险控制系统、业务审批和处理系统、核算系统基本相同，并未从根本上改变传统的运作模式。

（五）缺乏平台难以快速切入

市场需求是创新的直接动力，也是创新的源泉。互联网金融创新同样如此。互联网企业开展金融业务之所以发展迅速，很重要的原因是这些企业普遍构建起由众多商家和消费者构成的网络商业生态，有丰富的应用场景。而商业银行虽然有庞大的客户群体，但主要是线下客户，缺乏互联网应用场景和网络经济平台。因此，其推出的以在线直销银行为代表的互联网金融产品的发展情况远低于预期。

（六）消费者权益保护问题

互联网金融依托互联网进行数据的传递、存储、处理和使用，有可能面临因设备问题和人为问题带来的信息泄露、网络诈骗等问题。

（七）虚拟金融服务引起的洗钱、非法集资等业务风险

互联网金融业务主要在电子信息构成的虚拟世界中进行，由于交易对手身份确认困难、信息不对称等，增加了判断业务风险和管理风险的难度；互联网金融高效便捷的金融产品虚拟交易方式有可能被不法分子滥用，为洗钱、非法集资等不法活动提供便利。

六、平安银行对未来互联网金融与商业银行竞争态势和融合发展前景的预判

互联网金融不是互联网和金融业的简单结合，而是互联网的开放性与传统金融高度整合的产物。商业银行借鉴互联网“开放、平等、协作、分享”精神，不断拓展金融服务的广度和深度，从积极的角度看，互联网金融的“鲇鱼效应”促进了商业银行服务、产品、经营、创新的加速。互联网工具使得金融业务具备透明度更强、参与度更高、协作性更好、中间成本更低、操作上更便捷的特征。目前的互联网金融实际上是中国特色的金融体系创新，是一种金融业态，是未来我国金融体系不可或缺的组成部分。互联网金融正在以新的基因渗透到传统金融领域，使其产生大的变革。互联网金融对商业银行的影响不是颠覆，也不是补充，而是最典型的相互融合、相互借鉴、相互促进。

我们预期国家将在该领域投入更大的资源，建立一个完善的风险防控与信用体系，建立良好的制度环境和完善的保障制度与数据基础，促使互联网金融向专业化和规范化方向发展。互联网在融资、投资等方面的作用将日益显现，平台服务的界限将逐渐模糊，范围不断拓展，促使成本下降，参与主体增加，小企业客群也将广泛受益，银行与互联网金融公司共生，市场竞争白热化。

七、平安银行对发展互联网金融的政策建议

（一）尽快将各类互联网平台数据实现互通

利用大数据建立统一的信用平台体系。对众多的从事互联网金融业务的企业和互联网产品的消费者而言，互联网金融面临的最大风险就是信用风险。建议以人民银行征信系统为基础，将各类互联网金融平台产生的信用信息纳入采集范围，利用大数据建模技术建立一个统一的客户信用体系。

（二）加强互联网金融的业务监管和风险管理

互联网企业相比传统金融企业，缺乏健全的风险管理体制及专业人才，建议对互联网金融在业务准入和风险管理方面加强监管。一是设计互联网金融准入门槛，参照商业银行的准入制度，制定业务准入监管政策。建议以货币基金为主的网上理财业务上缴存款及风险准备金，以风险准备金作保障，将风险准备金与所投资协议存款的未支付利息挂钩，以防违约风险的出现。二是维护金融市场秩序，规范全国各金融机构的公平竞争。在目前利率化市场化尚未完全实施之际，参照商业银行既有标准，对开展小贷业务的网络公司设定贷款利率最高限，同时要求其设立存贷比及风险拨备制度，以保证与银行的公平竞

争。三是完善信息披露制度和监管报送制度。将网络融资纳入社会融资总量，要求网络融资平台报送有关数据报表，建立完善的网络融资统计监测指标体系，同时严格新业务开展报备和审查制度等，杜绝不正当关联交易，防止系统性风险的产生。四是按照特定非金融机构的反洗钱监管要求，将网络融资平台公司、网络货币交易商纳入反洗钱监管。五是加强信息安全管理，督促小贷公司及参与金融业务的互联网公司，加强科技系统建设和灾备体系，提高抵御网络攻击的能力，做好投资者敏感信息的保护，提升投资者网上交易安全防护水平。

（三）加强跨界融合人才的培养

加强对既熟悉信息化又了解金融运作经验的复合型人才的培养培训，积极利用各类人才计划，开展专业培训，健全职业资格制度，调动科研院所和企业等各类人才在利用互联网金融改善小微企业融资环境方面的创业、创新积极性。

（四）加强互联网金融政策供给

提供税收减免、房租用地等优惠政策；研究设立专项基金，对切实降低小微企业融资成本的互联网金融机构提供一定额度的风险补贴和业务增量补贴等。

积极布局互联网金融　加快发展直销银行

北京银行董事长　闫冰竹

在国内深化金融改革和互联网技术突飞猛进的环境下，近年来互联网金融快速发展，对传统银行业带来了一定的冲击和影响。以北京银行直销银行为代表的银行系互联网金融在近几年也得到了快速发展，为推动银行业加快转型、迎接利率市场化的全面到来、发展互联网普惠金融起到了很好的推动作用，同时也在控制金融领域风险方面作出了贡献。本文根据北京银行在互联网金融领域的实践经验，谈谈对这一领域的观点和看法。

一、银行业务的变化趋势

北京银行近几年“业务线上化”趋势非常明显，具体表现在以下几个方面。

（一）客户变化

客户构成情况变化明显，线上客户占比明显提升。2012 年至 2015 年上半年，北京银行零售网上银行用户年均增幅达到 30%，其中证书版网银用户年均增幅超过 50%，手机银行用户年均增幅更是高达 130%，充分体现了移动互联网金融的快速发展。此外，北京银行于

2013年9月推出了直销银行品牌，2014年末正式对外上线。截至目前，直销银行总客户数已突破20万户，其中移动端客户占比为64%，中青年客户占比为68%，充分体现了互联网金融客户移动化、年轻化的特点。

（二）业务量变化

业务量方面的数据变化，同样说明了互联网对于金融业带来的冲击和影响。自2012年以来，北京银行柜面零售业务、自助机具业务及电子银行业务交易量呈现稳定增长。按2012—2014年交易数据统计，柜面业务年均增长幅度超过20%，而电子银行年均增长幅度超过70%，尤其是电子银行重点产品柜台业务替代率超过90%。数据表明，北京银行业务整体发展情况良好，主要渠道客户吸引力、渠道交易活跃度均呈现稳定增长态势。另外，电子银行渠道呈现快速发展态势，对传统柜面、自助机具渠道的替代效应日益显现。

（三）信息源变化

随着信息网络技术的发展，大数据时代全面到来。通过先进的数据处理技术，可以挖掘数据背后的逻辑和规律，形成新的金融业务数据来源。一是小微企业的信息变得更加容易获取。互联网企业通过分析自有平台业务数据、客户行为等多种途径全面了解小微企业的信用状况。同时各类第三方的征信机构、增信机构、担保机构不断涌现，社会信用机制更加完善。二是信贷流程电子化成为可能。人脸识别技术使远程开户成为可能，互联网金融企业可以极大缩短审批流程、减少审批时间，实现系统自动化的处理，大大降低了成本，提升了信贷效率，对传统商业银行信贷业务造成比较大的冲击。

二、北京银行在互联网金融领域的探索

近年来，北京银行主动创新、加快转型，积极融入互联网金融的大潮中，统筹布局互联网金融领域。以直销银行为代表，北京银行目前已经打造了以“直销银行—电子银行—电商平台”为核心的互联网金融发展战略，取得了理想成效。

（一）总体布局

一是持续推进直销银行建设。深化与 ING 集团在直销银行领域的合作创新，积极利用 ING 在直销银行方面的先进经营理念和技术援助，结合中国互联网金融的发展趋势，探索互联网金融的新模式，开拓普惠金融发展新路径，打造北京银行互联网金融特色品牌和新的业务增长极。

二是推动电子银行业务持续创新。依托电子银行整合线上线下服务渠道，形成综合金融服务资源的互联互通，为客户提供零距离、全方位的移动金融服务和智慧金融服务。

三是加强对外合作，构建平台金融。通过与第三方支付、电商平台和以核心供应商为中心的产业链广泛合作，充分利用平台资源，整合信息流、资金流、物流，拓展互联网新客户，积极融入互联网生态圈。

四是建立电商平台。2009 年北京银行信用卡中心就已经建立了自有的官方网上商城，2015 年 4 月，移动端微商城正式上线。网上商城的主要功能和定位是为持有北京银行信用卡的客户展示精选商品及优惠信息，进行分期商品、增值服务的销售及提供积分礼品的兑换平台。建立自有电商平台，一方面是为了扩大北京银行的品牌影响

力，目前同行业中大部分国有商业银行及股份制商业银行已拥有了自己的电商平台并且拥有了较大的品牌宣传力；另一方面是可以增加北京银行信用卡的黏性客户，自有网上商城的建立增添了一种北京银行持卡客户信用卡消费及支付渠道，同时也给予了北京银行持卡客户一种新的购物体验。

配合全行互联网金融战略实施的同时，北京银行各分行也根据各自区域优势和业务特色积极发展互联网金融业务。例如，中关村分行依托中关村高新科技园设立中关村小巨人创客中心，尝试打造线下投贷孵联动、线上合作互动的社区，实现“互联网+创客”、“互联网+资本”、“互联网+信贷”、“互联网+孵化”；杭州分行借助当地飞速发展的互联网经济，积极探索与电商企业的合作，充分利用平台资源，拓展互联网新客户，积极融入互联网生态圈。

（二）具体业务

一是网贷业务。“更会贷”是北京银行直销银行与北银消费金融公司联合推出的消费贷款类产品，全程在线申请，无须网点面签，彰显了直销银行借力综合化经营优势，提供便民利民、简单透明产品服务理念。

二是互联网余额理财业务。电子银行推出银行系“宝宝”类互联网余额理财产品“京喜宝”，产品保有量 11.3 亿元，实现中间业务收入 687 万元，有力地促进了资金量及中间业务收入增长。直销银行推出互联网余额理财产品“慧添宝”，产品余额近 800 万元。

三是无卡取现。为更好适应“无卡”时代客户便捷金融服务需求，北京银行为客户提供无卡取现服务。通过手机银行设置取款预约码后，在设定的有效时间段内，凭手机号码、预约码和京卡取款密码即可在北京银行自助机具完成取款。无卡取款业务适用于急于取款、忘记带京卡的客户，对新鲜事物接受程度高、习惯无卡生活的群体。

四是其他服务或产品。在电子银行方面，首批接入银联、人民银行移动金融安全管理平台，发行业界领先 NFC-SIM 手机电子现金卡，推进北京银行移动支付发展进程。在直销银行方面，设计了“更惠存、更慧赚、更会贷、更汇付”四大产品体系，各具特色，满足客户多样化金融需求。其中“更惠存”系列为储蓄产品，是在利率市场化大背景下，充分体现直销银行“降低成本、让利客户”特点的一款核心产品。“更慧赚”为理财产品，包括传统银行理财产品和基金理财产品。前者秉承了北京银行理财产品一贯的安全稳健特点；后者对接下属子公司——中加基金，用零门槛、随时支取等手段，体现出普惠金融的特点，也更符合“数字一代”的理财需求。“更会贷”是直销银行与北银消费金融公司联合推出的消费贷款类产品，全程在线申请，无须网点面签，彰显了直销银行借力综合化经营优势，提供便民利民、简单透明产品服务理念。“更汇付”为支付类产品，将在系统平台逐步建设完善后与广大客户见面。各类产品均突出北京银行安全、稳健的业务特点，严格控制市场风险、合规风险和声誉风险。

三、北京银行直销银行发展情况介绍

（一）整体情况介绍

直销银行是伴随互联网技术的逐渐成熟而诞生的创新型银行，是指不设实体网点，通过电话、网站和手机客户端等线上媒介，实现业务中心与终端客户直接往来的银行。目前，国外较为成熟的直销银行，其客户从开户到转账、理财等均可以通过网上直接办理，不受空间和时间制约。

2013年9月18日，北京银行携手ING在中国率先向社会推出了直销银行品牌，之后持续推进直销银行建设发展工作，取得了阶段性发展成效。

1. 创建直销银行组织机构。2014年初，总行组织机构改革时，专门设立了独立业务条线——直销银行总部，作为事业部由一名行级领导分管。

2. 深化与ING战略合作。在加快直销银行发展的同时，北京银行积极深化与ING的合作，学习其在这一领域的成功国际经验。2014年，北京银行与ING联合聘请外部专业机构合作开展了战略规划项目，对直销银行发展愿景、战略路径、组织体系和财务目标进行整体规划，明确发展方向和建设任务。2015年，双方联合完成了直销银行IT架构建设规划项目，对直销银行IT架构规划和业务流程、产品规划等进行顶层设计，为双方合作建设直销银行系统平台和探索中国直销银行商业模式奠定了坚实基础。

在业务方面，北京银行直销银行目前已推出网站、手机、微信、电话“四位一体”的线上服务渠道，客户可足不出户办理各类业务，方便快捷。秉承“简单化、标准化、特色化”的产品设计和服务理念，围绕存、贷、汇、付最基础的金融服务，北京银行直销银行设计了“更惠存、更慧赚、更会贷、更汇付”四大产品体系，各具特色，满足客户多样化金融需求。

（二）发展难点

1. 政策方面。随着互联网金融业务份额的不断提升，传统银行受到极大的冲击，大量客户资源流失，主营业务不断弱化，收益不断缩小。面对如此情况，在政策层面国家需要尽快加强对互联网金融的监管和风险管控，使传统银行和互联网企业站在同一起跑线上发展。一是制定互联网金融的准入门槛，从根本上保证金融有序，公平竞争；二是完善信息披露制度和监管报送制度，进行反洗钱监管等；三是加强信息安全管理，确保客户信息安全。

对于直销银行来说，最大的难点是独立运营。由于目前没有发放直销银行法人牌照，国内直销银行多以母行内部门的形式运作，因此存在定位不清、与零售业务存在竞争等问题，影响直销银行可持续发展。

2. 业务模式方面。直销银行的业务模式已经较为清晰，即通过互联网渠道为客户提供服务，不设实体网点。目前，制约这一业务模式快速发展的“瓶颈”是科技开发能力不足。由于不能独立运营，直销银行科技开发项目多由母行统一管理，传统的项目管理存在流程复杂、效率低的特点，不利于快速响应市场需求。

四、政策建议

首先，互联网金融是互联网技术和金融跨界结合的新兴事物，经过近几年的蓬勃发展，互联网金融市场参与主体迅速扩大，涵盖了信息技术产业、银行业、证券业和保险业等复合领域，对分业监管模式提出了很大挑战。从国家层面上看，需要建立横向部级协调机制，共同促进互联网金融健康有序发展，引导互联网金融服务实体、服务小微，完善我国多层级金融服务体系。

其次，随着互联网金融的发展，互联网金融的业务范畴迅速扩大，业务主要包括第三方支付、网络理财、网络保险、P2P 网贷、众筹融资和网络资产转让等。现阶段需从全面金融监管的战略高度，理顺各类互联网金融模式的业务范围，明确各业务范围的监管主体、监管对象和监管内容，加快互联网金融监管体系的搭建。

再次，国内对于银行、证券和保险的监管体系和法律法规已经较为成熟，但对于新兴互联网金融业务法律法规存在较大空白。由于互联网金融缺乏有针对性的法律法规和相应监管，近期互联网金融平台挪用资金、跑路破产等风险事件频出，既不利于互联网金融自身的发展，也影响整个金融体系的稳定。因此，亟须完善互联网金融的法律法规，强化市场准入，防控互联网金融风险。

最后，互联网金融在我国的风险防范与欧美的重要区别在于信用体系建设上，欧美国家为了顺应互联网经济和互联网金融的发展趋势，通过几十年的建设，已经形成较为完备的社会信用体系。我国现阶段还不具备欧美等发达国家完善的社会信用体系和征信系统，需要大力推进社会信用体系的搭建，为互联网金融的发展营造良好信息信用环境。

总之，亟须从国家金融安全以及全面金融监管的战略高度，加快互联网金融监管体系的搭建，加快立法进程，加强互联网金融信用体系建设，加快形成既鼓励创新、促进发展，又监管适度、确保安全的互联网金融生态。

北京银行针对互联网金融企业和直销银行的发展，提出以下几条具体建议：

一是将互联网金融纳入监管体系，减少无序竞争、违规操作，鼓励整个行业有序、健康、可持续发展。如提升电商企业开展金融业务的门槛，并对其后继运营情况进行实施监控，限制违规操作。

二是明确相关政策，如明文规定直销银行的定义和运营模式，并对经验成熟、运营规范的试点单位颁发法人银行牌照，以减少政策真空，规范行业发展。

三是对部分制约互联网金融快速发展的政策予以修订，如首次购买理财产品必须赴网点进行风险评估等，并对远程开户的可行性予以充分研究论证。

五、发展趋势

互联网金融依托互联网的虚拟经济环境，在支付、理财和融资等金融服务上作出了大量创新，对建立普惠金融、服务小微客户、弥补传统金融服务的不足发挥了重要作用，将成为多层级金融服务体系的有效补充。未来，互联网金融的发展将逐步进入成熟期，经营更为规范。国内商业银行在金融改革不断深化的大背景下，也会将互联网金融领域作为新的竞争蓝海，不断加大资源投入，发展以直销银行为代表的互联网金融业务。在与互联网企业的竞争中，商业银行将充分发挥其运营稳健、风控能力强、产品丰富的优势，为整个互联网金融领域的可持续发展作出贡献。从总体来看，互联网金融与商业银行的竞争合作将长期存在、互为补充，推动整个行业健康发展。

地方性商业银行发展互联网金融业务的探索

北京农商银行董事长　王金山

近年来，以阿里、腾讯、百度为代表的互联网企业，基于海量的互联网客户和创新的互联网思维，推出线上支付、网络理财以及网络借贷等相关金融服务产品，向商业银行传统业务领域不断渗透。互联网金融企业事实上正在成为中国金融体系中的一支不容忽视的新生力量，不仅推动了竞争格局从传统的同业竞争演变成为同业与跨业竞争并存，也在很大程度上促进了中国商业银行加快转型发展。

一、对互联网金融发展的几点认识

前两年，以余额宝为代表的互联网金融产品以其便捷性和高收益的优势，吸引了大批年轻客户，不仅切分了商业银行最为看重的低成本活期储蓄存款，更是对新形势下商业银行长期倚重物理网点的传统经营模式带来有力冲击。

（一）互联网金融发展与商业银行密不可分

近几年具有明显影响力的互联网金融产品主要集中在支付结算类、融资类、投资理财保险类等，这些产品仍然是商业银行传统业务的衍生，而且其业务发展在相当程度上仍依赖商业银行提供的基础服务。

（二）互联网金融发展的核心优势在于创新

互联网金融的优势不仅在于移动互联网、云计算和大数据等信息技术成果的创新应用，更在于将创新的互联网思维运用到产品设计、服务渠道和营销推广上，这也是对商业银行的最大冲击和启迪。

（三）互联网金融发展已经成为当前商业银行零售业务转型发展的“催化剂”

事实上，面对近年来互联网金融的快速发展和渗透，商业银行一直致力于网上银行、手机银行、自助银行、直销银行业务的创新发展，并取得了长足进步，不仅功能日益丰富完善、人性化和便捷性大幅提升，而且业务交易量持续增长，基本能占到全部业务量的70%～80%，甚至更高。

（四）互联网金融发展促成了地方性商业银行提速发展的良好机遇

面对国有大型银行和全国性股份制商业银行既有的传统优势，地方性商业银行受制于经营地域、业务资质、客户基础等因素，经营发展相对较为被动。商业银行经营的实质是经营客户，互联网金融的蓬勃发展使广大客户尤其是中青年客户的金融消费理念和方式发生了显著变化，使商业银行重新站在创新发展的同一起跑线上，取胜的关键在于能否把握住发展机遇。

（五）融合互联网是商业银行经营发展的必然趋势

目前商业银行网点柜面业务量的持续走低，也在某种程度上反映出物理渠道获客能力的下降，更加凸显物理网点的高成本劣势。尤其是在当前利率市场化改革已经完成、主要依靠存贷利差的传统经营模式已经难以长时间持续的背景下，应用互联网技术变革、升级商业银行的经营模式和增长方式显得更为紧迫。

二、互联网金融对北京农商银行业务带来的冲击

作为北京唯一一家物理网点全面覆盖全市 182 个乡镇的金融机构，北京农商银行的客户群体主要分布在城区四环以外和 10 个郊区县，上述区域也是北京农商银行的传统优势区域。从 2012—2014 年个人金融业务的总体情况来看，北京农商银行储蓄存款、客户资产规模仍在稳定增长，客户资产中投资类产品销量逐年提升。互联网金融对北京农商银行的影响呈现以下特点。

（一）个人客户总量变化不明显，但储蓄存款定期化趋势明显

造成这一现象的主要原因：一是北京农商银行在城区四环以外和 10 个郊区县具有人缘、地缘和网点等传统优势，品牌认知度和市场占有率较高。二是北京农商银行年轻客户占比不高，中老年客户群体大部分厌恶风险，对互联网金融认知度的敏感性具有滞后性，社会对互联网金融的宣传虽然广泛，但对北京农商银行客户群体的影响度低于社会平均程度。三是类余额宝等产品的出现，以便利的支付方式和较高收益吸引部分活期存款转化为类余额宝产品，加上定期存款相较于其他灵活的金融产品具有相对收益高、风险较低的优势，导致了定

期存款占比持续走高。但从整体来看，互联网金融的业务规模和客户数量的快速增加，对活期储蓄的分流日益明显，北京农商银行付息成本持续走高，互联网交易习惯已经在年轻客户群体和城市客户群体中普及，对北京农商银行未来业务发展和客户结构转型发展带来不小的影响和压力。

（二）电子渠道替代作用凸显，业务从线下转移线上趋势加快

一是电子渠道逐步成为客户办理业务的主渠道。随着电子银行渠道的快速发展，以及企业网银、个人网银、手机银行等产品功能的不断丰富，柜面业务替代稳步提升，已达到近 80%的水平。

二是个人网银交易量呈现增速减缓的趋势，手机银行逐步成为客户首选渠道。从数据分析情况看，手机银行的交易笔数、交易金额快速增长，交易量可能在 2015 年末或 2016 年初超过个人网银，成为客户新的最重要的交易渠道，个人客户交易偏好向移动端转移的趋势明显。

三是客户逐渐开始接受甚至依赖互联网带来的业务处理便利模式。尤其是移动端渠道的重要性日益凸显，顺应客户交易习惯的变化、提供更多便捷的互联网金融业务、提升客户服务水平显得更为紧迫。

（三）获取客户资源较为被动，客户维护效率和成本面临明显压力

一方面，在获取新客户上，互联网金融对于首次建立关系的客户，仅仅需要简单的身份认证即可建立客户关系，从操作的便利程度上、时间花费上、物理空间体验上都与传统银行业有着很大程度的不同，北京农商银行依靠物理网点获客的传统模式面临较大压力。

另一方面，在存量客户的维护上，互联网金融利用大数据处理技术对客户的信息进行自动处理，实现对客户信息及风险的识别，而北

京农商银行主要依赖于客户在银行的预留信息和客户经理对客户的熟悉程度，效率不高、成本压力较大。

三、北京农商银行互联网金融发展的应对策略

作为一家拥有6000亿元资产规模的中等商业银行，面对极其深刻变化的外部经营环境和激烈的同业、跨业竞争态势，北京农商银行必须树立更加紧迫的危机意识和机遇意识，紧抓“互联网+”金融带来的转型发展机遇、实现“弯道超车”。

（一）制定实施“互联网+”金融发展战略

一是强化战略组织推动，成立由主要行领导担任组长的互联网金融业务推进小组，积极推进全行各业务条线进行互联网金融业务的创新，形成业务发展合力。

二是在原有电子银行部基础上成立网络金融部，发展方向不再局限于电子渠道建设和产品的电子化，而是更多地利用互联网技术与思维方式，整合改造现有的银行产品与服务模式，构建北京农商银行线下智能化、线上互联网化的服务双渠道。

三是顺应互联网金融的发展趋势，在传统软件项目管理的基础上，推出快速开发的模式，提高工作效率、缩短项目实施周期，以适应互联网金融产品快速上线的要求。

（二）着力打造具有特色的互联网金融产品体系

一是立足服务“三农”，打造“凤凰乡村游、绿色农产品、鲜花绿植”为主要特色，集产品在线展示、购买、预订为一体的网上商城宣传推广平台。

二是立足服务社区、服务百姓、服务小微，打造基于 O2O 模式的移动互联网金融产品——“社区 e 服务”，汇集生活超市、餐饮外卖、家政服务、美容美发等社区生活服务，以及投资理财、生活缴费等日常金融服务，实现足不出户即可享受社区周边的商业服务与金融服务。

三是积极适应移动金融服务新趋势，着力打造手机银行、微信银行和手机交易宝等产品，不仅为客户提供账户查询、转账汇款、投资理财、缴费充值、收款结算等金融服务，还搭建一个提供便捷服务的业务平台和低成本的业务宣传窗口。

四是推出余额理财产品——“凤凰宝”，发挥投资起点低、收益较高、资产变现快的优势，着力应对类余额宝等产品冲击，巩固和扩大客户基础。

五是着力打造直销银行。一方面，立足金融直销，打破现有网上银行封闭化的产品展示方式，将金融产品以更加直观的方式展现给客户，并提供方便的购买方式，从而面向互联网客户群体实现基于网络的直接销售，逐步实现基于互联网服务全国客户的业务目标；另一方面，借助移动互联网，实现银行业务的预处理，尤其是对于对公客户，通过网上营业厅相关的预处理模块将相关业务在银行系统进行预先处理，让客户来到网点后仅需几分钟就完成业务的办理，大幅提升客户服务体验。

（三）推进物理网点智能化改造

在利用互联网技术不断提升线上服务水平的同时，以品牌宣传、智能服务为主要目标，并结合北京农商银行服务“三农”和网点转型的需要，建设具有北京农商银行特色的智能银行。

一是在客户体验上，真正把网点转型、流程再造、后台集成和创新技术有机结合，建成具有标志性意义的智能银行。

二是在可操作性上，与现有流程、系统有效对接，展示品牌形象的同时兼顾业务发展，讲求实用、实效，把电子渠道各种新功能和多年创新成果集中运用到智能银行中。

三是在发挥传统优势上，利用网点数量多、分布广泛的优势，强化传统物理渠道的电子化功能建设，着力提升客户服务体验，增强网点获客能力。

四、应对互联网金融值得关注的问题

银行业是经营风险的行业，其面临着严格的金融监管，要满足资本充足率、存款准备金、超额准备金、流动性等一系列的要求，同时在内控合规、外部审计等各个领域都有严格的管理要求。而互联网企业开展各项金融业务，目前包括支付结算、投资理财等各类零售银行业务，其面临的监管不像银行那样严格。监管的不对称情况可能会引发一些问题：一是商业银行在与互联网金融企业的竞争中，产品创新处于相对被动地位，客观上制约了商业银行应对互联网金融发展的竞争力。二是目前互联网金融业务体量已经足够大，除流动性风险、信用风险、声誉风险等传统金融风险以外，还存在信息泄露、信息系统风险等新的风险。三是目前互联网金融参与者多是普通民众，在客户缺乏金融知识和风险意识淡薄的大环境下，一旦发生互联网金融平台问题，会更容易发生群体性事件。

整合线上资源　打造特色服务平台

杭州银行北京分行行长　郭　瑜

随着互联网技术的渗透与互联网金融的崛起，带来了资金渠道、支付方式、用户习惯等多方面的重大变革。互联网金融的野蛮生长，在颠覆传统的同时，也促使传统银行加快互联网金融布局，主动适应互联网金融新时代。

一、互联网金融对银行业务带来的冲击

（一）银行资金流方面

互联网金融时代的到来，将银行业务逐渐从线下搬到了线上。第三方支付、P2P 小额信贷、众筹融资、新型电子货币等的兴起，搭建了资金供需双方的直接交易通道。其中，第三方支付的快速发展正在逐步弱化并试图替代商业银行支付中介功能，但从传统银行的庞大规模来说，互联网金融对银行的资金流冲击影响有限。全国银行业存款近年来都保持了较快的增长。杭州银行北京分行储蓄存款也逐年保持了持续增长趋势，增量及增速均保持相对较高的水平。

（二）客户群方面

1. 电子渠道分流业务，大型客户寻找线上机会。2013 年，杭州

银行适时推出手机银行、个人网银 3.0 版本和小企业网银 IPAD 版本，获得了客户的认可。从 2014 年开始，北京分行大力推行网上银行，各支行开通电子渠道客户数量显著增加，客户的电子银行使用率逐年提升，目前北京分行网银使用率从 2012 年的 43.22%增长到 78.08%，客户电子银行业务使用黏性进一步增强，交易替代率显著提高。杭州银行北京分行电子银行交易替代率见表 1。

表 1　　杭州银行北京分行电子银行交易替代率　　单位：%

	2012 年	2013 年	2014 年
电子银行交易替代率	43.22	73.64	78.08

杭州银行北京分行的公司条线存、贷款客户数总体趋势稳中有升，目前，北京分行绝大多数公司条线客户仍以银行渠道作为主要融资和现金管理的核心模式，短期内对公板块受到互联网金融的影响不明显，但从中长期看，优质客户对利用互联网平台获得更好的金融服务有较大的潜在需求。有部分上市公司等大型客户已经在考虑搭建自己的互联网金融平台。

2. 信息传递方式变革，传统客户流失信号初现。一方面，在互联网飞速发展的当下，金融体系与互联网的结合给信息源与信息传递带来了巨大变革。以小微客户为例，随着 B2C 的快速发展，越来越多的年轻小微企业主开始逐步通过互联网平台进行商品分销，与此同时，他们也越来越多地接触到互联网金融平台，一批思维较为前卫的小微企业主已经将融资平台转至了互联网金融平台；另一方面，互联网金融带来的信息源变革也促使银行开始转变传播信息的方式，以便能更快、更好地满足客户需求。例如，通过微信、微博等网络平台与客户沟通，以此拓宽潜在客户群体；同时，各银行开始加大对银行服务 APP 功能的开发，增加各种人性化增值服务，以满足不同的客户需求。

3. 客户结构差异化大，对银行支付及收单业务方面影响有限。目前，杭州银行北京分行收单业务主要采取专业化服务公司整体外包和自有电话 POS 机具维保外包两种形式。由于北京分行在京收单业务的行业分布以批发类商户为主，与当下大部分第三方支付机构注重于线上购物平台的业务侧重点、涉及收单机构的业务模式有所区别，第三方支付机构在费率层面的优势，对于北京分行现有收单业务暂未产生可统计的冲击与负面影响。

二、杭州银行互联网金融发展现状

（一）融入互联网金融发展趋势，坚持“网上走”战略主张

杭州银行总行所在地浙江省杭州市是全国互联网金融发展最为活跃的地区之一。总行对互联网金融的发展一直给予高度重视，积极融入这一发展趋势，并将“网上走”作为全行中长期发展纲要的一项战略主张。

在传统银行板块经营过程中，杭州银行对互联网金融的重点领域和重点产品开展了积极探索。总行专门成立了产品组，负责产品开发和维护，积极推动互联网金融方案的落地实施，目前，杭州银行正在整合现有网上银行、手机银行、“e+家生活圈”等金融生活应用服务，减少重复交叉功能，以统一账户将上述服务集成于同一平台，建立涵盖信贷、理财、支付、缴费、购物等服务模块的一站式金融生活超市 PC 端和移动端。

（二）加快互联网金融领域创新，积极推动线上产品落地

杭州银行推出了网上商城“e+生活圈”（www.ejsh.com.cn）、无

卡取现、手机 APP、微信银行、杭银直销等服务，完成了“招财宝”等互联网金融创新领域产品的正式落地，互联网平台资金存管业务相关服务方案也即将出台。同时，北京分行还积极配合总行做好创新产品的营销推动工作，在总行推出的网银“秒杀”专属理财产品时，积极引导客户通过互联网购买金融产品，让客户习惯使用网银。

1. 电商平台建设情况。杭州银行于 2014 年推出的新一代银行网上商城“e+生活圈”，是集跨境购、积分商城、本地生活、社区金融于一体的综合电子商务平台，主要致力于社区金融服务开发，并从事各类特色商品和服务的在线销售和综合积分兑换等服务。杭州银行新网上商城自推出以来，全行社区金融服务已覆盖 20 多个小区，“社区一卡通”发卡超过 50000 张，并上线了专门的手机应用，为社区居民提供全方位多层次的金融服务与生活体验。

与此同时，“e+生活圈”逐步引入特色商户，不断丰富商城销售的产品种类，已初步形成以“跨境购”为特色、价格具有竞争力的网上商城。跨境贸易电子商务的形式，大大缩短了海淘的流程，使顾客能够在线购买全世界的优质商品，由于物流和运输成本的大大降低和税收流程的简化，顾客拿到手的商品价格将会非常合算，时间会更短，大大提高了购物体验。

除 PC 端外，2015 年上半年还开发并上线了“e+生活圈”手机 APP，为客户提供更为便捷的使用体验。

2. 互联网金融创新研发产品服务情况。

（1）支付方结算。目前，杭州银行已推出无卡取现、手机 APP、微信银行服务。

一是无卡取现业务。通过杭州银行网上银行、手机银行进行取款预约，凭预约编号和密码在杭州银行存取款一体机和取款机上实现无介质情况下的小额取款功能。目前单日各渠道可预约支取的最高额度为 2 万元，支持在最高额度内的多次预约。

二是手机 APP。杭州银行目前开发推出“杭州银行手机银行”、“杭银钱包”、“杭州银行企业版”、“杭州银行直销银行”、“e+生活圈”五个手机 APP。

三是微信银行。杭州银行微信公众服务号全称为“杭州银行”。杭州银行微信银行向客户提供两类服务：一类是产品介绍、活动推广、业务咨询、网点查询等服务类功能；另一类是账户管理、信用卡业务、理财业务等交易类功能。目前微信银行绑卡客户达到 48000 人以上，关注客户超过 150000 人。

（2）小额网贷。随着电商行业的迅猛发展，电商小微企业普遍存在快速小额融资、解决资金周转难的需求，杭州银行在 2014 年看准这一时机，以小微条线微贷卡产品为依托，通过与浙江电融数据技术有限公司的合作，试水电商行业，取得较好效果。在未来，杭州银行将针对小微电商客户建立数据库，完成数据接口，使杭州银行今后能够自主存放、分析相关数据信息，并且逐步建立杭州银行的贷款在线申请平台，最终实现模式营销、业务流程及数据采集分析的突破。

（3）借记卡闲置资金 7×24 小时开放性理财。杭州银行的“幸福添利”产品，在杭州银行直销银行上可进行 7×24 小时的销售。

（4）其他服务或产品。杭州银行公司条线目前已经推出了基于互联网 P2B 平台合作的招财宝产品。该产品以杭州银行为渠道，向上海招财宝金融服务信息有限公司下设的招财宝平台推荐优质低风险资产（包括全额存单质押融资、银行承兑汇票贴现融资等品种），资产经保险公司提供保险增信后，通过招财宝平台向个人投资者挂牌出售。该产品既高效地解决了杭州银行客户的低风险融资需求，又节约了杭州银行的信贷资源。目前主要针对单户规模在 5000 万元以下、融资期限一年以下的需求营销。

3. 直销银行布局。直销银行主要依托于互联网和移动互联网，不再依赖于线下实体网点，客户通过简单、便捷的操作即可完成购买。

最直接的表现就是个人客户开设账户不需要到柜台，不受空间和时间的制约，可实现在线开立账户和在线投资、转账、交易、理财产品和货币基金的购买。

杭州银行直销银行于 2014 年下半年推出，（以下简称杭银直销，网址为 https：//www.hyzxyh.com.cn），在产品定位上力求简单便捷、安全稳健，涵盖理财、基金、个人消费信贷、定期储蓄等方面。客户注册成功后，可在杭银直销银行上购买理财、基金、办理储蓄存款、申请消费贷款，目前主推产品有幸福添利、幸福乐存、幸福易贷、基金超市、理财超市、途牛保证金等。

（1）幸福添利。幸福添利是杭州银行通过与易方达基金公司合作为投资者提供的金融产品服务。目前幸福添利提供易方达天天理财 A 货币市场基金（000009）的快速申购及快速赎回服务。

（2）幸福乐存。幸福乐存是杭州银行提供的一款人民币储蓄增值服务产品。该产品既可享受活期存款的灵活支取，又可根据存款期限享受通知或相应定期存款的利率回报。该产品存期约定为五年，开户时起存金额与账户留存金额不低于 1000 元，可多次、部分提前支取。

（3）幸福易贷。幸福易贷是杭州银行针对具有稳定收入的客户量身打造的信用贷款产品、免抵押、免担保、循环使用、支取方便，满足用户家庭消费周转的需求。

（4）途牛保证金。途牛保证金是杭州银行与途牛旅游有限公司推出的在线办理保证金与存款证明的业务，以快速周到的服务流程为线上客户提供旅行金融支持服务。

杭州银行将继续推进线上产品开发，加快高端产品的线上化，加强与互联网平台机构的合作，互联网金融将实现变革，关注移动支付等互联网技术，整合现有金融生活服务，提供具有特色的综合性专属金融服务。

三、传统银行应对互联网金融浪潮的困难

（一）政策方面

随着系列政策的出台，监管层对 P2P 信贷、投资理财等业务进行了定位，互联网金融业务的边界越发清晰。但在相关指导意见中，互联网金融的资金明确由银行进行第三方存管，如有网民在 P2P 贷款中被骗，很有可能会对第三方存管银行提出赔偿要求，此类事件将可能给银行带来较大的声誉风险与经济损失。因此，监管层应在政策法规方面对相关责任做进一步理清与明确。

（二）业务模式方面

互联网金融的主要业务模式有三类：第三方支付、网络信贷、众筹融资。第三方支付的快速发展正在逐步弱化并试图替代商业银行支付中介功能，而借贷模式、众筹融资模式发挥了互联网信息传播速度快、融资信息透明度高等特点，其目标客户群正逐步向供应链、小微企业等融资领域扩张，而传统银行因更严格的风险控制和流程要求而受到限制，现有的模式在资源利用、客户体验等方面还有很大的优化空间。

在电商平台方面，现各大知名网商竞争激烈，银行盈利困难凸显。电商平台搭建成本高，开发周期长，大型电商网站通过前期的不断研发与改进，无论在客户来源、商品供应链上下游资源方面，还是在客户体验方面，都已占得先机，并形成了较为成熟的模式。银行在电商平台方面客户群体小、客户交易规模小、商户的增长速度较慢，难以形成规模效应并实现盈利，尚不能比肩大型电商网站。

（三）技术人才方面

互联网金融是综合性较强的业务，对金融和 IT 的专业性人才要求较高，综合性人才是互联网金融发展的重要因素。目前银行普遍缺乏具有互联网产品开发能力与经验的人才，而以网络起家的新兴互联网金融公司却在开发性技术人才方面具有天然的优势，且其人才的引进市场化程度相对较高，高竞争力水平的薪酬对金融人才的吸引，也使得新兴互联网金融公司在人力资源方面颇具优势，这无疑对传统银行形成了更大的压力。

（四）其他

传统银行与互联网金融渠道的融合需要时间磨合。客户对于通过互联网平台融资仍然存在一定的顾虑，需要一个认识、熟悉和接受的过程。互联网金融平台在产品设计方面对规模有比较严格的限制，目前还只能针对融资需求规模较小的客户开展营销；另外由于互联网金融大多采用一对多模式开展投融资对接，给客户的融资成本带来不确定性，在融资规模、时间等方面也在一定程度上有别于传统银行信贷，客户接受有一定难度。

四、对未来互联网金融与商业银行竞争态势和融合发展前景的预判

随着金融业务牌照化监管的逐步放松，未来互联网企业进攻的主要路径，预计将包括银行牌照、虚拟（实物）信用卡、谋取风险定价技术、获得征信体系支持等。对于银行来说，给互联网企业发放银行

牌照，与银行接受相同的监管、公平竞争，未来互联网金融与商业银行将是合作潜力和竞争压力并存，并且将逐步融合，使互联网金融成为商业银行的重要组成部分。

随着竞争与融合的推进，平台将成为所有有志于互联网金融的金融企业、非金融企业的竞争焦点，银行的同业竞争可能成为互联网金融行业竞争的主要形态，跨界并购、跨界合作，将是未来互联网金融竞争的常态。同时，互联网平台也为银行业务发展打开了新思路，商业银行公司业务从传统的信用中介盈利模式向服务中介盈利模式转变，实现互利共赢。

互联网金融的竞争才刚刚开始，未来存在很多变数，商业银行必须要前瞻性地判断互联网企业的竞争策略，未雨绸缪，提前应对。

五、对发展互联网金融的政策建议

背靠 IT 行业，互联网金融的风险管理措施主要依靠大数据提供的建模分析，这在数据数量和质量足够理想的情况下具有迅速、客观和标准等优点，但从全球银行近百年的经营历史看，大中型客户的风险管理需要有大量的专家判断和流程控制作为基石，数据分析提供的更多是参考和佐证。基于上述分析，提出以下建议：

一是加快相关法律法规出台，提高对互联网金融行业的风险管理要求和披露要求，形成对互联网金融行业的明确界定，以及对行业准入、业务规范、违法惩处、退出机制等一系列规定，使行业机构有遵循的标准，监管机关有法可依，有法必依。

二是强化对互联网金融行业的风控要求，实施分类管理。面向零售客户和小微客户的资产对接，建议以科学、合理的量化分析方法作为最低风险管理要求，并配套相应的定期监管检察机制；面向大中型公司客户的资产对接，建议与银行、评级公司等专业机构开展实质性合作；由金融机构增信的资产业务可以适当放宽标准。

三是完善信用体系建设。目前互联网金融上的信用记录与人民银行征信系统的信用记录是相互隔离的，不同 P2P 上的信用记录也是相互隔离的，为了进一步提高金融市场资金配置效率，建议建立一个综合性的征信体系，将信用记录汇总在一个数据库中。

四是加强互联网金融投资者权益保护。应适时出台相应的互联网金融投资者权益保护的法律制度，建立互联网金融投资者投诉受理渠道，同时要加强互联网金融投资者教育，提高其风险意识和自我保护能力。

五是加强行业自律。建议建立行业自律组织，制定必要的行业标准，规范从业行为。

借力互联网金融　力争弯道赶超

江苏银行副行长兼北京分行行长　张荣森

近年来，互联网金融不断兴起，这是互联网技术和思维对传统金融的一场深刻变革，有望促进金融行业的改革和提升，将在一定程度上改变金融行业的竞争格局和制胜要素。随着互联网金融业务的发展，每一家银行都在思考自身的定位和发展模式。

江苏银行作为我国中小城市商业银行，2013 年主动抓住发展互联网金融的契机，提出“弯道赶超”的战略思维，积极布局互联网金融业务，从组织架构、产品服务、渠道建设等多方面逐步推进。江苏银行北京分行在总行的战略指导下，立足于本土化经营，积极推动互联网金融业务的落地，力争实现跨越式发展。

一、积极布局互联网金融

随着“互联网+”浪潮的推进和演化，互联网对金融业的重构效应越发明显，金融同业正不断加快互联网金融建设，江苏银行也积极布局互联网金融业务。

（一）创新直销银行

自 2013 年以来，中小银行积极创新直销银行业务，截至目前已超过 30 家。作为银行探索实现互联网化金融的重要载体，直销银行利用信息技术，凭借其纯线上、全天候、高效便捷的特点，提供更贴近客户需求的金融服务，更好地服务广大网络客户，从而占据互联网世界的一席之地，成为银行体系的有益补充。直销银行是中小银行通过互联网抢占大型银行存量客户资源，另辟蹊径地实现弯道超车的重要载体。

江苏银行于 2014 年 8 月 8 日正式推出直销银行，江苏银行直销银行旨在建设一个“无砖”的纯网络银行，在覆盖 3 个主要互联网渠道，即移动应用（APP）版、移动网页（WAP）版和个人浏览器（PC）版的基础上，为客户提供纯线上、全天候的金融服务。作为纯线上的网络银行，江苏银行直销银行拥有银行与互联网的双重基因，在操作体验上追求简洁、快速和方便，具有以下特点：

一是江苏银行直销银行是国内首家在客户身份验证体系中成功运用人脸识别技术的银行，通过利用权威的全国公安联网核查系统充分保证客户身份信息的真实性，有效规避了传统的身份验证信息泄露带来的账户资金交易安全风险，在为客户建设高收益理财平台的同时，提供全方位、多层次、宽角度的安全服务体系。

二是江苏银行直销银行积极开展业务产品创新，如前瞻性地搭建安鑫融平台，使江苏银行成为首家实现小企业授信的线上融资功能的直销银行，引领了直销银行建设资产交易平台的风潮，同时该业务也为中小业务资产出表拓展一个新的渠道。

三是江苏银行直销银行本着精心的产品设计理念，在业内首创性地打造以转让交易为特性的资产流转平台，建立了基于客户流动性需求的二级市场，基于客户供求关系形成客户自主定价，在刺激客户交易参与性方面有积极作用。

四是江苏银行直销银行高度注重客服体验，是业内首先集成了智能客服机器人的直销银行，主要是以视频认证辅助身份识别技术，通过借助信息技术和数据分析模型的力量，有效挖掘和满足客户金融服务需求，打造以自助服务为特征的互联网智能银行。

江苏银行直销银行以较为优秀的客户体验，满足了客户的投资、理财、消费、贷款等需求，在市场上获得了一定的认可。截至2015年9月，江苏银行直销银行客户数突破150万户，交易量累计超过2300万笔，交易金额达到7000亿元，日均交易量105万笔，占全行全渠道日均交易笔数的37%；开鑫盈累计申购金额即将突破1000亿元大关。

未来，江苏银行直销银行将继续坚持独立经营、构建可持续商业模式的目标，打造不一样的直销银行：

一是独立经营。在组织架构、产品体系、用人机制、运营体系、文化建设等方面，借鉴互联网金融企业的成熟经验，通过有别于传统银行的、完全市场化的运作来获得市场的认可。

二是可持续商业模式。通过持续探索，形成独特、可持续、健康的商业模式，以“强化内部能力，拓展外部合作”为指导，以“银行的电商”为目标，做大资产交易量，资金结算量，逐步建立产品代销/输出、支付输出、交易结算、授信等多样化的盈利模式。

三是打造不一样的直销银行。充分利用江苏银行资源禀赋，结合互联网产品、运营、合作开放等思维，继续发掘直销银行的特色化、差异化发展道路，真正打造不一样的直销银行。

（二）打造大数据平台

2015年初，江苏银行制订了大数据建设方案，将大数据应用提升到全行发展的战略层面。经过半年多建设，初步打造了“融创智库”大数据平台。

“融创智库”大数据平台是基于 Hadoop 的开源式的大数据分布式处理技术平台，可以替代传统的数据仓库，支持海量数据的存储和高速运算，在内外部数据整合、历史数据查询、数据存储计算等方面颇具优势。“融创智库”大数据平台是一个开放共享式的平台，不仅可以供江苏银行各个业务部门及分行使用，还可以供子公司、金融机构及高校、机关及社会团体使用。

“融创智库”大数据平台是一个O2O（online to offline）式的平台，该平台整合了金融、社会、互联网及行内的数据，如行内核心系统、信贷管理系统、网银系统、个贷系统等几十个业务的交易数据、账户数据和客户基础数据，并以此为基础开发风险数据集市、资产负债管理集市、监管报送集市等多个内部数据集市；行外数据有人民银行、银监、工商、税务、法院、环保、海关等20余个，多达几千项外部数据字段，并运用网络爬虫技术和命名实体识别技术，抓取公共网络媒体舆情信息，形成海量外部数据集市。江苏银行建立了数据标准和数据治理体系，逐步实现了多样化、多层次的行内数据与行外数据整合、线上数据与线下数据整合、结构化数据与非结构化数据整合，有效缓解传统银行通常存在的“信息孤岛”问题。

“融创智库”大数据平台对江苏银行核心产品的研发实现了两个突破，主要表现在精准服务、风险控制两个方面：

一是依托客户数据实现精准服务，推出“e融”网贷品牌。江苏银行认为“纳税也是信用”，于2015年6月初创新推出了基于“融创智库”平台和企业纳税大数据，全线上、纯信用的网贷产品——“税e融”，小微客户仅凭缴税记录就可以在网上申请融资，在线获得贷款额度，客户从点击“申请”到贷款“入账”，最快的不足1分钟，真正做到了“让数据发声”。

目前，我们正在积极打造“e融”类系列网贷产品，通过引入税、水、电、社保、公积金、支付、结算、进销存、订单等“硬数据”，为小微企业、小微企业主、个体工商户定制不同层面的金融服务，全面解决制造类、商贸类、服务类小微企业以及广大零售客户的融资需求，构建“互联网+平台+银行”的创新融资模式。

二是在风险控制方面发挥核心竞争力。金融的核心是风险控制，风险控制的核心是解决信息不对称。通过大数据可以更好地解决风控问题。江苏银行依托“融创智库”平台，开发了基于内外部大数据的信用风险预警系统和操作风险监控系统。

信用风险预警系统通过对客户内外部数据的持续分析，挖掘客户风险特征，形成预警指标、模型和黑名单库，并运用于授信业务的贷前、贷中和贷后各环节，目前已上线了380多个预警指标，实时推送给客户经理电脑、PAD 和手机短信提示。操作风险监控系统每天晚上对当天发生的所有交易进行扫描，根据部署的两期共107个监测模型，对操作风险、数据质量、营运风险、业务预警、风险限额等多个方面进行排查，自动推送预警监测信号，并提示经办机构第二天开展核查、整改和违规积分。此外，江苏银行在反欺诈、客户评级评分、风险定价等方面也正积极开展多个大数据应用项目。

（三）重构业务架构

江苏银行总行于2015年2月对网络金融组织架构进行了调整，原电子银行部更名为网络金融部，并在网络金融部下设直销银行二级部，为在行式。北京分行网络金融归口管理部门为分行零售业务部，具体负责推动北京分行相关业务发展。

2015年9月19日，为紧跟外部发展潮流，研究市场变化，江苏银行召开“互联网金融”专题研讨会，就当前互联网金融业务的发展现状、实施路径、未来规划等内容进行研讨，并在战略上形成共识。江苏银行将加快电子银行向社区延伸并坚持能线上化的业务都要线上化，坚持直销银行的市场定位，坚持为客户打造极致的服务体验，坚持直销银行要形成平台化的生态圈，坚持线上线下的高度融合，坚持打造一支具有互联网思维的业务骨干，全面促进本行互联网金融业务发展。

二、互联网金融对分行业务带来的变化

江苏银行北京分行成立于 2010 年 4 月，成立之初就确定了“切西瓜、摘桃子、捡芝麻”的发展战略，在坚持做大做强公司业务、资金业务等传统业务的基础上，做好市场细分，积极推动互联网金融业务，着力培育新兴客户群体，提供专业服务优势。

互联网金融业务对江苏银行北京分行业务发展趋势和业务结构带来相应的变化，具体如下。

（一）负债规模不断增长，增速有所下降

2013 年 12 月至 2014 年 12 月，江苏银行北京分行储蓄时点增速上升，但是到 2015 年 8 月，增速下降明显（见图 1）。2013 年 12 月至 2015 年 8 月，储蓄日均虽然呈现继续增长态势，但是速度明显出现下降。

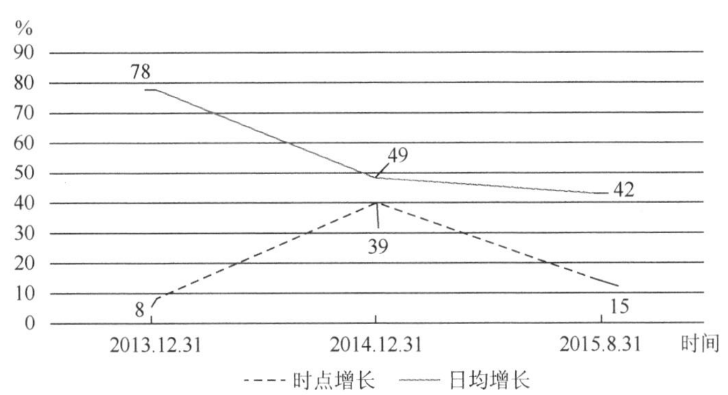

图 1　江苏银行北京分行储蓄业务发展情况

（二）个人、对公客户群增速放缓

近三年来，江苏银行北京分行个人客户数不断增长，增速不减，但是个人客户资产虽然继续增长，增速却相对放缓（见图2）。

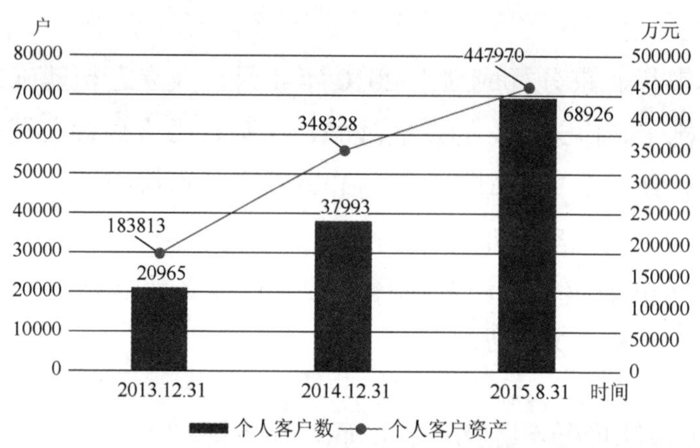

图2　江苏银行北京分行个人客户数及资产情况

从2013年12月至2014年12月，对公客户总量增长率为32%，但是从2014年12月至2015年8月，增长率降至20%。

（三）电子银行交易笔数增速较快，未来面临结构调整

江苏银行北京分行柜面业务流水量从2013年12月至2014年12月，增长率为100%，但是从2014年12月至2015年8月，不仅没有增长，反而下降了13%。但个人网银、手机银行有效户数从2013年末至今大幅新增，发展迅速（见图3）。

（四）信息获取方式发生转变，互联网营销效果显著

传统的获客方式正在发生新的转变，如何更有效地找到客户、黏

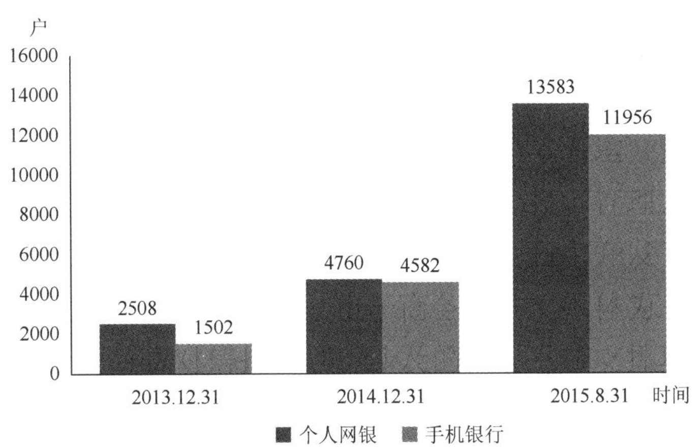

图 3　江苏银行北京分行电子银行有效户数发展情况

住客户，成为每一个银行正在重视的问题。江苏银行开发了全线上、纯信用的网贷产品——“税 e 融”，从 2015 年 6 月 3 日正式推广至 8 月末，在短短的两个多月时间里，外部获客数近 10000 户，审批通过的客户近 2000 多户，落地贷款超过了 10 亿元。

综上所述，负债规模、客户数等业务数据可以从一个侧面反映出互联网金融对传统银行业务的冲击，江苏银行借力互联网金融业务，正积极通过互联网获客，大力发展电子银行客户。

三、江苏银行发展互联网金融业务的困境

在互联网金融业务发展过程中，江苏银行也遇到较多的问题，主要是以下几个方面。

（一）文化融合较难

在文化方面，作为商业银行和互联网行业的跨界融合体，直销银行等业务要实现的不仅仅是业务营销的互联网化，更是自身战略战术、经营管理、前中后台运作、运维风控等方面的全面互联网化。不

管是银行业传统思维与互联网思维之间的妥协和矛盾，还是直销银行条线与银行内部其他条线之间的磨合协作，对于江苏银行刚刚起步的互联网金融业务而言都颇具挑战意义。

（二）跨界人才稀缺

在人才方面，互联网金融先天性的跨界融合特质决定了其所需要的人才也是跨界型的，跨界型人才需要在精通专业的同时又能够触类旁通，而这类人才正是目前国内人才市场的结构性稀缺短板。此外，互联网技术的快速更迭使江苏银行互联网金融的发展需要学习性强的进取型人才做支撑，以确保自身的创新性活力。互联网金融的快速发展脚步使得人才培养工作较为困难，江苏银行直销银行等业务发展面临着人才极度紧张的局面。

（三）资源投入巨大

在资源方面，发展互联网金融需要在业务建设、科技支持、营销以及运营维护等众多方面投入大量的人力、财力和技术资源。例如，直销银行需要财务支持来构建大量系统，需要新型技术支持来实现客户和交易的过程管理追踪，需要特有的数据型人才和风控人才来支持整体的稳定运营。银行科技的硬件资源也需要随着客户规模不断扩大而逐步提高支持能力；在随之而来的大规模数据处理能力、客户信息安全要求以及去 IOE 趋势下，国内产商是否能够支持直销银行互联化的运营，这些都需要引起重视。资源掣肘的局限可能会直接演变成为江苏银行互联网业务自身发展的局限。

（四）风险防范特殊

在风险方面，江苏银行不仅要关注银行业普遍存在的法律、合规、声誉等风险，还要防范互联网世界特有的风险，如更高的系统稳定性、连续性风险和攻击作案风险。当然，直销银行等互联网金融产品所要面临的最大风险是丧失市场机遇的风险，因此，必须要保障江苏银行产品充分契合市场导向，才能不断壮实客户群体，确保自己在市场上站稳脚跟。

四、政策建议

在互联网金融发展过程中，江苏银行深感业务发展领先于政策的制定，如与直销银行密切相关的远程开户办法暂未发布，电子账户的使用开户规范、使用场景、限制条件等因素没有定论，直销银行能否作为独立法人进行持牌经营，避免市场的混战等，这些问题均可能掣肘直销银行的发展，使直销银行处于一个尴尬的境地，错过发展的黄金时期。为加快推动互联网金融发展，我们提出以下建议。

（一）进行直销银行独立法人试点

直销银行与传统银行业存在先天性基因的不同，如果仅局限于银行体内建设直销银行，那么直销银行将会异化为第二个手机银行，从而丧失其存在的价值。直销银行必须在明确的战略支持下，冲破文化的冲突和既有利益格局的限制，成为一个独立的持牌法人银行。这个过程是一个实事求是、循序渐进的动态发展过程，需要具有活力的产权设计和构成，需要跨界型人才资源，需要强大的数据驱动能力和互联网风险控制能力。

（二）加快出台电子账户远程开户管理办法

电子账户的开户标准、操作规程、分级管理方式对于直销银行的业务发展至关重要，明确电子账户的使用场景和相应功能，有利于规范直销银行在客户身份识别、实名认证、限额控制、安全控制、客户权益保障等方面的标准，为直销银行的发展创造有法可依、有规可循的政策基础，避免因市场自由发展导致的客户权益损害，最终伤害直销银行的发展潜力。

（三）完善国家级互联网基础设施

在互联网和移动互联网迅速普及、人们生活逐步向线上化转移的背景下，期望国家尽快完善互联网生活基础设施，包括制定完善和普及的互联网安全技术标准，建立全国统一的生物特征库，整合和联网公民征信信息，开放政府部门公用事业信息，如公安交通信息、财税信息等。数据的规范、整合以及开放是互联网共享精神的体现，也是发挥大数据应用，充分发挥基础设施效用，更好地为广大互联网客户服务的保证。

创新互联网金融业务　提升互联网金融服务

南京银行北京分行行长　张　进

目前互联网金融已成为时下热门词汇之一，2012 年被称为互联网金融元年，余额宝、阿里小贷、商业银行开设网上综合商城等新业务产品的兴起，促进了互联网金融的蓬勃发展。互联网金融将传统金融行业与互联网相结合，通过互联网、移动互联网、大数据、云计算等工具，使传统金融业务透明度更强、参与度更高、协作性更好，深刻改变着商业银行的经营服务模式，对传统业务发展模式带来了冲击，同时也带来了不可错过的机遇。

一、互联网金融对银行业务的冲击

互联网金融对商业银行的冲击直接表现在对资金流方面。我们以南京银行北京分行 2012—2015 年居民储蓄各季度的时点和日均数据（见图 1）来加以说明。

2012 年储蓄业务发展的初期增幅较大，发展速度较快，随着基数的增加，增幅不断放缓。2013 年互联网金融开始兴起之后，南京银行北京分行储蓄日均的增幅进一步下降，尤其是 2013 年 6 月前后，余额宝上线之后，当季储蓄时点保持在一个较小的幅度内波动，日均则几乎没有增长。自 2014 年末，中央银行推进利率市场化，市场上各种“宝”的收益趋降，同时商业银行也推出自己的“宝”后，回流了部分储蓄资金，使得时点、日均进一步增长。

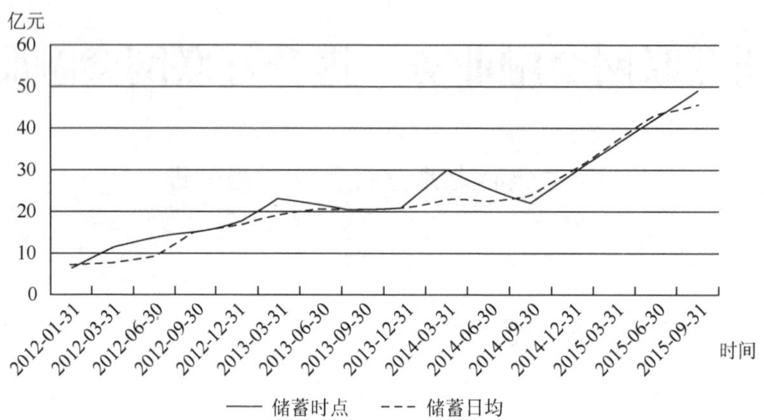

图 1　南京银行北京分行居民储蓄各季度时点、日均数据变化趋势

居民对个人资产配置始终在保证资产安全的前提下，追逐相对较高收益的产品，从图 2 可以看出银行理财产品的保有量、增幅明显高于其他资产的保有量、增幅。

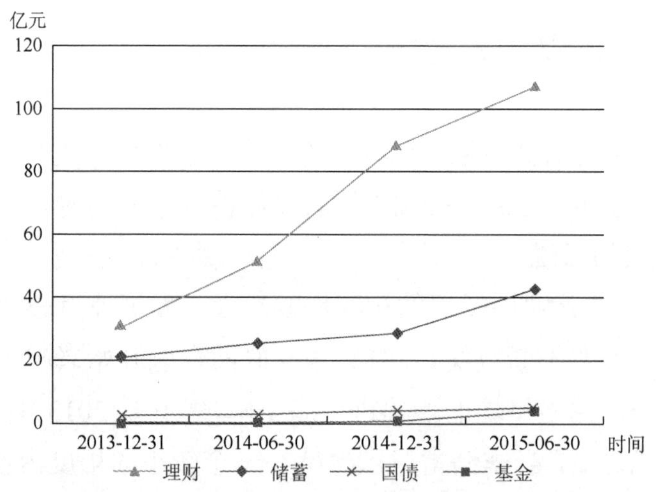

图 2　南京银行北京分行居民个人资产配置趋势

但是，在互联网金融的第三方支付平台上的价格更低、支付效率更高，有利于购买者享受更好的产品服务。互联网金融不断向金融代理业务渗透，比如汇付天下、东方财富等互联网公司的基金申购费用仅为银行承销的一半，甚至更低。从图 2 可知，2013 年、2014 年基金的申购量几乎没有增长，足见金融代理业务线上化给商业银行的代理业务带来了极大的冲击。

商业银行在面对各种“宝”或其他开放式理财产品的冲击，只有不断优化理财产品对应的资产价格，才能在提高银行发行理财产品收益的前提下，保证相对稳定的利润水平，这对银行的经营管理水平提出了更高的要求。

南京银行北京分行主要服务于支行网点周边居民，做好普惠金融服务，个人客户群体定位清晰，2012—2014 年的个人客户增量和结算量都有一定增长（见表 1）。

表 1　2012—2014 年南京银行北京分行个人客户增量与结算量情况

年份	个人客户增量（人）	结算量（亿元）
2012	13607	166
2013	16214	230
2014	34279	415

互联网金融快速发展，基于互联网、移动支付技术的日益普及和成熟，南京银行北京分行网上银行、手机银行等互联网金融工具的推广和普及，结合社会化营销手段，在一定程度上增加了个人获客，个人结算量也环比增加较为明显。

互联网金融凭借技术创新使得经济日益网络化、虚拟化和数字化，客户逐渐形成了“在线常态化、购物网络化、社交虚拟化”的互联网生活新特征。新的支付生态促使商业银行对网银、手机银行等互联网支付工具强化了用户体验和支付便捷性，从图 3 可以看出，南京银行北京分行个人客户的到店率是逐年下降的，网上银行的使用率逐年增加，两者形成鲜明对比。

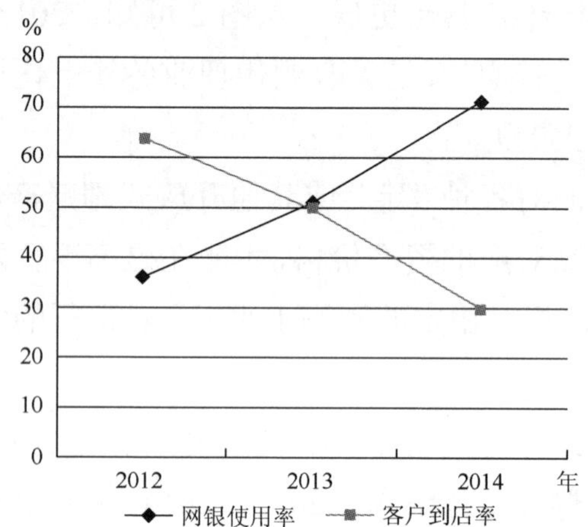

图 3　南京银行北京分行个人客户到店率和网银使用率之比较

随着互联网创新产品的不断涌现，微信红包、支付宝、扫码支付等已经成为普通人权社交、生活的重要支付工具，居民日常生活对现金的依赖性日益降低，如图 4 所示，ATM 自助机具的业务办理率逐

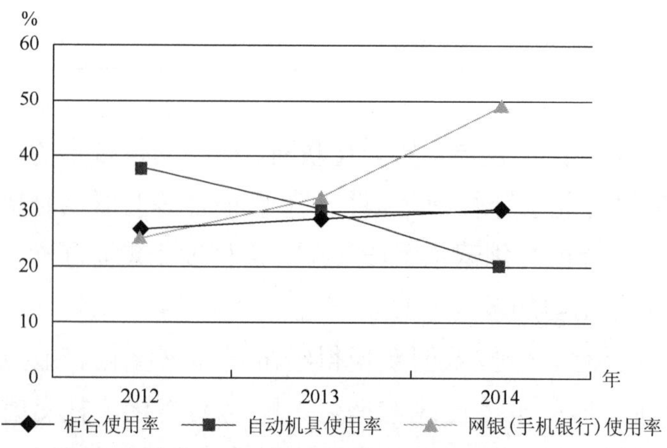

图 4　南京银行北京分行业务办理率

年下降，功能性需求不断降低，网上银行（手机银行）支付等电子渠道的业务办理率逐年提高，特别是各商业银行和第三方支付、电子商务平台的对接，网关支付交易越发重要。

在互联网金融的竞争压力下，各商业银行加快了新技术的应用，逐步超越了以往“现有业务电脑化”的认知阶段，试水移动支付等业务，以实现快捷、安全、覆盖面广、业务种类齐全作为移动支付建设的目标，同时提供生活服务、电子商务等增值服务，增强客户黏度。南京银行已经于 2015 年 8 月正式推出基于 HCE 技术的“贴鑫付”，目前处于初期推广试用阶段。

南京银行个人贷款除个人住房贷款外，还有信用类消费贷款和抵押类消费贷款。

南京银行信用类消费贷款线上申请流程自 2015 年 4 月启用，客户可以通过南京银行官方网站或者微信渠道进行贷款的申请，系统经过信息推送后客户经理根据申请信息进行跟进并按相应流程完成贷款的审批放款工作。客户可以通过官网或微信了解贷款品种和准入条件后，直接通过电子渠道进行贷款的申请。

比如信用类消费贷款客户陈先生，符合南京银行“信易贷”特定行业类——金融行业准入要求，于 2015 年 5 月中旬通过官网渠道向南京银行申请信用贷款，后台快速进行业务流转，当月通过审批并发放了贷款。

基于互联网技术，获客途径得到了扩展，获客成本大大降低，同时改造了贷款业务流程，使得业务品种更具有生命力和竞争力。

南京银行目前与 14 家第三方支付机构仅开展了互联网支付业务，线上支付业务费率一般约定在交易金额的 0.1%～0.3%。线上支付业务的开通丰富了南京银行银行卡的支付渠道，满足了客户网络消费习惯。但由于部分第三方支付公司规模巨大，南京银行较难收取支付手续费，如支付宝、财付通等机构的支付手续费目前是免收的。目前第三方支付对外的费率一般在 0.3%～0.8%，互联网转账一般不收取费用，一般客户愿意选用第三方支付，但对南京银行目前的客户基本无影响。

二、南京银行互联网金融产品布局情况

南京银行自 2014 年启动直销银行业务开始，就积极开展互联网金融的布局，寄希望通过推出南京银行的直销银行，尝试通过互联网发觉新的获客及获利的渠道。在组织架构上，由电子银行部牵头开展互联网金融业务，其中在部门内部设立直销银行相关团队，具体负责互联网金融的产品研发、业务运营和市场推广工作。待时机成熟时计划成立独立事业部。若监管政策放开，南京银行有意向申请独立的直销银行牌照，独立开展互联网金融业务。

南京银行直销银行定位与传统电子银行业务定位有所不同，是完全基于互联网为客户提供金融产品及金融服务。目前南京银行的战略合作伙伴法国巴黎银行也积极参与到南京银行互联网金融及直销银行业务的建设之中。法国巴黎银行及其下属银行在全球范围内有多个直销银行成功案例，能够为南京银行提供丰富多样的业务开展案例。

在产品方面，南京银行积极探索及设计更加适合于互联网模式的金融产品。互联网客户基数大，平均年龄较低，对金融产品的需求与传统银行客户区别较为明显，客户对金融产品的风险程度、收益情况、流动性要求、投资起点均有着较高的要求。充分调研客户需求，在业务风险可控的前提下，推出南京银行互联网金融产品“银票直融”业务，一经推出广受客户欢迎，目前已经累计销售 300 期，销售金额 1 亿元。同时，南京银行另一只互联网金融产品“非标资产受益权转让”（名称暂定）也已经进入试运行阶段。

三、电商平台建设情况

南京银行有自己的直销银行平台及在建的基于同业服务的互联金融平台，但以上两个平台尚不能属于电商平台的范畴。南京银行暂无建立电商平台的计划，因为基于南京银行中小银行的规模和定位，南京银行认为自己建立电商平台缺乏核心竞争力，缺乏相应的人才和资源，银行系电商目前少有成功的案例，南京银行目前对开展此项业务处于谨慎态度。

四、针对互联网金融的已创新研发的产品服务

（一）支付方结算

南京银行已于2011年推出无卡取现功能，通过客户绑定的手机银行及银行卡可以在南京银行自助取款机上通过动态密码进行无卡取现。

南京银行于2009年推出手机银行Wap版，2011年推出手机银行APP，目前南京银行手机银行客户42万户，较2014年增长57%，手机银行交易额1240亿元，较2014年增长458%。

南京银行于2013年推出微信银行业务，但由于用户体验及操作习惯等问题，南京银行微信银行目前只提供了查询类业务。

（二）小额网贷

南京银行目前提供的小额网贷主要包括以下几种：一是基于网上银行、手机银行的个人信用类贷款“信易贷”的放款、还款、审核等。二是基于网上银行、手机银行、直销银行、外网门户的消费信贷的申

请、审批、放款、还款。三是正在研发的基于互联网的 P2P 贷款。

（三）借记卡闲置资金 7×24 小时开放性理财

南京银行目前推出了基于本行鑫元基金子公司的“鑫钱宝”“T+0”基金理财服务。客户在南京银行银行卡上的闲置资金可以按照约定的方式自动转换为货币式基金，在需要资金时可以随时赎回货币基金，兼顾客户的流动性和高收益的需求。

五、直销银行的理解和布局情况

直销银行是指业务拓展不以实体网点和物理柜台为基础，不受时间和地域限制，通过电子渠道提供金融产品和服务的银行经营管理模式。直销银行诞生于 20 世纪 90 年代末北美及欧洲等经济发达国家。因其业务拓展不以实体网点和物理柜台为基础，具有机构少、人员精、成本低等显著特点，因此能够为顾客提供比传统银行更便捷、更优惠的金融服务。自 1995 年全球首家以网络银行命名的金融机构——安全第一网络银行（SFNB）在美国诞生以来，网络银行的数量和业务范围获得了飞速发展，其中荷兰国际集团（ING）旗下的网络银行 ING DIRECT 经营最为成功，凭借其全球化战略，成为世界最大的直销银行，存款规模 2000 亿欧元，占到 ING 集团存款的“半壁江山”。在近 20 年的发展过程中，直销银行经受了互联网泡沫、金融危机的历练，已积累了成熟的商业模式，成为金融市场重要的组成部分，在各国银行业的市场份额已达 9%～10%，且占比仍在不断扩大。

直销银行与实体银行的网络渠道有着本质的区别。电子银行和网上银行仅仅是实体银行传统业务在空间上的拓展，仍没有脱离实体网络。而直销银行不是简单的渠道拓展和提供服务的工具，而是从组织架构到营销策略的整个商业模式都构建了一种全新的业务模式。

直销银行的目标客户群定位和传统银行有所不同，更为细分，主要是对价格比较敏感的互联网客户和工作繁忙的客户。直销银行相对传统银行有其天然的竞争优势，由于没有分支机构，无须承担大量的员工支出，直销银行可以为客户提供更有竞争力的存贷款价格及更低的手续费率，以较少的运营支出即可维持良好的运营。在金融互联网化的大潮下，直销银行在成本控制方面的优势决定其有着广泛的前景。

南京银行已经开始直销银行相关业务，2013 年末南京银行启动直销银行业务规划，2014 年 7 月正式推向市场。截至 2015 年 6 月末，南京银行直销银行共有注册会员 31.56 万人。2015 年 8 月，南京银行上线直销银行 2.0 版本，在功能和用户体验上得到进一步的完善。在组织架构上，南京银行开展相关业务部门的组建和人才的培养，目前从组建专业的团队开始，待时机成熟时成立独立的事业部或子公司。

六、面对互联网金融浪潮的困惑和困难

（一）政策方面

在政策层面，不论是开展互联网金融业务的银行，还是互联网企业均面临着较大的困惑。一方面，互联网金融业务快速发展；另一方面，监管政策落地缓慢。这对银行业机构产生的影响比对互联网企业更大。2015 年 7 月人民银行牵头十部委下发《关于互联网金融健康发展的指导意见》，这对整个行业的规范有着积极的作用。但对于诸如 P2P 资金监管方式、网上支付限额等关键问题，业界总是缺乏相关执行标准，造成企业处于自行发展、自行解释的境况，不利于整个行业的健康发展。

（二）业务模式方面

目前互联网金融的模式五花八门，既有真正业务模式创新提高业务效率的业务产品，也有打着创新旗号规避监管，甚至违法犯罪的情况。业务模式方面的不规范，严重扰乱了金融市场秩序，从客户的角度上诱导了客户只关注受益，不关注风险的习惯，对市场从业人员来说，容易造成一哄而上、一哄而散、一地鸡毛的场面。从长期看，不规范的业务模式所造成的金融业务风险正在积蓄，仅靠行业自律很难纠正市场的错误导向。

（三）技术人才方面

目前普遍存在互联网金融人才短缺的现象，互联网从业人员与金融机构从业人员在知识结构、教育背景、工作方式上有着明显的不同。互联网金融涉及互联网产品与金融服务的融合，需要大量懂金融、懂 IT、懂风险、懂营销的复合型人才。金融从业人员普遍缺乏市场创新意识，互联网从业人员又普遍缺乏对金融风险的认知。目前的互联网金融乱象在很大程度上和从业人员的素质能力不足有很大的关系。系统性地培养互联金融人才已经是行业中的一个共识。

七、互联网金融与商业银行竞争态势和融合发展情况预判

互联网金融的快速发展及对商业银行各项业务的渗透和竞争促使商业银行更加快速地融入互联网金融业务的发展。商业银行的业务发展与互联网的发展是息息相关的。以南京银行为例，自 2005 年成立电子银行部以来，南京银行一直关注互联网与金融的结合，陆续推出了

网上银行、手机银行、微信银行等与互联网紧密结合的金融产品，也完成了客户主要由柜面网点办理业务到网络办理业务的转换，目前南京银行的电子银行业务替代率已经达到75%。2013年以后互联网金融的热潮，让南京银行更加坚定了向互联网金融发展的决心。与过去十年不同的是，过去商业银行主要把互联网作为客户的服务渠道，而现在商业银行认识到互联网金融是银行业未来获客及获利的重要手段。因此，商业银行将会以更积极的姿态融入到互联网金融的大环境中去。

八、发展互联网金融的政策建议

互联网金融的发展目前主要存在上面谈到的几项制约。这些问题不解决好，互联网金融业务的发展将会受到一定的影响。因此，相关政策的制定建议注重考虑以下一些内容。

（一）应鼓励商业银行通过成立事业部或独立子公司的模式开展互联网金融业务

由于目前的银行组织架构体系并不完全适合互联网金融业务的开展，存在市场反应慢、业务决策慢、内部协调困难等多种情况。成立事业部或者子公司的方式可以让银行的互联网金融团队有较大的业务自主性，同时也可以共享总行业务资源并隔离业务风险，是目前较好的业务开展方式。受制于《商业银行法》，目前商业银行还无法成立单独的子公司开展相关业务，监管部门应酌情考虑修订相关法规，或指导商业银行通过其他方式开展相关工作。

（二）应制定符合互联网客户习惯的身份确认方式

目前互联网企业与金融机构就客户实名认证方面存在标准不一

的情况。互联网企业在开展金融业务时往往忽视对客户身份真实性的校验。这对互联网金融业务的长期发展危害严重，很容易滋生套现、洗钱等违法事件，但传统客户在线下网点开户的流程又不符合现有互联网客户习惯。因此，监管部门应与互联网企业及金融机构共同制定明确客户身份认证的方式，确保客户身份的真实性和客户行为的不可否认性。

（三）应针对互联网金融产品设置更灵活的产品监管措施

互联网金融产品应突出灵活的特点，但受制于监管，银行理财类产品的起点金额仍然是 5 万元，且首次认购必须到实体网点进行风险评估。这对客户的购买造成很大的障碍，不利于银行成熟产品的推广。同时很多的互联网企业为规避监管政策，将各类产品层层打包后出售给客户，反而放大了潜在的风险。

（四）应加强对客户行为数据及客户隐私的保护

互联网信息的传播速度快、成本低的特点如被非法利用，后果非常严重。目前互联网金融业务中，存在大量客户数据在客户不知情的情况下被加工、存储及未被客户授权使用。同时部分企业数据由于保管不当造成客户隐私的泄露，对客户信息和资金的安全造成极大隐患。因此，监管政策应加大对这方面的管理，以及加强这方面的处罚力度，避免客户信息被滥用。

“互联网+”与信托公司竞争力

国投泰康信托有限公司总经理　傅　强

当前，互联网金融的话题成为全社会共同讨论的热点。作为第二大金融子行业的信托业，也在积极拥抱互联网，多家信托公司纷纷试水与互联网的结合，在销售渠道、客户服务、受益权转让等方面创新模式，引起了全社会的高度关注。但从更深层次来看，互联网对信托公司的影响不是只停留在以互联网为工具的层面，而应该从互联网和信托的深层次特点出发，在风控、营销、创新和管理四个方面，重新构建信托公司的核心竞争力。

一、风控能力的“互联网+”

随着中国经济增速回落和结构调整的深化，信托业面临着越来越复杂的外部发展环境。以房地产和基础设施为主要领域的传统业务风险时有暴露，反映出一些公司风险控制能力的问题。金融机构经营的就是风险，风控能力是信托公司的核心能力之一。信托公司可以利用互联网的优势，着力提升公司的风控能力。

（一）云思维

无论是开展房地产，还是地方基础设施项目融资，信托公司在前期尽职调查时，通常面临的问题是项目本身的质量、增信方的还款能力及抵（质）押物的价值等，这些构成了传统非标融资项目的主要风控手段。在互联网时代，信托公司不能孤立地、静止地看待一个项目的风控信息，不能只对其财务报表中的关键信息进行简单分析，就算是完成了尽职调查，而要对项目的真实进展情况、财务指标背后的数据逻辑、项目相关方的多种信息加以分析处理，在抽丝剥茧之后，才能发现项目更真实的情况。因此，要具体地识别、分析项目风险和交易对手的真实情况，就要用互联网的云思维，通过互联网先进、便捷的信息渠道，尽可能多地获取相关信息，从多个角度去论证项目的真实风险。

（二）数据化

数据是互联网时代的信息基础。通过互联网思维，用数据来描述项目风险控制的关键环节，有利于提高风险识别的客观性、准确性，有利于充分利用相关数据资源、提升风险识别的全面性，有利于在项目存续期管理过程中强化风险跟踪的效果。

（三）模型化

对于资本市场的投资业务而言，各种量化分析的模型已经成为必不可少的决策分析工具。但是，对于目前仍以非标业务为主的信托公司而言，之前很少用量化、模型化的手段度量风险。在互联网时代，云思维、数据化为建立风控模型打下了基础。在一定风险偏好的基础上，根据不同项目的风控逻辑，通过互联网的大数据基础，可以对更多类型的项目实行量化风险管理。

二、营销能力的“互联网+”

在转型时期，信托公司纷纷加强营销能力建设，广泛搭建销售渠道，充分挖掘营销平台功能，对客户开展财富管理、家族信托等一系列服务。尤其通过互联网手段，改善了传统营销渠道成本较高、效率较低、覆盖面有限、手段单一等问题。信托公司的互联网营销思维逐步清晰。

（一）营销平台的互联网化

近年来，多家信托公司以移动互联网终端为工具，通过现有的微信平台，或自主开发 APP，实现了营销平台的互联网化。特别是一些公司凭借微信平台的客户优势，开发了订阅号和服务号：通过订阅号发布信息、吸引客户、宣传推广，通过服务号实现产品预约、认购、信息披露等功能。通过移动互联网的手段，真正扩大了客户营销半径、改善了客户体验。

（二）营销模式的互联网化

传统的信托公司营销是以产品为核心，先有产品后进行资金募集，经常会出现资金和产品开发的节奏不匹配的问题。而在互联网思维下，利用数据采集和集中分析，挖掘客户的潜在需求和行为特点，及时进行市场的动态预测，不断调整产品开发及营销战略，设计更多符合投资者需求的产品，满足客户需求，实现精准营销。

（三）客户覆盖的互联网化

传统的集合信托产品通常要求以 100 万元作为认购起点，门槛较高，加上产品规模和数量有限，客户覆盖面也受到制约。互联网金融产品的客户覆盖面较广，尽管很难覆盖到超高净值客户，但是对中产阶级的资产配置还是有一定吸引力。此外，互联网金融产品的较低门槛、开放式设计、连续认购等特点，也为各个层级的客户提供了较为丰富的选择。一些信托公司通过开发连续化、基金化的信托产品，降低了认购门槛，实现了网络预约认购等一系列功能，真正实现了便利化。

（四）信托受益权转让的互联网化

部分信托产品的投资者在特定情况下会产生将受益权转让变现的需求，信托公司之前往往采用线下撮合的办法，实现投资者之间的信托受益权转让。目前部分信托公司利用互联网思维，搭建收益权转让的信息平台，在线上发布收益权转让信息，线下完成转让，高效、便捷地满足投资者的需求。

三、创新探索的“互联网+”

在《关于信托公司风险监管的指导意见》（银监发〔2014〕99 号）的指引下，信托公司加大了转型创新的力度，通过一年多的时间，在股权投资、家族信托、养老信托、资产证券化等方面有了深入探索，但并未真正形成未来行业发展的支撑。在互联网思维的引导下，信托公司的创新探索呈现出以下几个特点。

（一）标准化

一是互联网信托基金产品。传统的信托产品多为非标融资类产品，很难满足互联网时代客户的需求。多家信托公司开展了基金化产品的探索，包括现金管理类基金化产品，此类产品门槛较低、期限较短，通过互联网平台进行销售，可以提高客户黏性，为信托公司提供稳定的资金规模。目前已有上海信托、华宝信托、中航信托等多家公司开展此类业务。此外，还有私募基金类产品，通过互联网平台，凭借 TOT、FOF 等模式，将原有的非标资产，以基金的方式进行标准化，与客户需求实现对接。

二是具有统一风控标准的小额金融产品。在个人贷款方面，通过互联网大数据等工具，对个人信用记录、收入情况、行为特征进行综合分析，借助先进的技术手段，控制个人贷款的实际风险，开展个人金融服务。在小微企业贷款方面，可以对企业进行分类，建立标准化的大数据风险管理系统，有效识别不同类别的企业风险，实现精准风控，为开展小微企业金融服务打下基础。

（二）平台化

一是通过互联网平台的资产证券化业务。传统的资产证券化业务主要包括银行间市场的信贷资产证券化和交易所市场的资产证券化。一直以来，信托公司在资产证券化业务中处于劣势，原因是在资产证券化业务中，信托公司仅作为受托人出现，而应有的自主管理没有得到体现。而在互联网金融时代，信托公司可以通过互联网平台，参照传统资产证券化的业务模式，构建资产证券化产品的互联网交易市场，从而摆脱公开市场的诸多限制，提高此类业务的效率，打通此类业务的互联网平台渠道，提高信托公司在资产证券化业务中的地位和作用，从而开辟信托业务的“新蓝海”。

二是投资众筹平台。随着资本市场业务的逐渐火爆，传统的信托投资者转变观念，对投资类产品的需求不断增加。目前国内已经建立了主板、创业板、新三板及股权众筹四个层次的资本市场。在股权众筹这一最体现互联网精神的市场，由于股权众筹企业在管理决策权及信息披露上往往存在不对等的现象，目前仍处于发展阶段。目前大型的股权众筹平台已经渐渐积累人气，信托公司可以选择与股权众筹平台合作，或者为投资者投入资金提供担保等方式，依托已有的股权众筹平台，满足互联网用户的投资需求。

（三）服务化

通过互联网平台，可以挖掘信托的服务功能，真正体现信托的本源。尤其是消费信托与互联网的结合，通过与生产商和服务商的合作，既满足了客户消费需求，又满足了产品生产方或服务提供方的融资需求。通过互联网平台，降低消费信托的门槛，可以使多数消费者享受到该类服务。

目前在国内经济总体需求不振的情况下，利用互联网消费信托可以有效地带动消费，特别是在与消费有关的行业，如日用消费品、教育、医疗、养老、旅游等，都将成为互联网消费信托的关注热点。多家信托公司已经开始了实践，如长安信托的“手机信托”、西藏信托的“宝马信托”等，均体现了消费信托的互联网特征。

四、管理体系的“互联网+”

随着信托公司转型向纵深推进，管理体系的变革成为各家公司关心的重要问题。在互联网快速发展的时代下，信托公司必须利用互联网强大的信息获取、传输、存储和处理能力，将其运用到公司管理体系的各个环节，从根本上提升信托公司的管理水平。

（一）组织机构的互联网特点

在互联网时代，由于信息获取的便捷性和决策传导的高效性，组织机构趋向扁平，管理链条逐步缩短，这样才能满足互联网金融以产品为导向、以客户需求为根本的出发点，更加满足个性化需求。与传统组织机构和管理架构相比，在互联网金融时代，信托公司要求建立更加科学的管理体系，充分发挥个人的力量，尤其是公司骨干的作用，组建小型的攻关团队，以解决固化的管理程序和不确定的市场要求之间的矛盾，提升反应速度，提高管理效率。

（二）建立适应互联网要求的信息系统

由于经历历次整顿，信托业的快速发展时间较短，业务品种相对复杂，与银行、券商等金融机构相比，信托公司在信息系统建设上处于较为落后的地位，对互联网的技术应用相对缺乏。银行、券商利用互联网手段拓展业务已成为普遍现象，但信托公司在互联网基础设施建设方面还十分落后。随着互联网、大数据时代的到来，信托公司的信息系统价值更多体现在信息存储、查询和统计等方面，应充分发挥数据结果分析、决策支持优化等作用，为公司业务结构调整、经营思路转变和管理模式提升打下基础。

（三）内部流程的互联网化

在组织架构调整、信息系统搭建的基础上，信托公司还要根据业务结构、风控决策、营销手段等方面与互联网结合的特点，对内部管理流程进行再造，使之更贴近互联网金融的发展要求，更贴近客户和市场需求的迅速变化，更能够满足公司内部管理效率提升的迫切要求，突破原有的规章制度、业务规则、操作流程等限制，全面适应并支持信托公司的创新转型。

积极探索互联网金融　谋求信托业创新发展

中国对外经济贸易信托有限公司总经理　徐卫晖

一、国内互联网金融发展的环境分析

（一）互联网金融的发展对金融市场化改革影响深远

随着信息和通信技术的不断进步，移动互联技术的日益普及，云计算、大数据的广泛应用，以及互联网新技术的不断推出，互联网已经进入了一个人类社会必须高度重视的新时代：无处不联、无时不联、万物相联的互联网，推动信息流、实物流、资金流等方面的融合，正在对人类社会产生极其深刻的影响，也将推动人类社会进行重大转型升级。从工业社会向信息社会的迈入将对社会组织、社会管理及商业模式、经济运行（包括法律法规、行业监管）等方方面面产生深刻的影响。

互联网新型金融业务的发展，是因为中国的金融覆盖广度、深度及金融的活力和作用需要适应互联网时代。例如，传统金融机构的IT 系统难以与网上电子商务系统无缝衔接，不能满足电子商务第三方支付和监督的需求，由此催生了由开展电子商务的互联网企业直接办理的第三方支付业务，进而依托新兴的互联网和通信技术发展出很多新型的金融产品和金融服务。互联网技术促进了金融创新，提高了金融效率、改进了金融服务。

（二）“互联网+”已上升为国家战略

从互联网金融与传统金融的互动关系来看，国家更为看重的是通过互联网金融推动金融改革的重大意义：一方面可以提供更多的有效金融供给，另一方面可以利用创新手段提高金融服务水平，倒逼传统金融企业改革，在多元化的市场竞争中不断完善金融业。当然，不论金融行业进行何种创新，其宗旨仍然是要在金融审慎监管的前提下，服务于国民经济发展。随着互联网金融监管的不断加深和完善，金融支持实体经济的路径和模式会更加健全。

2014年，互联网金融首次被写入《政府工作报告》，“促进互联网金融健康发展”成为互联网金融持续发展的有利信号，这意味着互联网金融正式进入决策层视野，加入到中国经济金融发展序列，成为中国经济金融发展中一股潜力巨大的创新力量。2015年，被业界称为互联网金融的“监管元年”，政府工作总体部署指出，要制订“互联网+”行动计划，推动移动互联网、云计算、大数据、物联网等与现代制造业结合，促进电子商务、工业互联网和互联网金融健康发展。

2015年7月，人民银行联合银监会、工信部等十部委正式出台首个国家层面互联网金融监管的纲领性文件《关于促进互联网金融健康发展的指导意见》（以下简称《指导意见》），对互联网金融给出了官方定义，即互联网金融是传统金融机构与互联网企业利用互联网技术和信息通信技术实现资金融通、支付、投资和信息中介服务的新型金融业务模式。同时，依据人民银行发布的《中国金融稳定报告（2014）》，我国互联网金融业态主要分为五种：互联网支付（支付宝、财付通、快钱等）、P2P网络借贷（人人贷、积木盒子等）、众筹融资（天使汇、点名时间等）、金融机构创新型互联网平台（建设银行“善融商务”、招商银行“非常 e 购”等)、基于互联网的基金销售(余额宝、理财通等)。

《指导意见》充分肯定了互联网金融的正面意义，表达了国家对互联网金融发展持积极姿态，鼓励金融创新，促进互联网金融健康发展，同时提出明确监管责任，规范市场秩序。《指导意见》分别规定了 P2P 网络借贷、股权众筹、互联网保险、互联网证券等互联网金融业态的性质及对口监管机构，同时指出相关机构将适时制定监管细则，这标志着互联网金融被正式纳入监管体系。决策层和监管层对互联网金融持开放、包容、支持的态度，将加强监管、完善服务，引导互联网金融健康规范发展。

二、互联网金融的要素分析

（一）在渠道方面，金融的场景化和云计算技术造就了前所未有的低成本和高效率

移动互联技术模糊了金融与商业、消费、社交等场景的边界。互联网技术的出现，特别是移动互联的出现，让金融与商业紧密结合在技术上成为可能，交易随着场景可以无缝对接，在实现交易便利的同时，成本也能降到极低。供应链的连接化和生态化，使企业的融资需求在商业活动发生的场景就被得知和满足。

（二）在产品方面，大数据的运用使前所未有的创新成为可能

金融机构的核心竞争力是风险甄别、定价和控制的能力。金融机构的风险甄别能力，归根结底是数据的搜集、分析和判断能力。互联网技术带来了数据的革命，使数据成为互联网金融的核心资产，风险

甄别成本和方式发生的深刻改变使传统的金融客户关系及抵（质）押物风控模式得以重塑。

（三）在客户方面，互联技术带动的长尾效应使小微客户得到覆盖

长尾效应的本质在于强调个性化、客户效应和小利润、大市场，这与遵循“二八定律”的传统金融机构的经营理念完全不同，而与满足小微客户个性化金融需求的互联网金融不谋而合，这也正契合了互联网的技术特征，并能与之相匹配。

三、互联网金融的参与主体分析

（一）互联网企业——革新的驱动者

由于传统金融机构还很难像互联网公司一样，围绕客户需求，利用互联网技术，打造包括信息通信、电子商务、网络金融等（信息流、实物流、资金流）一体化（“多流合一”）、平台化无缝衔接的服务体系，也很难达到互联网企业开展金融服务的水平。因此，互联网企业作为行业的新进入者，成为创新的领导者和驱动者。

以百度、阿里、腾讯、京东等互联网巨头为代表的互联网企业是典型的互联网金融“生态系统论”者，互联网金融借助大数据、云计算、社交网络和搜索引擎等信息技术优势，从掌握商品流到企业的资金流、信息流，再延伸至银行支付、融资等核心业务领域，实现对市场、用户、产品、价值链的逐步重构，打破传统的金融行业界限和竞争格局。互联网金融不是简单的技术叠加或替代，而是对传统金融机构经营模式甚至是金融中介功能的创新推动。

基于这种认知和业务发展思路，互联网企业主要从第三方支付、

互联网理财、小额贷款、消费信贷、个人征信与民营银行等方面进行业态布局。如阿里巴巴的支付宝（第三方支付）、余额宝（货基类理财）、招财宝（固收类理财）、阿里小贷（小贷公司）、花呗（消费信贷）、芝麻信用（个人征信）、浙江网商银行（民营银行）；腾讯的财付通（第三方支付）、理财通（互联网理财）、财付通小贷（小贷公司）、腾讯增信（个人征信）、前海微众银行、浙江网商银行（互联网银行）等。

（二）传统金融机构——革新的主战场

应当看到，第三方支付、互联网理财和信贷、P2P 等互联网金融产品总体上是丰富了金融体系，而不是对传统金融的颠覆。这些金融产品也成为金融界的催化剂，大大推动了传统金融互联网化的思维和转型。但对大型企业和高端客户的服务，尤其是复杂的金融服务，仍然固守于传统金融业务范围中。我们认为随着金融管制的升级和市场化进程的深入，差异化竞争将是传统金融机构和互联网企业生存发展的必由之路。与互联网企业不同，金融机构应该更加聚焦自身优势和专业化领域，即金融产品开发、风险甄别控制和产品定价。在此基础上，双方若能实施有效的战略合作，共同形成互联网金融综合服务平台，传统金融机构必定会成为互联网革新的“主战场”。

证券业在传统金融行业中最早拥抱互联网，从天弘基金余额宝到国金证券转型互联网券商，券商、基金已取得了阶段性的进展。相比银行业，证券业直接融资的特性和互联网金融资金资产直接对接、降低交易成本的特点具有天生的契合度，证券业与互联网的融合也创新了行业经营新业态，推动了行业“普惠金融”发展。随着互联网金融的进一步扩大和延伸，互联网证券将对证券业的传统经营业态进行创新并优化，并将从平台、账户和产品三方面深刻影响证券业的变革。

银行业是受到互联网金融影响最大的行业，从余额宝到P2P，再到“京东白条”、阿里巴巴“花呗”、众筹，互联网金融对商业银行的存款、理财、贷款、消费金融等从债权到股权的诸多业务产生变革压力。特别是以腾讯微众银行、阿里网商银行为代表的互联网银行逐步登上历史舞台，商业银行将直接面临互联网金融对其相关业务的争夺。区别于传统商业银行的线下网点扩张模式，互联网银行的业务将主要通过其优势的互联网途径进行扩张。传统零售银行赖以生存的规模、渠道及价格优势在新兴的互联网浪潮中将被明显削弱。从目前各家商业银行的互联网金融布局来看，主要还是集中在销售端，对于类余额宝产品各家银行基本都有开发，也有部分银行加强了同互联网企业的战略协同，如2014年北京银行与小米签署移动金融全面合作协议，双方将在移动支付、便捷信贷、产品定制、渠道扩展等多方面进行合作。兴业银行较早布局互联网金融，目前已开发出以“银银平台”为主要模式的互联网银行平台。截至2015年上半年末，兴业“银银平台”上线中小银行499家，上半年累计结算金额同比增长近六成。

保险业也是与互联网接轨较早的金融行业，大中型保险企业基本均通过互联网平台开展保险的营销工作。中国平安是目前传统险企中转型互联网金融最为成熟的一家，目前其“互联网+综合金融”的创新模式已基本成型，2015年上半年整体互联网用户规模达到1.67亿户，较2014年同期末增长21.9%。中国平安围绕互联网用户“衣、食、住、行、玩”等生活需求全面布局互联网金融产业，主要包括陆金所（互联网理财）、万里通（通用积分平台）、平安好车（汽车电商交易平台）、平安好房（互联网房地产金融资产流通平台）、平安付（支付清算），并与阿里、腾讯共同投资设立中国首家互联网保险企业众安保险。

四、信托业的互联网金融发展刚刚起步

（一）政策基础

互联网金融的蓬勃发展为处于转型期的信托业带来新的挑战的同时，也带来了新的机遇，信托公司开始积极探索符合信托行业特点的互联网金融发展之路。在《指导意见》中首次提出“互联网信托”的概念，并明确指出互联网信托是互联网金融的主要业态之一，为信托公司的互联网金融发展奠定了政策基础。

（二）信托业发展互联网金融面临的难题

1. 业务定位的冲突。相较于银行、基金、证券等金融子行业，信托产品具有高端、私募、非标为主的性质，信托公司直接开展互联网金融业务在目前监管关于合格投资人（100 万元起点 50 人限制）、产品拆分转让（受让不得为自然人）及网上交易（首次面签）等方面受到限制，客观上导致信托公司与互联网的融合进程相对滞后，目前大多数信托公司与互联网的融合还主要是在客户服务方面，积极运用互联网工具，通过开通网上信托、APP 及微信公众号，实现网上产品预约、信息披露、开放式产品的网上申购赎回等功能，以优化客户体验、提升服务质量。为了使互联网信托业务更好地得以开展，在参与主体方面，一些信托公司选择以子公司设立孙公司的模式进行操作，将相关业务转为资管业务，规避由界定信托业务可能带来监管的不确定性风险；在信托产品运用方面，可以凭借对信托计划的深入认识或风险掌控，以其作为融资方的质押增信条件

而加以应用。

2. 新型业务要素能力有缺陷。由于信托公司长期从事房地产、基础设施等大型项目的融资业务，习惯了典当式的抵押物风控理念和方法，面对小众化客户群，对以大数据为基础的业务模式较为陌生。在信息技术方面，信托公司的人才储备和软硬件条件较为滞后，而这一短板的改善绝非一蹴而就。如果信托公司凭借自身力量独立发展该业务，除了大量的资金投入外，还需相当长时间的持续积累，短期内可能很难见到效果。

五、外贸信托在互联网金融方面的实践和思考

面对外部环境的变化，外贸信托较早地确立了自己的公司发展战略，即以寻求细分领先为核心目标的“4+1”业务战略，即资产证券化、证券信托、小微金融、财富管理及精品投行业务。特别是自2013年以来，公司围绕银行领域、资本市场、实业领域和理财市场四大领域精耕细作，实现了长足发展。在稳步增长的同时，立足长远，公司一直积极致力于各领域业务的转型升级之路的探索。在此基础上，公司也在思考如何把握互联网金融带来的发展机遇，从而带动公司战略性业务的转型升级，乃至愿景战略目标的实现。

（一）有的放矢，重点突破

虽然互联网金融有着巨大的发展空间和广泛的应用领域，但对于不同行业、不同公司来讲，所面对的机遇还是不一样的。外贸信托对此有着清醒的认识，在公司可持续发展的战略性业务组合中，认为“互联网+财富管理”和“互联网+小微金融”最有可能在互联网金融领域实现有机融合，率先确定创新和转型突破的两个方向。

（二）战略合作，优势互补

1.“互联网+财富管理”。需要指出的是，这里的“财富管理”不是一般意义上的产品销售或产品营销，而是特指既能利用信托工具的制度优势和信托公司能力禀赋，又可以充分满足特定客户群个性化理财需求的互联网金融产品的创设、交易和服务。以下我们就以“外贸信托积分宝集合财产信托计划”（以下简称积分宝计划）为例简要进行说明。如外贸信托积分宝项目交易结构图所示。

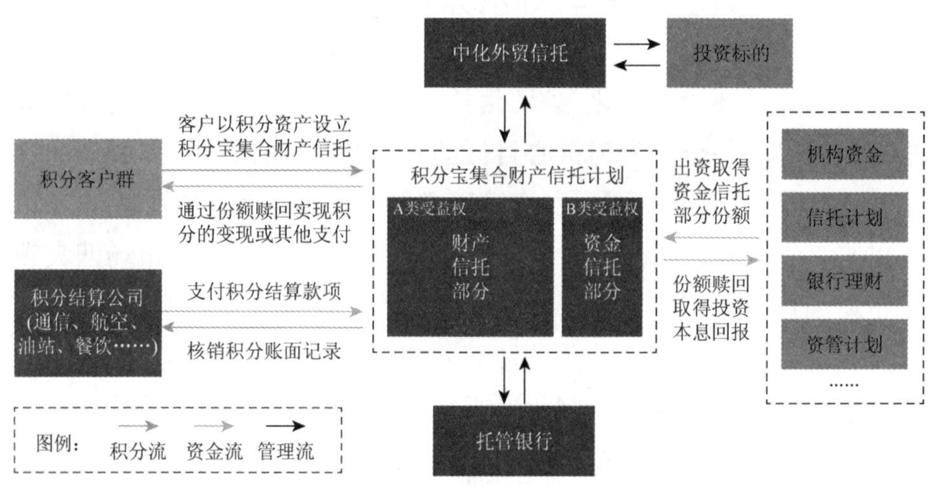

图1　外贸信托积分宝项目交易结构图

首先，我们认为战略合作是该类创新业务各方的最优选择。总结实践经验，我们看到在互联网金融的实务操作中，大多是以合作形式开展具体业务。例如，余额宝为阿里与天弘基金合作，沃百富为中国联通、百度、富国基金三方合作，添翼宝为中国电信、民生银行、IT服务运营商三方合作。概括起来其实只有三个角色，即资金提供方、信息技术运营方和资金投资管理方，上述余额宝由于阿里坐拥支付宝（资金提供方）和自己的信息技术平台，所以表象上只是阿里巴巴和天弘两方合作，但其实也包含三个角色的合作。

从图 1 可以看出积分宝计划合作模式也是本着这一规律进行操作的。资金提供方为中国移动通信集团，资金投资管理方为外贸信托，信息技术运营方为专业技术平台。该平台自主开发了适应互联网金融业务发展的集积分兑换、电子商务、社交媒体为一体的综合应用系统平台，负责对信托计划所涉及的信息系统支撑环节进行完善升级，以适应本信托计划的业务处理需求。

其次，要想在合作中不沦为“纯通道”，就要发挥信托平台的独特价值和能力贡献。在外贸信托积分宝计划中，我们认为有两大主要亮点值得总结：一是在整体产品设计和统筹方面，发挥了信托公司受托资产多样性的制度优势，选择客户兑换积分（如通信、航空、油站、餐饮等）为标的物，避免了资金信托在相关人数和投资金额门槛等方面的监管限制，在财产信托领域发挥独特的信托制度安排优势，将以非货币资产作为受托资产的形式实现小众化群体的产品创新。二是发挥外贸信托固定收益投资部门的自营投资管理能力，体现“受人之托，代人理财”的信托业务特色，并实现产品的主动管理。

2.“互联网+小微金融”。小微业务因其业务固有特性，有着与互联网金融结合的内在动力和先天优势，也正因为如此，对于信托公司而言，在此领域面临的竞争也更为激烈，“触网”的要求也更为迫切。对于外贸信托而言，在 2007 年即与合作伙伴开始尝试个人消费信贷业务，并与东欧最大的消费金融集团 PPF 开展创新合作，成为国内最早涉足普惠金融业务的信托公司。随着 2011 年和 2012 年的业务模式逐步成熟，外贸信托消费金融业务进入快速成长期。2013 年，为主动适应市场变化，巩固市场地位，不断沉淀和构筑细分领域的核心竞争力，同时践行服务实体经济和顺应宏观经济国策的主要着力点，外贸信托将普惠金融确立为公司核心战略方向之一，并成立专门的小微金融事业部，形成专业化的团队和管理运营平台。

外贸信托在小微金融领域的战略定位是加速向成为全国优秀小微金融企业服务平台的目标快速迈进，扎根土壤、服务民生。公司利用大数法则和金融分层技术，精选合作企业，拓展新客户和业务模式，积累形成不同细分市场的客户群。公司通过系统建设、服务提升、客户拓展以及吸纳多元化组织等手段，形成前台、中台、后台全流程服务体系，成为提供融资服务、信息服务、清算服务以及增新服务的信用中介。在公司愿景方面，外贸信托将努力探索将小微平台服务业务沉淀、蜕变成小微银行子业态的发展路径和方法。对于在该领域的互联网金融创新，我们的主要思路是：一是要继续坚持战略合作的基本指导原则；二是要立足长远，分步实施，有序推进。

在小微金融领域，面对纷繁的外部环境，外贸信托一直持审慎积极的态度对待业务创新，力争做到扬长避短。我们认为，公司在小微领域探索多年，已培养了一批优质客户，积累了较为成熟的经验，形成了较多优质资产。利用互联网建立平台，可以更好地解决成熟合作企业降低融资成本的需求，在保障风险的前提下，为风控能力较强和资产质量较高的合作企业提供线上互联网平台继续支持其发展，有利于加深公司与成熟贷款服务商的合作，提高客户黏性，拓宽公司资金渠道，丰富财富客户资产配置，增加平台运营管理费收入，推进小微金融资产证券化平台建设。

在成立小微银行、实现公司愿景目标方面，由于国内传统银行风险偏好较低，其客户主要为国有企业、大型上市公司等机构客户，涉及个人的小微金融业务的比例还是相对较低；民营银行在国内虽已有设立，但刚刚起步，家数少、模式不成熟、市场规模极为有限。因此，我们认为国内尚缺乏一类真正有着较好实力、先进技术及完全面向个人贷款的小微银行主体机构。外贸信托希望凭借与相关有实力或官方背景的机构深入合作，配合其发起设立小微银行，填补中国金融体系的空白。该小微银行可注册在北京、上海等中心城市，但不做全国性物理网点布局，只将简单的存款产品全部用于购买全国优质的小贷金融资产。在吸收存款方面，可通过纯电子化、互联网化的手段吸收低成本的储蓄资金，并通过外贸信托获取优质的小微金融资产，从而形成“由小微来、到小微去”的小微银行体系生态圈，在突出其银行主体作用、有效降低资金成本、实现可持续发展的同时，充分发挥外贸信托在该领域的带动力、引领力，使其成为国家普惠金融战略的践行者和国家普惠金融政策推行的主渠道。

便民利民　打造“互联网+”消费金融生态圈

北银消费金融公司总经理　宋文昌

一、互联网金融带来的冲击和影响

互联网金融浪潮催生着消费和支付方式的转变，引发消费信贷触角进一步向互联网延伸。在中国消费金融市场的初期，消费信贷渗透率较低、基数较小，但是随着消费群体的年轻化、消费观念的改变和消费习惯的升级，消费信贷理念将逐渐被中国消费者所接受，未来的消费金融领域，将会是互联网金融企业竞相争夺的新的蓝海。以互联网、大数据为代表的现代信息科技，尤其是移动支付、社交网络及搜索引擎和云计算等对人类金融模式产生了颠覆性的影响。

在互联网金融模式下，客户能够突破地域限制，利用互联网带来的便利性寻找合适的金融资源，化解消费带来的资金压力，提升金融服务的范围和水平。北银消费金融公司紧跟互联网金融浪潮，深入领会互联网思维的内涵，利用大数据等新技术、新工具，创新业务模式和服务理念，拓展业务受理渠道，优化业务处理流程，提升客户体验。

（一）业务迅速发展

北银消费金融公司坚持普惠金融道路，迅速抢占消费金融市场。2014 年，北银消费借助互联网渠道放款 3.4 亿元。截至 2015 年 8 月

31 日，互联网渠道新增放款 10.16 亿元。互联网消费金融服务的目标是小额、分散的长尾需求。长尾用户数量大、金融需求涉及的金额小。自 2014 年互联网平台开放以来，互联网渠道坚持将客户融资需求应用于各个消费场景，有针对性地服务个人客户群体，积极创新业务，为迅速抢占消费金融市场制高点奠定基础。

（二）客户持续增长

北银消费金融公司积极开拓创新，客户数量持续增长。2013 年末推出具有北银特色的互联网消费金融品牌——“轻松 e 贷”。从 2014 年开始，互联网业务逐步扩大，产品逐渐丰富，模式不断创新。2014 年互联网渠道新增客户数 35829 人。2015 年随着线上受托支付业务的逐渐推广，互联网多渠道互联，线上线下相结合，客户数贡献率又创新高。截至 2015 年 8 月 28 日，互联网新增客户数 69346 人，互联网新增客户数贡献率从 2014 年的 16.22%增至 26.34%。随着互联网金融业务逐步扩张，合作渠道商户不断拓展，互联网渠道客户数将持续快速增长。

（三）构建多渠道平台

互联网金融开辟新渠道，提供全方位金融业务。北银消费金融公司创新推出互联网金融平台及视频贷款机，突破了时间、空间和地域的限制，能够让客户随时随地办理贷款，这种便捷性极大地降低了交易成本，提高了运营效率。2014 年互联网渠道新增客户数 35829 人；2015 年互联网渠道新增客户数 69346 人。自 2014 年互联网渠道上线至 2015 年 8 月，线上渠道客户增长率为 48.33%，线下营业网点客户数增长率为 17.6%。随着互联网金融平台的不断完善，服务不断提升，视频机具网点的不断扩增，互联网金融业务及视频贷款机业务的办理率将进一步提升，客户数贡献率也将稳步增长。

（四）迈入大数据信息化时代

互联网金融时代也是大数据时代，数据是信息时代的象征。伴随着“轻松 e 贷”品牌成功问世，北银消费金融公司相继推出“轻松 e 贷”网站、手机 APP、微信公众号及官方微博，多平台协同推广、立体运营，打破传统网点所带来的时间及地域限制，为客户提供方便快捷的贷前、贷后服务。“轻松 e 贷”平台自上线以来，注册数 23.69 万，微信公众号关注数突破 12.1 万。客户可以通过互联网和移动互联网手段方便快捷地获取金融服务，了解贷款产品信息。

互联网金融利用了互联网网络资源优势和大数据信息优势，其开放性资源为北银消费金融公司经营发展及数据资源储备奠定了基础。大数据给互联网金融不仅带来了金融服务、产品创新及用户体验的变化，创造了新的业务处理和经营管理模式，而且对金融服务提供商的组织结构、数据需求与管理、用户特征、产品创新力来源、信用和风险控制手段等方面产生了重大影响，显著提升了金融体系的多样性。在大数据时代，互联网金融助力个人消费信贷，可以将大数据有效转变为厚数据分析，为用户提供更精准的金融服务。厚数据分析不仅包括用户消费记录，还可通过用户的消费轨迹等，更深层次地了解用户。如此，互联网金融从“单向供给”转为“大众定制消费”，从中挖掘出“消费金融”客户的真实需求，有利于大大降低消费信贷的风险。

二、互联网金融布局

（一）战略导向

1. 整合个人客户大数据。就互联网金融企业来说，目前缺乏的是丰富的数据信息和业务经验，特别是在经济环境发生显著改变的情况下，没有完整周期性的数据支持和识别风险的能力。因此，对于北银消费金融公司而言，应尽快加强基于内部数据的分析应用能力，与此同时，合规合理地引入外部数据，提升自身数据的多样性、细化数据粒度，为"内外兼修"的大数据平台建设做好准备。

个人客户行外数据搜集整合的方向可从以下方面展开，详见表1。

表1　　数据整合方向

外部信息来源	应用方式
法院、公安数据	个人严重行政处罚记录（如行政拘留等）、刑事犯罪记录、涉诉情况（人身关系、财产关系）、交通严重违规违章记录
P2P征信信用数据	个人在P2P平台贷款的信用记录
医疗数据	了解客户的身体健康情况
互联网消费行为数据	了解客户消费能力和消费偏好
客户在人民银行的征信信息	客户在其他银行的贷款记录、信用记录等信息
第三方征信	客户的评级情况及客户的社会信息
社保、纳税、公积金	客户的社会保障情况及经济能力
工作单位性质	了解客户社会身份
第三方催收机构	有催收记录的客户信息、客户的社会信息
出入境记录	客户出入境目的地、出入境频率等了解客户国外消费潜在需求
国内出行记录	了解客户出行习惯
电商	个人信息、消费记录、订单详情、网络支付信息
学信	身份信息、教育信息（时间、学历、院校、专业等）
手机运营商	身份验真、在网时间、消费档次、常在地理位置、通话频度

2. 拓展业务合作渠道与范围。为落实发展普惠金融的政策导向，满足互联网时代个人客户多元化消费融资需求，依托自主研发的商户代理系统，公司将逐步拓展教育培训类、手机通信类、白色家电类、装修装饰类、婚庆婴幼类、旅游休闲类、大型零售商（如百货公司、

大型购物中心）业务合作渠道体系，业务覆盖范围更多元、更广泛、更全面。另外，加强与各大银行的合作，挖掘其现有产品无法惠及的客户，提供差异化服务，实现“服务升级、客户共享”。

3. 打造个人消费信贷精品。立足于内外部信息高度整合和大数据技术之上，从风险可控、客户需求挖掘双维度出发，设计符合个人消费者需求的贷款产品。运用大数据思想，通过整合个人客户基本信息、业务往来信息、行为信息建立客户统一信息视图，识别目标客户特征，根据模型测算个人消费贷款产品准入门槛、贷款额度和营销方案。围绕“风险可控”、“需求导向”两个维度设计产品。产品实现可分为三个环节：第一，利用反映客户还款能力和信用情况的信息建立模型，测算客户潜在风险；第二，利用反映客户资金需求的信息建立模型，测算客户的潜在需求；第三，根据模型建立中未考虑的风险因素制定黑名单。

4. 加强与互联网大数据公司的合作，共同探讨风险管理及模式创新。积极引入大数据挖掘技术，积极利用内部数据资源与丰富外部信息，分层、分类、分级对个人客户风险展开专项分析与预警。针对不同的个人贷款产品，挖掘和揭示对应的风险因素和风险特征，基于大数据挖掘技术，根据不同产品风险特征分别建立多因子风险预警模型，对正常状态贷款未来出现不良的可能进行预测，并根据预测结果建立针对性的、分层次的信用风险防控措施。

（二）特色产品

1. “小、快、灵”产品——极速贷。产品主要针对普通人群日常生活应急用，通过手机 APP 为客户提供临时的短期借款服务。极速贷产品的覆盖面较广，申请条件简单，审批快速，具有金额小、期限短等特点。结合公安身份认证系统、人民银行征信系统、第三方信用评级等系统的数据核查，在控制风险的前提下，提升审批效率。目前，正推进与第三方支付企业的鉴权验证合作，同时将引入人脸识别及OCR 技术，进一步丰富身份认证手段，降低人工干预环节。

2. 开启自主消费模式——轻松购产品。随着互联网创新模式的深入，北银消费金融公司基于已有的循环信用类产品，推出互联网循环预授信产品——轻松购。此产品是由北银消费金融公司根据客户的交易记录，向客户提供可以循环多次使用、直接分期消费的贷款产品，让客户尽享极致快捷的购物体验。客户无须带钱带卡，只要成功申请轻松购产品并获得预授信额度，就可在北银消费金融公司指定商户尽享购物乐趣。轻松购产品的开发将打破传统的信用卡消费模式，为客户开启线下消费、线上分期的创新型分期消费模式。

3. 普惠金融的融资方式——轻松贷。产品以“无担保、快审批、高效率、易操作”为特性，以客户体验为中心，让客户足不出户、轻轻松松完成线上贷款申请全流程。轻松贷是由客户通过互联网发起贷款申请，审批通过后，直接将款项发放至客户指定的银行账户，供客户消费使用。客户可通过 “轻松 e 贷”互联网金融平台和手机 APP 申请轻松贷业务。随着电子签名技术的引入，轻松贷全线上业务办理流程将为客户带来全新的用户体验。

4. 消费分期无压力——轻松付。业务模式为客户在北银消费金融公司合作商户店面或网站购买商品或服务时，通过公司互联网金融平台办理消费分期业务，审批通过后，款项将直接支付给合作商户，客户轻松享受商品或服务。随着互联网创新业务的深入推进，线上办理与线下消费相结合，将不断丰富产品形态，优化业务流程，提升用户体验。分期业务的出现，充分发掘了市场潜力，将未来不固定的消费群体转化为稳定客群，在无形中提高了消费者的购买能力，形成买卖双赢的局面。轻松付产品可对接各种消费场景，满足互联网时代个人客户多元化消费融资需求。

三、消费金融电商平台建设

作为移动互联网时代的重要入口，微信在打造方便快捷社交平台的同时，也为金融服务提供了新的接入点。北银消费微信商城基于大量微信存量客户，将消费金融业务与移动互联网结合，开展受托支付类业务。引入第三方优质商家，为客户提供“一站式消费+金融”的快捷服务。

（一）客户需求的重要入口

微信平台已成为中国互联网社交平台的代表，覆盖 90%以上的智能手机，并成为人们生活中不可或缺的日常使用工具。每月活跃用户已达到 5.49 亿户，微信支付用户则达到了 4 亿户左右。微信用户平均年龄只有 26 岁，86.2%的用户在 18～36 岁。企业职员、自由职业者、学生、事业单位员工四种职业类型占据了 80%的用户。此外，还有 80%的中国高资产净值人群在使用微信。据统计，微信直接带动的消费规模已达到 110 亿元，其中娱乐占比为 53.6%，购物占比为 13.2%。经过半年左右的运营，北银消费金融公司微信公众号已积累粉丝 10 万余名，且保持着每月 3 万名粉丝的增速，月均业务量逾 4 万笔。微信平台的巨大流量，对北银消费金融公司业务的开展具有战略意义。

（二）移动消费金融新模式

1. 搭建一站式消费金融服务平台。在传统消费金融业务中，北银消费金融公司主要扮演融资服务商的角色，即用户在购买商品时，入口为合作商户，支付环节由北银消费金融公司提供分期付款的金融服务。而微信商城是公司强化自身存在感、转变盈利模式的重要尝试，能最大化地占据消费第一入口，对利率定价、风险控制、品牌形象等有明显的把控权。把控消费第一入口，利用微信平台构建相对完整的消费场景，让商品选购、分期支付、还款管理形成一个完整的闭环。

2. 挖掘多元化的消费场景。众多垂直领域蕴藏了大量商机，基于微信平台接入各类线上线下业务场景，打造完整消费金融生态闭环，打通资金端、资产端、征信端、消费端，在获客入口、后台大规模风控以及运营手段上更加互联网化，更具灵活性。为客户提供装修分期、医疗分期、教育分期、旅游分期、租房分期等各类服务，弥补年轻消费者旺盛的消费需求和有限的消费能力之间的差距，更好地践行“互联网+”和普惠金融的理念。

四、创新服务模式

（一）手机 APP

2014 年 3 月，“轻松 e 贷”手机 APP 上线，消费者下载“轻松 e 贷”手机 APP 即可办理极速贷和轻松贷两种消费贷款业务。用户还可通过手机 APP 进行贷后管理，如查询贷款申请进度、查看还款计划及更换还款账号、办理提前还款等。在每月还款日前，用户还会收到还款消息提醒，避免因遗忘而导致的逾期。

（二）微信平台

北银消费金融公司不断结合新的市场需求开发新产品，尤其是在探索电子商务、信息消费等领域的新模式方面，推动线下消费信贷产品和模式与网上电子商务充分结合。“轻松 e 贷”平台不断升级，向打造整合供应链金融业务各个环节的一站式服务平台发展。正在搭建的微信商城，力求打造闭合消费金融生态圈，以客户为中心，打造一站式金融服务平台。客户只要在微信商城购物即可享受分期服务，极大提高了客户分期购物的便捷性。

（三）扫码支付

开发支付融资相结合的产品，结合针对商户和客户提供“差异化的支付+融资”金融服务是公司互联网平台下一步的发展重点。通过开展轻松购业务，北银消费金融公司引入扫码消费环节，客户扫描二维码即可获取订单信息，并利用微信支付完成首付款支付和分期消费的整体流程。扫码支付这种安全快捷的付款方式，不仅越来越受到客户的青睐，而且能够确立直达终端客户的连接渠道，填补网上金融服务的空缺地带，传递公司为客户提供“零”距离的贴心服务理念。

北银消费金融公司紧抓互联网金融浪潮带来的机遇，将互联网金融与消费金融深度结合，针对有网络消费习惯和融资需求的工薪阶层，提供新型的互联网消费金融贷款产品。新技术的应用使客户无须到营业网点等候办理贷款手续，互联网金融的新模式为客户带来新体验。

五、应对互联网浪潮的困惑和挑战

近年来，随着我国网络支付产业的高速发展和金融机构网络信息化的提高，产生了结合传统金融业务和互联网技术的新型金融业务模式，即“互联网金融”。互联网消费金融以“无抵押、低成本、超便捷”的信贷模式，丰富了金融市场层次和产品，实现了金融服务的普惠性。互联网消费金融得益于互联网技术的进步，相较于传统的消费金融服务模式，一般具有覆盖用户面更广、提供服务更便捷等特点。

（一）业务模式方面

目前，国内互联网消费金融市场处于启动阶段，随着互联网金融行业的整体发展、居民消费观念的进一步升级，以及对其服务模式的逐步认可，互联网消费金融市场保持爆发式的增长。在此过程中，出现多种业务模式，北银消费金融公司在“互联网+”时代不断进行探索尝试。

1. 电商模式下互联网金融的困惑。电商的互联网消费金融服务模式主要依托自身的互联网金融平台，面向自营商品及开放电商平台商户的商品，提供分期购物及小额消费贷款服务。由于电商在互联网金融、零售网络、用户大数据等领域均具有较明显的优势，因此，在细分的互联网消费金融领域中，综合竞争力非常强。这种能够把控消费第一入口的公司，通过自己构建相对完整的消费场景和生态圈，令用户在其体系内完成消费购买、风控、分期服务、还款，形成一个完整闭环的模式，是互联网电商平台开展消费金融业务的优势，也是北银消费金融公司互联网业务的发展规划方向，但其发展的难度在于如何超越电商提供丰富的产品，构建多样化的消费场景，令用户沉浸其中，使公司在用户获取、用户黏度和重复消费方面更有优势。

2. 银行模式下互联网金融的困惑。银行的互联网消费金融服务模式相对简单，消费者向银行申请消费贷款，银行审核并发放，消费者得到资金后购买产品或服务。银行目前在积极布局网络消费的全产业链，谋划业务创新，应用新技术、顺应新趋势，在汹涌袭来的互联网金融浪潮中占得一席之地。民生银行选择了与阿里巴巴开展合作，双方签订了战略合作框架协议。物理网点不多的广发银行也将互联网金融提升到战略层面，准备与阿里巴巴在网上营业厅等方面开展合作，并计划在这个平台上推出一系列创新金融产品。除了阿里巴巴这一平台，也有银行将目光瞄向了其他大型互联网企业平台，比如苏宁易购。目前，北银消费金融公司也已开启与互联网企业的合作，比如赶集网，但是优质的互联网企业数量有限，这种发展模式不可能被无限复制。如何更有效地扩展客户群，高效完成线下到线上的销售模式的转换，实现全线上业务流程，保证审批时效和风险防控的有效性，是公司互联网业务发展规划的突破点。

（二）技术应用方面

互联网技术手段扩大了消费金融服务覆盖的用户群体及消费场景，互联网特别是移动互联网技术在消费金融领域的应用，如云计算、移动互联网、大数据、个人征信，使消费金融服务更具有普惠性，能够覆盖更多的中低端用户群体，也进一步扩展到生活消费的各个场景，达到“万物可期”的局面。但作为金融机构，与互联网企业相比，北银消费金融公司在互联网专业技术应用方面存在一定的短板。

1. 面对大数据时代互联网个人征信的挑战。传统征信数据主要源自银行信贷领域，而在互联网时代，数据源更广，种类更丰富，时效性更强。交易数据、社交数据等也能反映客户社会关系和经济行业的特征，从而间接反映出个人信用状况。如何合规合法的获取这些数据，如何充分运用大数据搭建风控模型及建立包含数百个参数的多维度信用分析模型，即使是对全新客户也可精准、高效的完成信用评估，这个问题一直困扰着我们。目前，已有部分企业在积累大数据和构建精准模型算法上下了不少工夫，比如芝麻信用利用电商交易数据、腾讯征信利用社交数据、京东金融利用消费数据、拉卡拉利用支付数据、中诚信的银行信贷数据等。北银消费金融公司对外部数据获取困难，专业数据处理人才有限，在缺乏上述数据的情况下如何快速有效判定借款人的个人信用面临挑战。推动社会公共信用基础设施建设，鼓励从业机构依法建立信用信息共享平台，构筑完整的个人信用信息基础数据库，才能为互联网消费金融行业破解征信难题。

2. 面对识别借款人真实身份的挑战。基于身份认证的重要性及当前互联网渠道业务开展受限于风险管控方式的现状，北银消费金融公司积极优化身份认证的手段，对人脸识别技术、银行卡交叉校验方式进行积极探索。同时引入第三方权威电子认证服务机构对客户申请行为进行电子认证，使用可靠的电子签名，生成与纸质协议同等法律效力的电子协议，形成完整的证据链。但即便如此，仍然面临较大的欺诈风险，如何运用互联网新思维、科技新手段，组合多种验证方式以达到准确识别客户身份的目的，防止出现骗贷行为，北银消费金融公司任重道远。而生物识别技术、电子身份校验等都对北银消费金融公司的专业人才储备提出挑战。

六、互联网金融与传统金融机构在竞争中融合发展

互联网金融爆发出了强劲的成长力，在加速资本流动、改善配置效率的同时，也加剧了金融市场的竞争，推动了传统金融机构的改革。互联网金融不仅在渠道上影响着传统金融机构的产品和服务，而且还变革着传统金融机构的融资渠道，给传统金融机构注入了新鲜血液。互联网与金融的高度融合，适应了当前信息技术发展的趋势，有利于促进金融改革和发展，对传统金融机构而言，其影响有冲击的一面，也有促进的一面。

（一）分化传统金融机构的支付功能

互联网金融打破了时间和空间的限制，影响了传统金融机构的

支付中介地位。如支付宝、财付通和快钱等能够为客户提供转账汇款，代购机票与火车票，信用卡还款，代缴燃气、水费、电费等结算和支付业务，并已经占有相当的份额，对商业银行形成了明显的替代效应。随着互联网和电子商务的发展，第三方支付平台交易量和流通量越来越大，涉及的用户越来越多，传统金融机构的支付功能被进一步弱化。

（二）传统金融机构的中介角色弱化

金融脱媒使资金供给绕开商业银行，直接输送给需求方和融资者，完成资金的体外循环。在传统金融业务往来中，主要由银行充当资金中介。在互联网金融模式下，互联网企业为资金供需双方提供了金融搜索平台，充当了资金信息中介的角色，这将加速金融脱媒，使传统金融机构的资金中介功能边缘化。

（三）填补传统金融机构的业务空白

由于对企业审核要求的限定、规避风险的要求和信息获取的不对称性等原因，小微企业往往难以获得传统金融机构的贷款支持。而互联网金融凭借数据信息的优势，可以直接向供应链、小微企业提供贷款支持。例如，专注于自身平台上下游小微企业融资服务的阿里小贷，开发了订单贷款、信用贷款等微贷产品，客户从申请贷款到贷款审批、获贷、支用及还贷，整个环节完全在线上完成，零人工参与。商户申请时间只要 3 分钟，贷款到账只要 1 秒钟。与此同时，受益于对消费者交易行为与经营情况的精确把握，阿里小贷的不良率略低于商业银行的平均水平。互联网金融把排除在传统金融机构体系之外的客户串联了起来，对传统金融机构的信贷业务空白进行了覆盖，起到了拾遗补缺的作用，充分利用了长尾效应，这无疑对传统金融机构的影响是积极的、有利的。

（四）促进传统金融机构的产业创新

互联网与金融的融合，带来了金融的民生化和个性化。传统金融机构更加致力于产业创新，传统经营服务模式面临深层次变革，以产品驱动的销售型向以客户需求为中心的服务型转变，从传统的代销角色向资产管理转变。互联网金融利用互联网技术，将金融产品“关注用户体验”、“致力界面友好”等设计理念发挥得淋漓尽致。传统金融机构在产品不断推陈出新的过程中，更加注重客户体验，“以客户为中心”的理念不再是一句空洞的口号。应对“余额宝”，传统金融机构纷纷推出银行系“宝宝”类余额理财产品；应对“P2P 网贷”，传统金融机构也低调试水网络信贷，“小企业 E 家”等应运而生；传统金融机构更是推出电商平台，依托自身强大的信用体系，融资金流、信息流和物流为一体，为客户提供信息发布、交易撮合，形成从支付、托管、担保到融资的全链条服务。正是互联网企业对传统金融机构的“搅局”，使传统金融机构被迫“触网”，寻找自己在互联网金融形势下新的坐标，促进产业的升级和创新。

互联网金融不是互联网和金融业的简单结合，而是互联网的开放性与传统金融高度整合的产物。传统金融机构借鉴互联网“开放、平等、协作、分享”精神，不断拓展金融服务的广度和深度，打造智慧银行，重塑业务流程，高效配置资源。从积极的角度看，互联网金融的“鲶鱼效应”促进了传统金融机构服务、产品、经营、创新的加速。通过互联网工具，金融业务具备了透明度更强、参与度更高、协作性更好、中间成本更低、操作上更便捷的特征。互联网金融对传统金融机构的影响既是变革，也是有机的融合。

七、发展互联网金融的政策思考

尽管我国已经陆续出台了一些针对互联网金融的法规或文件，但总体法规仍然偏少，无法满足互联网金融层出不穷的创新业务的要求。尤其是监管职责划分和互联网金融经营范围有待明确，应以立法的形式明确互联网金融机构的性质及法律地位，对其组织形式、准入资格、经营模式、风险防范、监督管理和处罚措施等进行规范。

尽管互联网金融机构在技术与创新方面相较于传统金融机构更有优势，但与传统金融机构相比，互联网金融机构在金融风险意识、风控手段方面还存在不足。互联网企业多通过数据挖掘及数据分析获取个人信息，存在技术甄别风险，因此应完善其风控管理体系，信息安全体系，防止遭受网络攻击，造成客户信息泄露，给客户及自身造成损失。

此外，大数据技术在互联网金融发展过程中将起到至关重要的作用，为保证大数据技术在互联网金融产业合理、合法的使用，相关机构及监管部门应相互配合，共同构建大数据平台，以满足互联网金融的数据信息需求。

（一）在线身份识别是互联网金融最重要的基础设施

由于不设物理网点，无营业柜台，传统金融的“面签”要求是否可以突破成为首先要解决的问题。可喜的是，在积极鼓励金融业改革创新、推动银行业战略转型的背景下，中央银行在2015年初下发了《关于银行业金融机构远程开立人民币银行账户的指导意见（征求意见稿)》，对银行远程开立账户提出框架性意见，“人脸识别”技术有望代替传统“面签”的身份验证方式。

为顺应互联网金融的发展趋势，应基于事实重于形式的原则，在核实身份的形式上展开创新。在身份认证上，业内较通用的做法是通过快捷的方式认证用户实名信息，核实用户身份。用户在使用银行储蓄卡绑卡校验时，银行会通过银行间交叉身份认证实现用户身份识别。

（二）征信是互联网金融基础设施建设的重要内容

事实上，由于缺乏人民银行征信系统的征信信息，无法享受到银行的信贷服务还是一种常见现象，大家也逐渐意识到单纯依靠某个机构或者政府部门建设这些金融基础设施并不现实。

目前，我国互联网金融的信用信息尚未被纳入人民银行征信系统。P2P、电商小额贷款机构等新型信贷平台的信贷数据游离于征信体系之外，无法利用征信系统共享和使用征信信息，对线下借款人的真实信用状况缺乏了解，导致坏账率升高，风险加大。同时，自发组织或市场化运营的共享平台的信用信息远远满足不了互联网金融行业发展的需求。

人民银行于2015年初印发《关于做好个人征信业务准备工作的通知》，要求芝麻信用管理有限公司、腾讯征信有限公司等8家机构做好个人征信业务的准备工作，完善征信体系迎来了新的历史机遇。

（三）将“社交大数据”转化为“金融大数据”

通过“大数据分析”的方法对申请人发放贷款成为一种流行的趋势。互联网大数据借助电商、社交平台的各种资源，主要运用社交网络上的海量信息，比如即时通信、在线时长、登录行为、虚拟财产、支付频率、购物习惯、社交行为、游戏行为、媒体行为和基础画像等数据，为用户建立基于线上行为的征信报告，得出信用主体的信用评分。

但是，社交大数据得出的信用评分并不能简单地与金融信用画等号。事实上，数据采集量越大，其可能带来的“数据噪音”也越多。然而，数据并不是越多越好，如果大量数据与用户的信用状况没有直接挂钩，那么数据的有效性就会打折扣。基于“社交大数据”信用模型的建立可能需要不断修正。

（四）降低互联网金融法律风险

互联网金融的快速发展为我国互联网金融立法带来挑战，现有的《银行法》、《保险法》和《证券法》大都基于传统金融业务模式。对于互联网金融的电子合同有效性的确认、个人信息保护、交易者身份认证、资金监管、市场准入等尚未有明确规定，所以在互联网金融的交易过程中容易出现交易主体间权利义务模糊，不利于互联网金融的稳定发展。

加强互联网金融风险法制体系建设，包括加大立法力度、完善现行法规、制定网络公平交易规则。借鉴国际经验，从四个层面加大力度：

1. 梳理与互联网相关的现有法律法规，结合互联网金融特点加大基础性立法工作，建议明确互联网金融交易主体的职责权利、行业准入门槛、交易行为规范。

2. 修订和完善互联网金融的配套法律体系，建议修订现有法律体系中对互联网金融不适用的条款，完善对互联网金融犯罪责任追究的法律规范。

3. 补充制定有利于互联网金融健康发展的行业法规，建议制定互联网金融公平交易规则及安全法规。

4. 加快信用体系建设，加强互联网金融违法监测及消费者权益保护。一是健全企业和个人信用体系，建立支持互联网金融发展的商业信用数据平台。二是将互联网融资纳入社会融资总量，建立完善的互联网融资统计监测指标体系。三是将互联网金融纳入反洗钱监管。四是加强互联网金融消费权益保护，完善相关立法，明确机构职责，强化信息披露，建立司法保护机制，切实保障消费者合法权益。

八、结束语

当今新时代，无论是传统金融机构，还是新兴企业，都无法忽视互联网金融业的迅猛发展，以及互联网金融迅猛发展对人们生产、生活的改变，但是互联网金融的迅猛发展并不是对某一行业的覆盖，而是对传统金融生产、服务的进一步延伸和升级，互联网金融带来的“鲇鱼效应”给金融创新提供了非常强大的推动力。因此，我们应该在防范互联网金融风险的前提下，促进互联网金融健康发展。

经典案例

JINGDIAN ANLI

支 付 类

工商银行e支付无界面产品成功应用于知名电商平台

互联网金融发端于支付领域的革新，2015年第一季度，我国第三方支付市场中移动支付交易规模达2.8万亿元，环比增长5.18%，移动支付场景不断丰富，消费者用户习惯逐渐形成。商业银行和第三方支付机构为应对市场趋势转变，纷纷推出小额快捷支付产品，以“手机号+银行账号后六位+手机动态密码”作为支付安全认证方式。

为进一步提高小额支付便捷性，工商银行推出工银e支付产品，客户通过电子银行渠道或柜面开通后，可使用工银e支付进行小额支付。工银e支付根据电子商务交易过程中是否使用工商银行支付页面的不同，分为有界面支付和无界面支付两种方式。下文介绍的即为工商银行应某知名电商平台需求定制的工银e支付无界面产品应用。

一、案例介绍

近年来，电商客户逐渐从PC端向移动端转移，支付形态从传统网银支付向移动支付转变，基于此背景，某知名电商向工商银行北京市分行提出移动端小额快捷支付合作需求。根据商户需求，工商银行将工银e支付无界面支付产品嵌入到商户自有交易流程中，使客户可以直接在商户界面完成支付，极大地提高了交易效率和客户体验度。

（一）“痛点”解决

该方案为电商客户解决了传统线上支付的三个“痛点”：一是可跨终端、跨平台、跨浏览器，能支持 PC、手机、平板电脑等终端设备；二是操作方便，没有使用门槛，客户通过在银行预留手机号的手机终端即可完成支付；三是没有大量页面跳转，减少客户被“钓鱼”的可能性。

（二）亮点创新

工银 e 支付的传统应用场景主要是有界面的 PC 端支付，将工银 e 支付无缝衔接到该电商移动端的交易流程中，创造出客户体验良好的支付应用场景，是实施过程中的核心问题和最大创新点。经双方充分沟通，梳理该电商移动端支付过程中的主要逻辑，就支付流程原型设计方案反复斟酌，并就后续支付流程如何优化、如何为新增支付功能预留空间等进行调整，最终移动端支付场景全面兼顾了良好的客户体验和工银 e 支付产品的支付流程。

二、应用成效

工银 e 支付无界面产品于 2015 年 4 月初在该知名电商客户端上线，当月交易笔数 28 万笔、金额 6100 万元，5 月、6 月更以环比 100% 的速度高速增长，现已成为该知名电商在工商银行北京市分行互联网支付通道中的主要业务来源。

产品上线前，工商银行北京市分行与该电商就方案设计进行了一年多的前期准备，双方在产品设计、代码开发、联调测试、推广上线等过程中密切合作，工商银行在此过程中深入体会到该电商所秉持的互联网基因，如严谨高效的开发设计流程、客户体验优先的产品设计原则，给银行从业人员以强烈的震撼。目前，产品实现了工银e支付已签约客户直接使用工银e支付进行快捷支付的设想，下阶段，工商银行将为非工银e支付客户提供工银e支付签约并一步支付的解决方案。

三、案例评析

支付结算领域的革命率先拉开了互联网金融序幕，甚至有“得支付者得客户”的言论。人民银行等十部委联合发布的《关于促进互联网金融健康发展的指导意见》提出“将互联网支付还原回小额、快捷的本质”，也促使之前游离于监管缝隙中的第三方支付机构回归消费支付本质，其资金汇划融通的类银行业务将逐步萎缩。

同时，传统银行在支付结算上拥有系统、数据和人才方面的专业化优势，风控能力和业务规范性社会认同度较高，新型电商则在商业模式、应用场景和获客渠道上具有潜在优势，对于追求业务可持续发展的电商和亟待转型的传统银行而言，两者都有合作的主观愿望和内生动力。工商银行此款无界面支付产品聚集的客户信息流、资金流较为客观，随着双方的深度绑定，银企在商业模式上的合作和依赖将更为深入。

农业银行“金易通宝”服务新发地交易市场

随着移动互联技术的加速发展，移动商务成为互联网金融中最有生命力的领域。目前，商业银行在移动金融领域中比较成熟的渠道包括掌上银行、短信银行等，功能集中在支付、理财、缴费等业务，部分掌上银行客户端在外围涉及一些特约商户，用于满足其在线支付需求，但渠道和商务连接的环节并不紧密，如何实现移动渠道与商务的连接，解决客户“痛点”是业务发展的关键。

一、案例介绍

“金易通宝”是农业银行为专业市场量身定制、精心研发的银行同业首款移动商务客户端（APP），于 2014 年 10 月在北京新发地农产品批发市场首次试点应用，同时也适用于建材、烟草等行业的批发商户。

（一）产品应用

北京新发地农产品批发市场是北京，乃至全国交易规模最大的专业农产品批发市场，对蒙古、俄罗斯等国也有一定辐射力。目前，市场已形成以蔬菜、果品批发为龙头，肉类、粮油、水产、调料、副食、种子等十大类农副产品综合批发交易的格局，承担了首都90%以上的农产品供应，是首都名副其实的“菜篮子”和“果盘子”。

在互联网金融快速发展的大趋势下，新发地市场近两年也在探索对现有交易方式进行补充和融合，成立了电子交易中心、与京东商城合作开设旗舰店等，但主流结算方式仍然是“三现”交易，即现场、现金、现货，缺乏专门应对电子商务的工具。农业银行的“金易通宝”产品通过模拟商户日常交易环节，集成了商品管理、客户管理、账本（简单记账、详细记账）、收款（MPB收款、现金收款、先记账后收款）、收入统计等功能，为商户提供了便捷优惠的支付通道和低门槛的信息化管理工具，帮助商户解决了收款不方便、记账不方便、客户管理不方便的难题。

在业务办理上，商户持本人身份证及状态正常的农业银行借记卡、本人正常使用的手机号到农业银行网点签约后，在移动终端安装农业银行移动金融客户端并配置MPB设备（俗称“移动支付盒子”，通过蓝牙与“金易通宝”客户端连接使用），通过移动金融业务平台即可享受相关服务，业务办理简便、使用方便、风险可控，同时以点代面、便利商户、服务“三农”，具有良好的市场前景。

2015年7月开始，农业银行北京市分行与新发地市场联合开展“金易通宝”产品的落地推广活动，之后将在全市各专业市场铺开，让个体商户体验跨行移动支付创新带来的便捷和实惠。

（二）风险把控

为更大范围的服务商户，农业银行针对“金易通宝”业务上线了跨行支付功能，由于跨行支付涉及否认交易问题，为兼顾业务合规和成本节约，该行推出了电子签购单和纸质签购单（机具增加打印模块，提高机具成本和携带难度）两个版本，一期主推电子签购单版本，后续将根据市场反馈择机推出纸质签购单版本。

使用电子签购单版本时，客户需在手机屏幕上手写签名，银行通过口头提醒、宣传折页等方式提示商户注意客户签名规范、清晰可辨。同时，银行后台系统增加“电子签名调单”功能，接收交易信息及电子签名图像文件，并生成每笔交易信息和电子签名图像文件的对应关系。对客户否认交易的，通过交易日期、收付款方卡号、手机号等信息即可分析争议交易，最大限度地保证便捷性和安全性。

此外，尽管刷卡设备经银联认证、农业银行保证交易数据加密传输，但目前跨行支付功能仅针对普通磁条借记卡和IC借记卡，虽然客户对使用贷记卡支付有强劲需求，但因为没有从根本解决套现问题，系统暂时未开放贷记卡接口。

（三）发展前景

未来，农业银行将依托大数据技术，加快移动商务应用平台建设，将“金易通宝”产品推广应用到肉类、蔬菜、水果、水产、商贸、建材、烟草等各类批发市场以及上门收款、快递收款等各类场景。一是增加二维码支付功能，以应对无卡化浪潮；二是根据行业特征设立专版，如针对新发地或肉类批发等涉及食品批发的行业，将“金易通宝”系统与政府的流通追溯系统对接，形成来源可追溯、去向可查证、责任可追究的质量安全追溯链条，针对商品保值期较长的行业，如烟草、建材等行业，在“金易通宝”中增加物流（发货、退货）和库存管理功能，便于客户进行商务管理。

二、案例评析

农业银行北京市分行围绕普惠金融、支持“三农”、服务民生加快移动电子商务创新试点，在其擅长的农产品批发市场打造了丰富多样的移动支付应用模式。通过模拟商户日常交易环节，集成多项功能，为商户提供便捷优惠的支付通道和低门槛信息化管理工具，这也是互联网金融"场景化"的体现。在普惠金融领域，金融需求具有批量化、标准化的特征，商业银行只要针对专业市场的某个"痛点"作出改变和创新，深耕用户需求，就能获得意想不到的收获和反响。农业银行开发"金易通宝"服务新发地商户的案例，就是互联网金融运用于"三农"普惠领域的有益尝试。

农业银行以开发包容心态与第三方支付机构合作

互联网金融的崛起使传统金融与新兴金融互促共生，农业银行紧抓第三方支付行业这一电子化金融的重要载体，坚持创新驱动发展、转型提质增效的发展战略，积极与第三方支付机构开展业务合作。

一、案例介绍

（一）上线第三方支付机构客户备付金监管系统

2013 年 8 月起，人民银行营业管理部两次召集各商业银行在京分支机构和第三方支付机构，共同探讨《支付机构客户备付金存管办法》实施细则，明确了“分户监管、监管到户”的监管思路，争取在全国范围内率先推出一套可行的监管方案。农业银行北京市分行在会后积极走访拟开展试点的第三方支付机构，认真听取客户需求和建议，依托该行银企专线直连系统，借用现有的多级账簿和现金管理代收付产品，推出了自身的解决方案。同时，积极向总行争取产品创新权限，主动承担系统设计研发工作，仅用两个月时间就在系统内首家实现了第三方支付机构客户备付金监管系统的研发上线工作。该系统依照人民银行营业管理部“监管到户、核算清晰、总分相符、明细可查”的要求，具备合约管理、资金监管、短信签约和网站查询等功能，并具有较强的扩展性，能为各类电子商务企业提供线上资金结算和监管服务，为在互联网支付结算领域开展金融服务奠定了基础。当前，农业银行北京市分行已与20家第三方支付机构签署了备付金存管或合作协议。

（二）上线跨境电子商务外汇支付业务系统

2013年2月，为规范支付机构跨境互联网支付业务，国家外汇管理局决定在北京、上海等地开展试点，允许参加试点的支付机构集中为电子商务客户办理跨境收付汇和结售汇业务。农业银行北京市分行自2013年9月起对跨境电子商务外汇支付业务进行系统性研究和多方调研，并由主管行长亲任项目组组长，启动项目开发工作。历时4个月，该行完成了需求撰写、方案修订、实地访谈、系统搭建、外汇监管沟通等工作，在系统内率先完成跨境电子商务外汇支付业务系统的搭建和运营。该系统使农业银行北京市分行作为备付金存管银行或合作银行，协助支付机构为小额电子商务（货物贸易或服务贸易）交易双方提供跨境互联网支付所涉的外汇资金集中收付及相关结售汇服务，可在结售汇、跨境支付及收入、备付金账户管理等方面确保外汇支付的顺利进行。

该系统具备三大优势：一是运行稳定，使用安全的数据交互方式，数据库、业务管理端等设计严谨，能以最快速度处理结售汇及收支数据；二是审慎合规，通过对政策的深刻解读和与监管机构的密切沟通，确保系统运营符合监管法规；三是后续研发能力强，在产品优化上，坚持总分行联动，逐步提升数据传输稳定性和业务自动化处理程度。

二、应用成效

某支付公司是农业银行北京市分行首家上线跨境电商系统的商

户，该公司也是中国最早的支付机构和 Apple 在线商城、iTunes 在中国的唯一支付服务供应商。2015 年上半年，交易笔数近 1500 万笔，购汇金额共计人民币 20 多亿元，庞大而成功的交易笔数和交易额，验证了农业银行跨境支付系统结售汇及数据处理能力的稳定性。

截至 2015 年 6 月末，农业银行北京市分行已与 28 家持有人民银行牌照的第三方支付机构开展包括资金管理系统、互联网支付在内的业务合作，客户规模稳居农业银行系统内前列。

三、案例评析

第三方支付机构对银行及银行业务的冲击一直被反复提及，经过短短十年的发展，第三方支付无论是在业务运营模式、业务整体规模，还是在业务发展范围方面都发生了巨大变化。从业务模式看，第三方支付从最初仅充当银行网关支付平台的单一角色，发展到目前除了担任银行支付中介，还担任交易双方信用担保的双重角色转变。前几年，因监管政策、收费费率等标准不明确，第三方支付对银行已有市场份额带来巨大冲击，农业银行北京市分行在当时的政策环境下没有自怨自艾，而是以开放的心态和积极的态度服务于第三方支付机构，实属难能可贵。《关于促进互联网金融健康发展的指导意见》提出“互联网支付应始终坚持服务电子商务发展和为社会提供小额、快捷、便民小微支付服务”的要求后，第三方支付机构将回归“支付”本质而非银行转账、银行信用的功能，这将重新定义第三方机构与银行的合作关系，为银行带来新的业务发展契机。

交通银行细分行业 创新电商跨行跨媒介应用

随着互联网创新成果与各经济领域的深度融合，互联网产业与传统行业在激发创新活力、创新公共服务模式方面的跨界融合也越发频繁，实体行业借力“互联网+”的需求也越发迫切。交通银行北京市分行发挥电子商务的支付结算优势，为某大型垄断企业建立了基于网上订货系统的电商平台，帮助其实现更加快捷、便利和透明的网上一站式营销、订货、配货、结算，大幅提高了企业经营管理质效。

一、案例介绍

该企业为经营特许商品的垄断企业，按现有业务模式需接受全国各地零售商户的分散订货和支付结算。原有订货系统不支持在线资金支付，零售商户只能采用现金、支票或柜面汇款方式支付，操作流程复杂，且存在资金流和信息流割裂问题；而选择采用被动扣划方式付款的零售商户，只能通过已签订扣划协议的银行完成货款缴纳，且被动扣款存在货款结算透明度差的问题。随着企业业务不断壮大，上述问题逐步凸显，亟待银行协助解决。

交通银行北京市分行通过与中国银联等机构合作，为该企业量身定制了基于互联网在线一站式服务的“××订货系统”，并在全国各分公司中推广应用。该系统在跨行、跨媒介支付方面进行了如下创新：一是在订货系统中添加了资金支付功能；二是零售商户资金由被动扣划转变为主动支付；三是实现跨行资金清算，提高资金使用效率；四是确保支付平台的可延展性，为手机、电视、电话等终端支付预留空间。

该系统初步实现了企业提出的“四网合一”（网上订货、网上营销、网上配货、网上结算）需求，可实现零售商户在订货系统网上购货和资金支付联动，并支持个人银行卡、对公账户的跨行支付。通过银联支付系统和公司核心系统之间的对接，使银企对账、结算、资金归集等服务更加高效快捷。

此外，为提升本行卡在零售商户跨行支付中的占比，交通银行专门还为商户开发了“零售商户订货积分管理系统”，该系统可根据商户使用交通银行卡的订货总金额给予商户专享的购货积分，并配套相应的专属积分奖励计划。这种针对某单体行业客户设计的积分奖励计划在业内尚不多见，也是交通银行在业务管理和流程设计上的一次大胆尝试和突破。

二、应用成效

交通银行北京市分行依托移动网络等现代信息技术为企业搭建跨银行、跨媒介的电子支付平台，实现了零售商户对特许商品货款的跨行支付结算，为零售商户提供了更便利、自主的支付工具，与传统行业构建起更加牢固的银企合作关系，一方面提升了零售商户的获利水平和对企业的认可度，另一方面银行可在跨行结算中抢占市场份额，实现零售商户、企业和银行的三方共赢。

自 2014 年该系统平台上线以来，通过交通银行电子支付平台发生的交易额达数亿元，该系统平台上的资金交易规模将稳步增长。

三、案例评析

推动互联网由消费领域向生产领域拓展，加速提升产业发展水平，增强行业创新能力是“互联网+”的发展趋势。“互联网+”的内涵中必然有实体经济和需求作为支撑，商业银行在实体经济的融资供给中深耕多年，对传统细分行业发展特点、经营管理需求和发展“痛点”有较为深刻的体会认识，为企业客户提供综合化、专业化的一篮子金融服务正是商业银行所擅长的。上述案例中，交通银行北京市分行践行“跨界”、“增值”的商业模式，为该企业提供跨行、跨媒介的支付结算和网上订货、配货系统。随着系统平台的平稳运营以及银企关系的深入融合，由此带来的企业及零售商户资金沉淀、金融服务需求的延伸、客户交易数据的积累和客户黏性的提升，对银行而言具有巨大的商业价值。商业银行在参与互联网金融的初期应秉持“开放、包容、共享”的发展理念，立足当下、着眼长远，在传统优势领域中扬长避短，开辟竞争新“蓝海”。

交通银行铁路货运线上线下一体化清算业务

铁路货运因其运量大、运费低成为我国交通运输体系的骨干力量，也是传统交通运输业向现代物流业转型发展的中流砥柱。在长期关注传统铁路货运系统互联网化、电子信息化转型发展的过程中，交通银行北京市分行深入了解货运系统特点及资金清算个性化需求，以铁路系统搭建货运电子支付平台为契机，向企业提供了线上差异化、线上线下一体化的互联网金融产品。

一、案例介绍

（一）产品设计初衷

铁路货运企业在现有铁路电子支付平台的总体架构基础上，拟建成满足铁路货运业务需求的电子支付系统。交通银行北京市分行了解到企业在资金清算方面有若干个性化需求：

一是实现铁路货运支付的统一接入，最大限度地满足和方便客户支付需求；二是实现铁路货运支付资金的集中管理；三是保障客户在支付等操作时的资金安全。为此，交通银行专门设计开发了支持线上预保留支付、线上线下一体化清算的货运电子支付平台，协助铁路货运公司实现现代化物流与互联网联姻的战略转型。

（二）“痛点”解决

通过对货运系统业务模型的深入分析，交通银行北京市分行研判业务难点主要体现在两个方面：一是客户在支付货运订单资金时，因实际发生的运费金额存在不确定性，需要对客户资金进行预保留或冻结，但银行目前仅支持 POS 资金清算的预保留模式，而线上网银支付无此功能。二是铁路货运公司需要线上网银支付和线下 POS 支付的一体化清算，而目前银行的线上、线下收单平台是独立清算的。

针对上述难点，交通银行北京市分行突破传统业务模式，将预保留支付模式的概念首次应用于线上网银支付交易，并允许收款企业对资金冻结时间、划款次数与解冻模式进行个性化定制，且既支持对公账户也支持个人账户支付。同时，开发设计了线上、线下资金一体化清算系统，根据双方商定的清算时间节点，实现资金一体化清算，并按企业需求将线上收单、线下 POS 等渠道交易数据汇总形成对账文件，为企业提供交易查询、对账、信息下载等功能。

二、应用成效

铁路货运系统的预保留支付和线上线下一体化清算是交通银行首次开展的业务创新与应用，在业务流程和管理制度上对原有的会计核算及总分行间的账户体系均有一定程度的突破。目前，因铁路货运系统和交通银行的铁路货运电子支付平台尚在测试过程中，该项目上线后，预计通过互联网渠道的收款交易额相当可观，并将逐年增长。

三、案例评析

通过银行线上、线下收单功能和清算体系的优化创新，铁路货运企业满足了货主既可通过货运电子商务平台也可通过货运车站窗口办理业务的需求，且资金支付便捷、安全、可靠，增强了货主对铁路货运公司的黏合度。银行通过为铁路货运企业量身定制资金清算业务，获得相应市场份额和深入合作的可能性，双方实现了优势互补和银企共赢。当前，部分第三方支付公司已在虚拟账户基础上开发了类预保留支付需求的产品及应用，但商业银行在实体账户管理和操作上对客户权益保护、资金账户安全等有很高要求，系统控制及相关限制较多，发展此类业务存在一定难度。但交通银行北京市分行研发的此款产品填补了银行线上资金保证类支付产品的空白，随着《关于促进互联网金融健康发展的指导意见》的落地执行，商业银行在互联网支付领域将面临更多机遇。

光大银行"云支付"　跨行快捷　一点接入

随着客户消费行为的互联网化，电子支付交易量快速提升。2015年光大银行探索推出了"云支付"这样一个支持受理他行卡的支付产品，将大小额支付、超级网银支付、第三方支付等业务进行整合，通过服务功能的包装升级，为外部电商及光大直销银行等平台提供跨行支付、资金托管在内的专业化支付结算服务。"云支付"成为光大银行"一扇门、两朵云、三个E"发展战略的重要组成部分。

一、案例介绍

（一）基本情况

中国黄金集团是我国黄金行业中唯一一家中央企业，也是世界黄金协会在中国的唯一会员单位。作为光大银行电子支付业务的重要合作商户，光大银行一直以来致力于协助合作伙伴在其业务互联网化的转型中提供专业化的解决方案。

在光大银行与中国黄金集团在支付业务领域合作了 B2C、B2B 等传统电子支付业务的基础上，进一步开展了"云支付"业务的合作，为中国黄金集团全平台全渠道受理本行及他行银行卡电子支付需求提供了同业内领先的解决方案。

（二）产品创新

光大银行"云支付"在传统电子支付业务基础上，创新性地支持受理他行卡的支付产品，将大小额支付、超级网银支付、第三方支付等业务进行整合，通过服务功能的包装升级，为外部电商（中国黄金集团）及光大直销银行等平台提供跨行支付、资金托管在内的专业化支付结算服务。产品内涵丰富，可提供全方位支付解决方案。“云支付”可提供个人与企业、线上与线下、虚拟与实体、本币与外币、本行与跨行、境内与境外等综合支付解决方案；同时作为银行开发的支付工具具有更高的信用保障。目前，“云支付”已在中国黄金集团电商等平台上线并保持平稳运行。

（三）优势互补

光大银行与中国黄金集团的“云支付”合作，通过双方资源互换、优势互补实现利益共享。一是丰富了银行电子支付业务的应用场景，满足了商户电子支付的跨行多渠道受理需求；二是支持客户使用非光大银行卡进行多渠道支付的需求，符合客户使用习惯，带动了电子支付业务的交易量、交易额的增长；三是提高光大银行电子支付业务的受理范围，在提升客户易用性体验的同时，提升光大银行“云支付”业务在电子支付业务领域的品牌影响力；四是拓宽了中国黄金集团电子支付受理银行卡的范围，带动其新客户的增长，助力其提升客户黏性。

二、业务效果

随着光大银行与中国黄金集团在电子支付业务领域的合作进一步加深，中国黄金集团销售量节节攀升。尤其在光大银行与中国黄金集团合作进行“北京申办 2022 年冬奥会成功纪念”邮票纯金仿印典藏产品销售过程中，“云支付”发挥出强大的支持功能，截至 2015 年 10 月末，已经累计销售纪念邮票 28000 余套，销售金额超过2800万元。光大银行下阶段将进一步探索“云支付”与第三方支付平台及电商平台的创新合作模式，依托“云支付”业务打造电子支付业务的光大品牌，全力推动电子支付业务实现跨越式发展。

三、案例评析

随着手机、平板电脑等移动智能终端以及互联网技术的快速发展，国内的移动支付市场持续保持高位增长，呈现爆发式态势。商业银行传统支付地位越来越弱，逐渐淡出客户视线。“云支付”作为光大银行推出的兼容移动端应用的支付产品，通过银行的跨行收单平台，电商与光大银行一点接入，银行为直连电商（PC端、移动端）提供云支付服务，客户通过云支付完成跨行快捷在线支付。“一点”接入，全渠道受理，轻松便捷。“云支付”的推出不单纯是适应了市场需求，更是传递一种服务理念，即传统银行在无界的时间和无限的空间中，通过全渠道受理方式，在回应市场需要深刻转型。

南京银行“贴鑫付”刷出新时代

随着 IC 卡的普及，越来越多的 POS 终端和 ATM 已支持受理非接触式 IC 卡业务。智能手机和 3G 与 4G 网络覆盖面也越来越广，各家银行研发移动支付电子卡的条件已逐步成熟。继工商银行首先推出 HCE 云支付信用卡之后，南京银行也打造了基于 HCE 技术的移动支付产品——“贴鑫付”。

一、案例介绍

“贴鑫付”是南京银行根据中国银联的云端支付规范，基于 Google 的 HCE 技术，在安卓 4.4.2 及以上版本的具备 NFC 功能的手机发放的具有独立卡号、独立密码和账户的移动金融 IC 卡产品。

“贴鑫付”的使用渠道和功能如下：当“贴鑫付”进行 POS 消费或 ATM 取款交易时，如“贴鑫付”账户无余额或余额不足，绑定卡会将交易不足部分的资金自动转账到“贴鑫付”账户以完成交易。除 POS 消费和 ATM 取款外，“贴鑫付”不支持其他交易的绑定卡账户自动转账功能。“贴鑫付”销卡时，“贴鑫付”账户的余额将会被自动转回绑定卡活期账户中。销卡成功后，“贴鑫付”与绑定卡的绑定关系自动解除。绑定卡挂失时，持卡人须通过“贴鑫付”安全设置中“更换绑定卡”功能，解除与当前绑定卡的绑定关系，并重新选择本人其他有效借记卡与“贴鑫付”进行账户绑定。绑定卡销卡时，必须先解除“贴鑫付”与绑定卡的绑定关系。

“贴鑫付”采取了一系列新技术来保证客户信息安全和良好的体验，仅支持安卓 4.4.2 及以上版本的具有 NFC 功能的手机，并只能通过“南京银行手机银行”客户端申请办理。“贴鑫付”在申办时与一张本人南京银行借记卡进行账户绑定，且该借记卡必须符合实名制要求，并在该行预留了有效手机号码。所有操作直接在手机上完成，无须到银行柜面办理，客户体验良好。“贴鑫付”使用 HCE 云支付技术，并运用动态认证数据和临时密钥技术，实现了密钥等敏感数据在手机端的“一次一密”，有效降低了敏感数据泄露后造成的风险。此外，“贴鑫付”使用类似 TOKEN 技术，虚拟电子卡基本不支持线上交易，并在多数情况下只作为线下交易的中间账户使用，安全性进一步提高。

二、业务效果

截至 2015 年 9 月 27 日，“贴鑫付”已经开卡 700 多张，客户使用情况良好。“贴鑫付”的成功推出是南京银行在移动支付领域迈出的第一步，而可穿戴支付产品、小额免密功能、信用卡产品将会是“贴鑫付”下一步的发展方向。

三、案例评析

现阶段，国内还未形成银联或银行主导的移动支付的支付习惯。支付场所的营业员缺乏对客户的支付引导，客户缺乏对手机移动支付的便利和安全性的了解，使得移动支付产品的发展受到一定程度制约。因此，受制于整个大环境和终端问题，应用层面的进步并没有影响到整个消费者群体，移动支付创新仍然任重道远。目前人民银行已经在大力推广受理机具的 PBOC 改造，这项工作对移动支付的发展至关重要。“贴鑫付”正是基础于人民银行 PBOC2.0 标准的非接移动支付卡，是线下支付的一次大胆创新。

恒生银行构筑安全便捷互联网支付平台 提供创新优质金融服务

一、案例介绍

（一）基本情况

恒生银行（中国）有限公司（以下简称恒生中国）顺应国内电子商务及第三方网上支付服务的蓬勃发展，积极拓展电子银行建设。基于客户对银行卡支付功能、渠道和适用范围要求的不断提高，恒生中国于2015年第二季度在全国范围内推出基于国内第三方电子支付平台“财付通”的借记卡第三方网上支付服务，并在同年7月与腾讯合作，推出微信支付功能，成为首家推出该服务的外资银行。

（二）服务创新

一是“财付通”支付功能。恒生中国客户可通过借记卡和第三方支付平台“财付通”，实现网上购物与支付的无缝连接，即持有恒生中国发行的借记卡的客户可凭其借记卡在“财付通”平台支持的网站和自助终端上进行购物、消费、支付以及缴费等业务。

二是微信支付功能。恒生中国客户通过绑定微信快捷支付功能，即可享受玩乐、购物、网上缴费、支付车资等全方面的便利。只要是恒生中国用户，无论是本地居民，还是香港地区居民，皆可畅享一个恒生账户，享受该行提供的全方位的便利服务和快捷支付带来的生活便利。

（三）服务安全

对于风险把控，客户可通过恒生中国各行或致电电话理财中心申请，在通过客户身份确认后，恒生中国为其开通第三方网上支付权限。客户通过第三方支付平台成功注册并关联该行借记卡，或者通过微信钱包成功添加该行借记卡后，便可进行网上购物、公用事业缴费、支付账户充值等业务。恒生中国对借记卡第三方网上支付服务也设置了交易限额，客户可以申请下调交易限额，但不能上调交易限额。据此新业务的推出，恒生中国内部制定了详尽的操作流程和异常情况处理，对于客户的查询和投诉等制定了详细的规定和准备措施。

二、业务效果

为帮助客户了解该行推出的“财付通”支付功能和微信支付功能，恒生中国通过广泛的渠道，包括官方网站发布信息、营业网点张贴通知、发送短信等方式告知客户服务内容、条款和细则、如何防范和举报欺诈行为等重要信息。通过这两种便利、安全、快捷的互联网金融渠道，恒生中国向用户提供安全、快捷、高效的支付服务。

三、案例评析

以移动互联技术为核心的新技术浪潮和无所不在的移动应用涵盖了人们生活的方方面面，促成了“移动经济”的繁荣，移动互联将成为银行业一个创新和改革的竞争点和发力点。恒生中国在 2015 年上半年先后推出个人网上银行结售汇和外汇兑换业务，以及配合银行官微入口并适合手机浏览的个人网上银行移动版。2015 年上半年，通过恒生中国网上银行购买保本理财产品的笔数已达到全行总笔数的六成，超过半数的境内转账为通过网上银行完成，跨境转账占到全行总笔数的三成。随着“财付通”支付和微信支付的上线，相信恒生中国会给客户提供更多优质创新的金融服务，更人性化的用户体验。近年来，恒生中国从电子银行网上服务功能、销售功能、客户体验、电子银行安全性等方面进行全面升级，不断拓宽电子银行业务渠道，完善服务功能，为广大客户提供轻便的服务体验和优质的银行电子金融服务。

北银消费“轻松购”开启分期消费新模式

为落实发展普惠金融的政策导向，满足互联网时代个人客户多元化消费融资需求，北银消费金融公司（以下简称北银消费）依托自主研发的商户管理系统，拓展大型零售商业务合作渠道体系，以实现业务的全范围覆盖，创新研发出“轻松购”金融产品，为客户开启线下消费、线上分期的创新型分期消费模式。

一、案例介绍

（一）基本情况

“轻松购”是北银消费的创新型产品，为信用记录良好的客户提供预授信额度，客户可以用此额度在北银消费合作商场进行分期消费。北银消费通过分析客户历史消费数据，根据客户的活跃程度以及消费能力、消费需求对不同客户信用额度进行阶梯授信，授信额度可以多次循环使用、直接分期消费，让客户尽享极致快捷的购物体验。

（二）产品创新

第一，APP 申请，流程简单。产品申请流程简单快捷，客户通过北银消费手机 APP 提交申请，北银消费进行审批，出具审批结果，给出授信额度，客户在线上激活即可。

第二，线下购物、线上分期。此产品支持客户在北银消费合作商户进行消费。客户出门无须携带银行卡和现金，实现全流程线下体验线上支付的消费模式。

第三，一次申请、循环使用。对于“轻松购”的额度管理将采取循环授信原则，客户本期正常还款即可相应恢复可用额度。根据客户的还款情况以及提额意愿，系统还会对授信额度进行相应的调整，从而对授信账户进行更加灵活的管理，不仅能强化风险控制，也可以有效培养客户的信用意识。

（三）产品优势

“轻松购”是分期消费支付上的一次创新，为客户提供一个预授信账户，并审批通过一个信用额度，客户消费金额在该信用额度内的，则仅需支付首付款即可完成此次消费，实现客户“随时支用、想分就分”的良好体验。

二、业务效果

目前，烟台大悦城已与“轻松购”实现完美结合。烟台大悦城店庆当日，9 家商户开展消费分期业务，以 i-Zone 为例，单日创下 55 万元销售额，其中 40%为消费分期带来，提升业绩高达 66%。对客户进行回访，100%的客户对此次分期购物表示满意，并愿意将产品推荐给亲朋好友，60%的客户打算近期内再次进行分期购物。

三、案例评析

“轻松购”的开发将打破传统的信用卡消费模式，为客户开启线下消费、线上买单的无纸化操作平台。这种消费方式使客户既可以获得在实体店自由选购的真实体验，也可以享受互联网金融时代数字化消费的便捷，同时免除了承担一次性大额消费支出的压力；对于商户来说，也是通过为顾客提供方便快捷的分期支付方式，增加顾客流量，助力商场布局O2O，提升商场销量的良好方式。

邮储银行金融IC卡O2O营销

2013年，邮储银行北京分行响应总行号召，加快产品结构调整，优化营销服务流程，针对年轻消费客群推出“DO”卡——地铁商圈主题卡项目，以地铁旅客日常生活为主线，贯通银行、地铁多方渠道优势，串接线上线下联动O2O营销平台，打造银行、合作方与客户多方共赢局面，实现效益的可持续发展。

一、案例介绍

为赢取年轻客群关注，邮储银行北京分行与合作布放ATM机具多年的京港地铁进行沟通，以北京地铁4号线、大兴线、14号线贯穿京城南北线的41座站台，和邮储银行丰富网点资源为线下平台，通过对地铁内轨旁灯箱、走廊灯箱、安全门贴、换乘通道、指路牌、隧道媒体、宣传房、ATM侧贴等资源的规划设计使用，实现双方资源、客户、专业共享。通过联合京港地铁、地铁内自动售货机运营商及优质商户，开拓“DO”卡O2O营销模式。

一是打通线上营销宣传平台，开创“DO”卡微信公众账号，微信关注“DO”卡即得到饮料电子兑换券一张。在微信朋友圈中分享“DO”卡活动信息，还将获得精美礼包一份。关注微信的客户可刮卡抽奖，赢取饮料、电影券、充电宝好礼。同时，公众账号不断发布“DO”卡最新特惠商户信息，通过微信让客户了解“DO”卡，引起客户好奇。

二是打通线下兑奖办卡平台，微信活动中获得的饮料，可在地铁内贴有“DO”卡活动信息的自助售货机上自行兑换，电影券可直接去邮储银行合作特惠商户观影，充电宝直接到邮储银行网点领取，兑奖简便，且在兑奖过程中客户可以进一步了解“DO”卡的功用，增强办卡欲望。

三是打通线下刷卡优惠平台，“DO”卡在丰富线上活动同时，沿地铁周边拓展了大量特惠商户，并推出“特惠商户满百减30元”、五折观影、五折美食、“9 元喝咖啡”等多重活动，将关注客户的热力延伸到真实的刷卡消费中，真正将线上了解、线下办卡及商户刷卡结合，使口口相传转变成刷卡交易的银行可见效益。

二、业务效果

截至2015年9月，“DO”卡累计发卡近70万张，项目充分利用现有渠道优势，开创了一种新型商业合作模式，实现了银行、合作方、客户的共赢，打造了银行卡O2O线上线下平台串联营销模式，为后续的业务发展趟平营销通道。地铁中的大量宣传增进了商户、市民对邮储银行的了解，提升了邮储银行同业地位，为邮储银行特惠商户的拓展奠定基础。

三、案例分析

邮储银行北京分行近年来着力优化营销服务流程，推动客户分层、分类精准营销。由于北京金融机构极多，客户金融产品选择广泛，同时，随着金融市场竞争日益激烈，互联网金融对现有金融市场形成冲击，越来越多的年轻人在选择金融产品时，优先考虑办理便捷的网络产品，为银行争夺年轻消费客群增加了更多难度。邮储银行北京分行以“DO”卡为介质，项目打包银行卡支付渠道，附加地铁内自助售货机、地铁周边优质商户，实现多方共赢；以微信公众服务号为线上平台，联动营销，并在活动开展中不断通过数据分析调整活动方向，使活动更加贴合年轻人的喜好。

流程简化类

农业银行对公账户开户和产品签约系统

随着互联网金融的快速发展，互联网技术和精神对金融交易和组织形式产生了深远的影响。越来越多的传统商业银行将原本基于营业网点柜台办理的业务适时转移到互联网办理，此举不仅是简单的业务转移，而且是流程再造、提高客户体验的过程。

一、案例介绍

农业银行北京市分行顺势而为，利用互联网技术在系统内率先自主研发对公开户“互联网+”业务模式，上线了对公账户开户和产品签约系统，把开户咨询、信息预处理等无须柜员现场把控的低风险环节全部转移至线上，实现了互联网与柜面的渠道一体化整合，通过“线上+柜台”数据无缝对接，彻底改变客户对公开户手工填单、多次往返柜台办理业务的低效模式，大幅提升了业务效率和服务水平。

（一）产品特点

对公账户开户和产品签约系统作为对公开户流程优化项目的实现手段，是面向客户的信息预处理系统，旨在帮助客户和网点解决开户流程中客户申请不便、填写手续繁杂、后续营销脱节、柜员重复劳动等问题。具体表现为四个方面的创新突破：

一是客户填单远程电子化。系统实现了客户通过总行门户网站等互联网渠道的远程电子填单，客户只需要填写 1 份申请表即可替代 7 份原有业务申请表单，基础信息在各模块中实现共享，填写后可直接打印并使用，极大地改善了客户体验。

二是交易流程一体化。系统已经实现了结算账户开户、支付密码器、企业网银、网银代付和理财等产品的柜面签约交易和表单整合，客户一次填单、柜员一次审核、主管一次授权即可完成相关业务，流程清晰，易于掌握。

三是业务处理自动化。系统打通了客户申请端、业务操作端和审批核准端的信息数据，实现了共享，95%以上的交易信息能够自动化预填处理，全面提高了业务处理效率，交易授权由 7 次降低为 1 次，提升了业务处理效率。

四是有效降低操作风险。通过系统实现交易和凭证的整合，降低了客户经理、柜员、运营主管和后督中心等环节面临的业务风险，特别是有效避免了以往操作人员反复核对各类表单信息、多次重复录入交易要素造成的操作风险，以审核为主的柜员操作模式也能进一步提高柜面业务风险控制水平。

（二）风险控制

对公账户开户和产品签约系统强化了关键环节的风险控制，对能用系统校验的信息数据全部采用系统自动审核模式，在客户经理、柜员、运营主管、后督中心多个层面避免了人工核对信息、人工录入交易引发的操作风险。柜员操作模式由录入为主变为审核为主，进一步提高了柜面风控水平。同时，业务的流程简单清晰，客户一次填单、柜员一次审核、主管一次授权即可完成业务操作，通过流程改变有效降低了业务差错。未来，农业银行北京市分行拟在客户身份识别、证件真伪识别方面加大审核力度，从源头上把控信息质量。随着流程模式的逐渐成熟，系统将逐步实现客户通信信息校验、企业工商和税务信息校验等风险控制手段，有效地进行客户资质识别和差异化控制，降低信用风险与欺诈风险。

二、当前效果和未来发展情景

自2014年11月初一期系统试点以来，对公账户开户和产品签约系统由于操作简便、效率显著提升，得到了外部客户和试点网点的一致好评。截至2014年末，试点行通过系统累计开户281户。2015年初二期系统上线后，客户进一步通过互联网远程填单，同时预填信息与业务系统、账户审批系统实现数据同步，核准类账户开户周期从以前的9个工作日压缩至3个工作日，达到同业领先水平，从而彻底解决了以往账户营销中存在的手续烦杂、流程冗长等问题。对公开户耗时由原来的每户平均耗时3小时缩短为20～30分钟，账户启用时间从7个工作日压缩至3个工作日，95%以上的交易信息实现自动化处理。

三、案例评析

农业银行北京市分行的对公账户开户和产品签约系统，其实质是通过互联网在线实现的预填单、预审核，它通过对现有业务流程再造，减少柜面业务资料、拓宽电子受理渠道、整合新系统交易，简化对公账户开户和产品签约流程，节省交易时间，提高工作效率，是互联网金融节省交易成本的最好体现。当前，已有部分银行推出类似的填单简化业务，如何大规模地推广运用，真正将整体业务成本降低是未来业务发展的关键。

民生银行基于现金池的集团资金集中管理

2015年，针对某大型能源央企资金集中管理的需求，民生银行运用互联网思维，通过定制化开发，为该集团搭建了一套网络资金集中管控平台，以线上方式实现资金集中、资金上存下拨、账户查询、权限管理等功能，后续将与企业财务系统进行嵌套设计，实现在线资金结算处理。

一、案例介绍

某大型能源央企集团化战略要求集团内部进行财务的集中管控，对集团整体资金进行监控，对集团整体资金头寸进行统一管理，以便合理进行资金集中化投资管理、收支控制和内部计价。通过网络资金集中管控平台，实现对成员单位进行预算管理，减少资金在途时间，通过多层级账户资金归集功能，多维度账户支出控制功能，减少人工管理工作量，便捷进行电子化资金在线处理，提升企业资金管理效率。同时，搭建网络资金集中管控平台，便于实现财务有据可查、投资金额有的放矢，也是企业廉政建设的需要。

基于上述背景，民生银行通过与该央企集团总部进行多次深入沟通，成功为其搭建基于现金池的网络资金集中管控平台。平台将集团客户在民生银行开立的对公结算账户圈定为池，为其提供资金的自动化、集中化管理服务。主要提供账户资金集中，多种模式资金归集，实时归集和批量（定时）两种归集类型，形成两种归集类型混合的现金池，支持最多达五级账户的分层资金归集和集中管理，支持对子（分）公司上存或透支资金的支付联动控制，支持对子（分）公司进行支出预算控制，支持集团资金内部调剂使用，资金的内部计价及其他定制功能。

二、应用成效

该网络资金集中管控平台帮助集团总公司提升对下属逾百个子（分）公司的资金管理能力，降低该集团整体的资金使用成本。目前，集团总部平台已经上线，子（分）公司陆续采用和加入中。平台建成后将会提升民生银行对集团整体服务能力，进一步稳固关系。后续可在民生银行网点陆续增加便民服务通道，通过线上线下联动的业务互嵌，提升该集团为其客户互联网化服务的能力。

三、案例评析

本案例是民生银行依靠其信息科技系统和现金管理优势对分支庞大的大型企业客户开展的定制化服务，服务中较大程度地体现了专业化特征，也印证了传统金融机构在非普惠、非标准业务中大有潜力可挖的观点。在服务过程中，民生银行不仅帮助企业搭建了平台，优化了系统，还对企业人员进行了业务培训，对客户提供了全方位、立体化的打包服务，塑造了较为良好的客户体验，提升了服务空间。此笔业务的成功意味着民生银行通过对现有产品进行个性化定制与改造，可打造一个功能更加完善、适宜推广至相关业务领域、类似业务场景使用的资金集中管控平台。

招商银行可视柜台开启可视时代

可视柜台（Video Teller Machine）是招商银行推出的配备摄像头、身份证读取器、读/发卡、触摸屏、麦克风等新型非现金自助设备，客户可通过设备与远程柜员进行视频交流，可受理高风险“需面签”的复杂业务，在技术上最长可支持全天候 7×24 小时服务。

一、案例介绍

可视柜台设备由国际知名厂家设计生产，外型美观、做工精细、体积与 ATM 相似，在同业中最小巧。操作界面由专业公司设计，提供了同业最佳的操作体验。设备包括有柜式、壁挂式、便携式、超薄式等不同形态的新设备，即有满足行内大业务量需求的型号，也有可满足微型网点、离行拓展等不同业务场景的部署要求。可视柜台可布放于网点、自助银行、代发企业、小微市场以及商场超市等人口密集区域，技术上可实现招商银行 7×24 小时服务不间断。

由于受到种种因素限制，传统物理网点无法快速扩张，而以 ATM 和查询机为主的离行自助银行又无法处理需面签的复杂业务。可视柜台填补了自助渠道无法处理非现金特殊业务的空白，使离行自助银行升级为“微”型全功能零售专业网点成为可能。该设备由招商银行自主研发，终端设备采用定制化生产方式，设备单价较低，为银行的零售网点扩张开创了新的局面。可视柜台在提高了网点业务办理效率的同时，也进一步增加大堂引导员为客户服务及营销的机会，真正做到了没有“隔阂”的沟通。

二、业务效果

截至2015年7月，招商银行可视柜台可受理业务接近30项，包括自助开卡、风险评估、资料维护、结汇购汇等非现金业务功能。可视柜台具有视频互动功能，能够进行受托理财、基金、保险等产品的咨询和销售，在为代发代扣企业服务、新建行拓宽网点服务区域等方面都具有积极作用。

2014 年至今，招商银行北京分行已陆续在北京市所辖内网点累计投放了多台可视柜台设备。其中，柜式可视柜台设备达到78台，此外，该行还试点在10家支行布放了共计20余台PAD版可视柜台。根据该行发展规划，可视柜台业务将覆盖到所有北京地区全部网点及外拓团队，最终实现达到全方位、全天候的覆盖及运营，7×24 小时在网点、自助银行和代发企业等场所为客户提供服务。

目前，该行布放的VTM与柜台的数量比例为1∶9，但通过VTM开办新卡达到日均520张，与柜台开卡量各占一半，

三、案例评析

为提高银行业务办理效率，降低实体网点运营成本，柜面非现金业务逐步转移至低成本的电子渠道是业务发展趋势。招商银行传统柜台的等待时间在同业中保持较低水平，但仍通过各种技术手段减少客户等待时间。传统的物理网点配备固定的设备和人力，因客户来访时间和流量较难预测，一旦出现集中来访，支行的常备的资源可能无法

满足需要。而可视柜台后台采用集中管理模式，远程柜员由总行统筹，将传统分布在各支行的人力资源集中起来，优化配置，将突破单个物理网点的限制，实现调配余缺。可视设备功能全，成本较低，有利于规模布放，可节省很大的人力物力成本。

光大银行“云缴费”　普惠便民

光大银行“云缴费”作为当前中国最大的开放式网络缴费平台，自2008年诞生以来，以其兼具开放性、便捷性、延展性的综合金融平台服务新模式，成功融入到普通寻常百姓之家。2015年5月，光大银行携手新华网联合发布了《2015 中国便民缴费产业白皮书》。作为我国第一份研究大众缴费状况的专业报告，白皮书针对大众缴费习惯及行为偏好进行了深度调研和分析，对当前基础类和非基础类缴费业务品种分布情况、企业客户交易规模、民众缴费方式进行了充分调查，成为包括光大银行“云缴费”在内的第三方互联网缴费平台切实推动并实现普惠金融和便民服务的重要依据。《2015 中国便民缴费产业白皮书》显示，目前全国涵盖十项基础缴费业务的总体缴费充值金额达2.75万亿元，这为光大银行及其合作伙伴提供了广阔的发展空间。

一、案例介绍

（一）基本情况

北京自来水集团是光大银行北京分行的重要缴费业务合作客户，作为全市生命之源的供水单位，控制着整个城市的命脉，老百姓方便缴纳水费的需求非常迫切。拓展收费渠道、扩大银行卡受理覆盖面显得越发重要，尤其是郊区群众缴纳水费的业务受理渠道是否畅通直接关系到自来水公司的收费服务质量。光大银行北京分行意识到郊区自来水收费业务发展需求与渠道扩展的契合特性，为自来水集团下属公司提供本行渠道加第三方合作渠道、线上收费加线下缴费、网点缴费加移动缴费的解决方案。双方进一步达成多渠道受理自来水缴纳的合作意向，尝试将郊区自来水公司接入光大银行“云缴费”平台的服务。经过开发、联调测试，2015 年 1 月，大兴自来水费收费业务在光大银行柜台、网银、手机等渠道上线，4 月成功在首家第三方渠道上线，7 月在微信钱包上线，实现了首家郊区自来水费业务的跨地区、跨银行、跨注册帐户的缴费，得到客户的高度认可。

（二）产品创新

为提升客户体验，光大银行“云缴费”在保证公缴单位基本业务规则的前提下尽量简化交易流程，减少交易环节，降低差错率，同时增加交易提示内容，尽量避免客户误操作带来的交易失败。光大银行“云缴费”全部采用接口模式将业务开放给第三方渠道公司，方便各公司根据自身特点开发业务。

为降低合作渠道公司开发成本，光大银行“云缴费”平台采用一点接入、平台业务共享的方式一次解决了全国缴费业务的受理问题；采用一套标准接口、可在多渠道共享的方式避免重复开发；采用业务模版化的方式降低了业务品种开发难度，从而保证了合作伙伴的开发效率。

为降低公缴单位工作量，光大银行“云缴费”系统全部采用银行与第三方的总对总合作模式，集中清算、集中对账、集中处理客户投诉，光大银行负责信息中转、系统维护及客户投诉。公缴单位与光大银行的原有合作模式保持不变，在客户投诉、资金清算及结算方式等方面不需作出任何改动，也不需承担任何额外责任。

（三）优势互补

光大银行与自来水集团的“云缴费”业务合作，通过双方资源互换、优势互补实现利益共享。一是丰富了光大银行代收费业务品种，使光大银行成为北京自来水业务全地域受理行；二是支持客户使用光大银行的柜台及所有电子渠道（网上银行、手机银行、微信银行、“瑶瑶缴费”、“阳光 e 社区”）缴费，有利于培养客户使用电子银行的习惯，带动光大银行电子银行渠道交易量、交易额增长；三是提高光大银行电子银行运作效率，有利于增加客户黏性，树立光大银行电子银行品牌形象；四是通过第三方渠道公司为银行引入新增客户；五是增加了客户在银行营业网点的进店量，进而增加了银行产品的营销机会；六是拓宽了北京自来水集团收费渠道，降低了该公司营业网点工作量；七是通过分析客户交易和行为，可以为后期产品优化、开展精准营销提供数据支撑。

二、业务效果

随着光大银行与自来水集团的合作进一步加深，截至 2015 年 9 月末，北京自来水在光大银行各渠道成功交易笔数已近 270 万笔，同比增长 91%，交易金额同比增长 120%，稳居自来水代收费单位交易排名第二。在拓展业务品种的同时，光大银行积极扩充业务受理渠道，2015 年新增第三方渠道公司 9 家，同比增长 125%。业务品种的增加拉动了渠道的拓展，渠道的拓展促进了业务品种的开发。

三、案例评析

从启动网络缴费项目到缴费业务达 500 项，光大银行“云缴费”

经历了六年的发展。“云缴费”是一个开放式平台，不仅光大银行自身客户可以通过各种渠道使用，其他银行以及第三方支付公司也可以同步接入。接入“云缴费”平台，可为每家机构单项缴费业务节省营销成本、开发成本、专线成本等一系列费用。2015 年 6 月，光大银行“云缴费”与微信合作推出微信生活缴费服务，融入微信社交属性，帮助用户更加方便快捷地享受移动生活+金融服务带来的便利。“云缴费”的核心意义在于搭建一个普惠金融体系，在该体系中光大银行可广泛接纳各类同业、跨界商业伙伴，从而形成范围更广、层级更深的服务网络，真正实现在普适性金融服务革新中完成银行的升级转型。

招商银行手机银行打造“极简金融、极致体验”

伴随移动互联网向纵深发展和4G时代的开启，智能手机已经逐渐成为人们24小时在线连接世界的载体，“手机+”的商业模式给传统行业带来了深刻变革和巨大活力。移动互联网精神更加强调以“用户体验”驱动产品设计，利用“情景融合”作出最击中需求痛点的产品。尤其当“手机+银行”时，用户不再简单地满足于“能用”的产品，更倾向选择“好用”的产品——能提供“卓越服务”的手机银行。

一、案例介绍

经过广泛的市场调研和趋势判断，招商银行自主研发并相继于2010年末及2011年推出了以iPhone版、Android版为代表的手机银行。2014年，手机银行3.0全新升级对68项功能更新。截至目前，手机银行拥有账户余额交易查询、转账汇款、代扣代缴、快捷支付、投资理财、外汇管理、贷款管理、超级网银、生活周边和信息查询九大类功能和近百余项子功能，满足了客户足不出户即可完成常规业务的需求。依托手机银行，招商银行分别于2012年9月、11月推出了与手机终端厂商以及电信运营商合作的“招行手机钱包”，为客户提供了与全球最新科技同步的移动近场支付服务。2014年12月，业内首创、全球领先的招商银行手机银行“一闪通”正式发布。“一闪通”是“手机+金融”发展模式的重大创新，首次实现了手机与银行借记卡及信用卡真正意义上的合一，是全球首款基于手机的涵盖线上线下、大额小额等各种银行卡应用场景的全功能移动金融产品，正式开启了银行无卡化时代。目前“一闪通”已经支持多款机型。

二、业务效果

截至2014年末，招商银行手机银行累计下载量再创新高。其中，中高端客户所占比重较高，iPhone版、Android版和iPad版手机银行客户已成为该行最大的手机银行客群。2014 年手机银行全年累计交易总额 3.1 万亿元，较上年同比增长 190%；全年累计交易笔数 2.2 亿笔，较上年同比增长 350%。笔均交易金额达到 1.21 万元/笔。

手机银行用户月登录次数相当于网上银行专业版流量的 2.5 倍，网点流量的 14.5 倍，约占电子渠道（含大众版、专业版、微信银行、手机银行）流量的 65%，很大程度上节约了营运成本，提高了经营效率。

三、案例评析

手机银行作为银行紧跟移动互联网热潮的重要战略产品将会发挥重要作用。招商银行手机银行致力于打造一站式移动金融服务平台及最“酷炫”的移动支付新方式，以扁平化界面为基础，整合了除取现之外几乎所有的零售银行服务功能，并提供高安全等级的防护体系。手机银行为银行在拓展高价值客户群、拓宽金融服务领域、提升服务质量和降低服务成本等方面提供了新的思路和方法。

兴业银行信用卡“二维码发卡”项目

兴业银行积极探索“互联网+”经济新形态下的信用卡营销模式创新，打造信用卡线下推广环节与信用卡审核环节“直联”平台，于2015 年 6 月推出国内首创的以客户手机为平台的二维码发卡“交互式移动互联网信用卡申请”渠道。

一、案例介绍

（一）基本情况

兴业银行的二维码发卡“交互式移动互联网信用卡申请”渠道，是指客户使用本人手机（含 iPhone 版和 Android 版），通过微信扫描兴业银行员工提供的专用二维码，或关注“兴业银行信用卡中心”微信服务号，输入“交互式二维码”获取专用二维码，进入信用卡申请页面。客户在本人手机上全程在线填写信用卡申请资料，资料提交后上传兴业银行信用卡中心审核系统。客户申请页面填写内容中嵌入客户经理认证环节。

（二）产品创新

兴业银行信用卡“二维码发卡”项目非常方便，客户无须到银行网点，只需满足“两人一机”——申请人本人、银行工作人员、一部手机，只需用手机扫一扫二维码即可申办信用卡，最快三天收到信用卡，最大限度地缩短了客户从“心动”到“行动”的等待时间。同时，为保障客户信息安全，兴业银行信用卡工作人员将全程陪同，这在业内属首创。

“二维码发卡”项目助推兴业银行发卡推广模式由原来以直销为主的模式，有序向“全员发卡”模式转型；加强阵地营销人员发卡推动，切实将信用卡发卡推广业务融入一线机构经营体系，提升交叉销售能力和客户服务能力，激发信用卡业务的内生动力。

二、业务效果

兴业银行信用卡“二维码发卡”项目不仅优化了信用卡营销作业流程，提升了发卡效率和客户体验，还打开了一个全新的发卡渠道，充分发挥信息技术对信用卡业务的支撑作用。客户对兴业银行“即扫即办”的创新申请模式反映良好。在第一批尝鲜客户申办的信用卡中，兴业银行推出的国内首款可穿戴移动支付产品“兴动力”信用卡备受欢迎。该卡片最令人关注的是其首创的卡路里兑换信用卡积分权益——同样低碳环保，用户无须消费，只要运动就可源源不断地获取信用卡积分，并且凭兴业信用卡或积分还可参与“活力人生，首刷有礼”、“活力人生，美食尽享”、“6000 积分兑星巴克”、“精选商户海淘返现”等缤纷多彩的活动。

截至 2015 年 9 月 30 日，兴业银行信用卡“二维码发卡”项目累计进件 10075 件，累计发卡 4643 张；9 月单月进件 6228 件，单月发卡 3202 张。

三、案例评析

近年来二维码业务发展迅猛，目前已经进入成熟期，消费者接受度较高，用户规模大，应用丰富，体验很好，发展潜力巨大。随着科技的进步，各种信用卡办卡方式层出不穷。兴业银行信用卡“二维码发卡”项目融合了传统的信用卡业务和新型的二维码识别应用，实现了申请资料实时传输、行员信息自动更新等功能，大大缩短了申请件寄送时效，也满足了所有行员推荐办卡的需求。未来，商业银行还应进一步强化风险管控和客户信息安全保护，做好便捷性和安全性的统一兼顾。

北京银行“京彩E家”服务

在互联网金融的冲击下，传统银行网点面临的问题越来越多，如何进行网点部署、如何有效降低运营成本、如何满足不同客户群体的需求，是众多银行业者的困惑所在。北京银行“京彩E家”智能“轻”网点，从概念创立、理念贯彻、项目设计，到运营维护，处处彰显了创新。

一、案例介绍

“京彩E家”是北京银行借助互联网思维探索传统网点经营模式创新，实现线下获取客户的重要举措。“京彩E家”智能“轻”网点面向最为广泛的零售客户，通过创新型机具和电子银行渠道的协同，实现了包括开卡签约类、资金存取类、投资理财类、贷款融资类等业务在内的全天候、全业务、全流程覆盖。“京彩E家”设计了包含开卡签约区、信息推广区、营销互动区、自助操作区、产品购买区、客户接触区和特色业务区7大功能区。

“京彩E家”以通过标准模块化实现快速部署为理念，设计了标准的业务模块，并对模块内相关内容进行了详细定义，在设计时根据实际情况按照模块说明进行快速拼接部署。“京彩E家”可实现7×24小时营业，可满足客户下班和节假日业务办理的需求。在自主操作区采用以客户业务办理需求为导向的指引方式，取代传统的机具名称。网点仅需配备一定数量的营销人员，无须柜台操作人员，对物理面积要求灵活，并通过各类机具实现电子化和无纸化业务办理及服务获取，大大降低了网点投资和运营成本。

二、业务效果

自推广以来，“京彩 E 家”智能“轻”网点各创新机具业务办理量逐步上升，并迅速超越柜面业务办理量。其中，开卡替代率达 67%，理财签约替代率、网银签约替代率和手机银行签约替代率均达 90% 以上。在《金融时报》举办的“2014 金融机构金牌榜”颁奖中，北京银行凭借该网点获得“年度最佳零售网点创新银行”奖项。

三、案例评析

零售业务异军突起的经济金融宏观环境和北京银行发展战略要求孕育了“京彩 E 家”智能“轻”网点的诞生。“京彩 E 家”智能“轻”网点将银行和客户需求对接匹配：银行以小、微网点服务零售业务，追求低成本、低风险、重营销的零售业务运营模式；客户追求快速、便捷、自主的银行业务办理方式。这种网点创新是贴近用户需求的创新，契合了“轻资本”的银行转型趋势，也是符合时代潮流趋势的创新。

北银消费视频贷款机引领远程金融服务新趋势

传统金融机构服务对象以中高收入群体为主，大部分低收入群体的金融服务诉求（特别是融资需求）不能得到很好满足。此外，传统金融机构主要是以网点的形式向客户提供服务，具有较大的局限性，不能满足客户日益增长的金融需求。

秉承填补市场空白、丰富金融市场层次和产品、惠及更多客户、实现普惠金融的使命，北银消费金融公司（以下简称北银消费）针对中低收入群体，推出全新个人自助申请平台——视频贷款机，致力于引领消费金融贷款的新时尚，并将在未来更多地向社区部署，突破金融服务“最后一公里”的“瓶颈”，使“轻松贷款、享受生活”的理念变成真真切切的现实。

一、案例介绍

（一）基本情况

视频贷款机是2013年伊始北银消费为有效解决物理网点数量与提升服务质量之间的矛盾，突破网点数量给业务发展带来的制约，经过前期充分调研分析而推出的个人自助贷款申请平台。作为北银消费为客户提供的轻松便捷的创新服务模式，视频贷款机以自助机具为载体，客户可以在北银消费视频贷款机网点自助上机办理申请及还款业务，满足了客户群体逐步扩大的需求。

（二）产品创新

第一，操作流程方面，申请流程更简单。为了更加方便客户，客户携带本人身份证原件及银行借记卡即可在视频贷款机办理贷款，贷款申请通常在5～10分钟完成，资质良好的客户最快可在贷款申请当天得到审批结果，签约当日款项即可到账。视频贷款机业务体现出材料简洁、审批迅速等特点，避免烦琐的申请材料、冗长的审批过程给客户带来的困扰。

第二，信息系统建设方面，科技含量更高。视频贷款机业务利用先进的技术手段实现非面对面的远程交流。客户前往机具网点，只需在机具上填写个人相关信息，遇疑问通过远程协助连接视频工作人员，由其协助完成并可亲视客户本人，实现非同一空间的实时交互，沟通无障碍，交流也直观。整个业务办理过程，客户可体验到远程视频、高清高灵敏度触摸屏等高科技模块，切实体验到科技带来的高效、便捷的金融服务。

（三）产品优势

与互联网优势互补。视频贷款机业务开展不受地域性限制，依托于网络专线，由视频工作人员接待来自全国各地前往机具网点办理业务的客户，依托视频进行远程交流。客户前往就近机具网点，无须等待即可享受 VIP 服务，视频工作人员在线上即可完成亲视、亲签，客户在机具上可进行申请、签约及还款操作，增强客户体验感。

二、业务效果

自2014年2月视频贷款机业务投产至今，视频贷款机渠道累计放款突破 2.8 亿元，为将近 8000 名客户提供了贷款申请服务，为不同地域的人士提供惠及客户的消费金融服务。在客户层面，北银消费不断深耕，挖掘更多的客户群体，丰富客户群层次，主动上机申请小额信用贷款的客户大都是银行无法惠及的边缘客户。在技术层面，北银消费不断精耕，研发更加稳定安全的系统，为确保信息安全和卓越的客户体验提供支撑。在客户需求方面，北银消费不断细做，满足客户的个性化需求。

三、案例评价

视频贷款机的研发顺应了互联网金融时代的潮流，它通过强大的技术支持，将普通大众碎片化的融资需求聚集起来，为其提供从传统金融机构无法得到的金融服务，充实了金融市场。随着无纸化进程的推进，视频贷款机将还引入电了签名技术，减小机器体积，使它能够出现在更多生活的场景中。同时，随着 4G 无线网络技术层面的不断升级，机具的网络成本将逐渐降低，北银消费将加快部署进度。视频贷款机业务拓宽了金融服务领域客户群，践行了普惠金融模式。

平 台 类

农业银行 E 商管家

在互联网经济时代，互联网正在向越来越多的产业加速渗透，越来越多的企业意识到，“互联网+”成为企业发展的必然选择。互联网只是载体，怎么“+”才是精髓所在。在此形势下，农业银行顺势推出 E 商管家电子商务平台，助推企业实现真正的“互联网+”。

一、案例介绍

农业银行 E 商管家电子商务平台是一个以企业为中心，集商品展示、在线交易、在线融资为一体，并配套经销商管理、财务管理等功能的综合性服务平台，充分利用移动互联网等新技术，实现了线上线下多渠道的融合，使传统企业无须自行搭建平台，利用农业银行提供的商务金融云服务，即可完成在电子商务领域的快速部署，成功构建了实体与虚拟、线上与线下有机结合的交互式、立体化经销网络和管理体系，有效破解了传统企业电商化转型过程中遇到的资金流、物流、信息流等方面的难题，为企业发展提供了更多增值服务，为企业经营提供了极大便利。

截至 2014 年末，农业银行系统内 E 商管家业务签约上游商户数超过 1500 户，带动的下游商户超过 10000 户，交易金额逾 255 亿元。为使 E 商管家平台满足多元化市场需求，农业银行还创新性地将银行既有支付产品与 E 商管家平台进行对接，逐步实现“电话钱包”

实时支付、智付通实时支付等多渠道支付功能，实现网上销售与门市销售统一管理，满足商户多样化的支付需求。

二、具体应用

某连锁餐饮企业是农业银行北京市分行长期合作的一家民营企业，作为一家拥有近 200 家加盟店、4000 名员工、年产值破亿元的中式快餐企业，公司高管想借助互联网东风，让小小的包子也能“飞”起来。但是若像自营电商那样每年至少投入上百万元，企业却不敢：一是生意处于高速发展期，现金流紧张，二是缺乏专业电商人才，也缺乏互联网营销的经验和互联网思维。此时，企业看到农业银行的 E 商管家电子商务平台能以“拎包入住”的方式帮助企业迅速实现电子商务化，助力企业转型。

2015 年 2 月，企业签约农业银行 E 商管家电子商务平台，通过 E 商管家，各门店可以在线下单、电子支付，并自动生成单据，账目一目了然。而且各门店可随时随地下单或转账，也可以随时查询和核对记录，不用到银行排队，不受时间、空间的限制。开通 E 商管家平台应用后，提高了企业的经营效率、订单和支付信息的准确性，资金也能快速回笼，物流根据订单信息能够准确高效地实施配送，避免电话订单的差错、物流现金收款的风险，省去了财务烦琐的核对过程。

三、案例评析

农业银行 E 商管家不同于其他银行的网上商城，其将平台功能与供应链销售中的核心及上下游企业经营模式高度契合，目前在同业中的同类型产品不多。农业银行借助这个时机，深挖生产制造、商贸批发类传统企业，在推动企业电商化转型的同时加深了其与农业银行的合作黏性，达到双赢目的。E 商管家平台对供应链企业上下游的业务支持，可以快速提升链条内企业电商化水平，使企业进入一个新的发展阶段，一批传统企业借助农业银行 E 商管家已经开始了经营改革，完成了电商化平台的搭建，实现了“互联网+”的战略转型。

建设银行电子商务金融平台——善融商务

2012 年 6 月，建设银行首家推出银行系电子商务金融平台——善融商务，该平台秉持“亦商亦融，买卖轻松”的设计理念，既能满足客户全流程电子商务在线交易的需要，又能提供信贷融资、信用卡分期、金融理财等特色金融服务，是建设银行支持实体经济、缓解中小企业融资难、践行普惠金融、顺应互联网金融发展趋势的重要探索和创新。

一、案例介绍

善融商务分为企业商城（mall.ccb.com）和个人商城（buy.ccb.com），集商品批发、零售、房屋交易等为一体，具有信息发布、在线交易、支付结算、分期付款、融资贷款、资金托管等商务服务和金融服务功能。商务服务方面，善融商务可以为客户提供信息发布、交易撮合、社区服务、在线财务管理、在线客服等配套服务；金融服务方面，善融商务通过设置对公融资产品、个人融资产品、信用卡分期、理财产品等服务应用，可以满足客户个性化、多样化金融需求。

（一）创新亮点

一是商业模式创新。通过建立信息流、资金流、物流的整合平台，提供供应链配套服务，满足客户电子商务的需求，增强同业差异化竞争力，拓展建设银行新的客户渠道，带动企业融资、个人融资、分期付款等银行金融服务的发展，引导建设银行支付结算、融资、负债等业务向电子渠道延伸。

二是产品创新。善融商务结合企业线下销售模式特点，为入驻平台的企业用户提供多种在线电子商务交易模式，包括赊销模式、代销模式、企业定制系统对接模式、混批模式等。为核心企业供应商推出依托网络信用数据、通过转让赊销订单应收账款权利进行贷款资金支用的“e贷款”融资服务，实现融资申请、合同签订、支用还款与查询等全流程电子化，7×24小时在线操作，随借随还、方便快捷。

三是跨界联合创新。善融商务个人商城商旅频道是建设银行与知名航空公司、机票销售商、旅游景点合作，为客户提供便捷、优惠、安全的机票、景点门票在线预订、支付等服务的商旅服务平台。机票服务支持航空公司、大型机票代理商系统对接，覆盖国内各大航空公司热点航线，支持多种优惠及增值服务。门票服务同时支持实物门票与电子门票销售，推出善融商城电子门票商户系统接口规范，通过门票商户票务系统与商城订单系统的对接，便于实现客户购票与商户发送电子票的实时联动。

（二）“难点”解决

一是提升产品简易度。首先，客户体验前移。一方面，充分了解和挖掘目标客户关于金融及非金融服务的真实需求和使用场景；另一方面，针对互联网主流电商平台开展同业产品对比研究，形成一条有建设银行特色，既符合互联网时代潮流又满足客户需求的善融商务发展道路。其次，产品易用好用。充分借鉴和吸收国内外主流电商平台的优秀设计之处，并沿用已被主流电商平台培养起来的用户操作习惯，大大增强善融商务的可用性及易用性。最后，科学验证设计。在验证善融商务原型设计合理性和科学性的同时，充分倾听和吸收试用客户反馈的意见及建议，调整设计方案及内容，优化原型设计，使上线产品符合目标客户操作习惯及预期。

二是提升用户信任度。为持续提升善融商务的用户体验和信任度，建设银行一方面与客户保持畅通无阻的沟通渠道，快速响应并解决客户反馈的问题及意见，另一方面及时启动善融商务个人商城、企业商城和商城账户等平台的界面设计标准建设，给客户标准化的操作体验。

（三）O2O 的融合营销方案

一是 B2C 方面，善融商务充分利用物理网点设立的营销专区，客户看中后可直接线上下单，当场带走商品。同时，积极拓展虚拟产品、生活服务类商户，目前部分生鲜店、便利店等商户均可提供线上下单、线下门店提货等服务。

二是 B2B 方面，以涉农行业为突破口，在河南、福建、山东、黑龙江等 8 省市同步开展线下和线上推广，通过线上线下交易撮合和宣传推广，为采购商和供应商开展交易，创造商机，在探索为企业提供撮合服务的同时，还为企业提供配套的专业化金融服务解决方案，促进银企双赢。

（四）重视大数据挖掘

一是数据积累。善融商务建立了全面的数据采集渠道，全面采集企业商城和个人商城的访问数据、浏览数据、用户数据、交易数据、业务数据及其他数据，并按照业界通行的指标定义及统计算法对原始数据进行加工，建立起善融商务基础数据指标库。在此基础上，利用相关工具对平台运营后台和商户店铺后台的数据进行分析与应用，拓展善融数据的应用层面，最大化地挖掘善融数据的应用价值。

二是挖掘运用。在平台运营后台，从流量、商品、商户、会员、交易、营销等维度对善融数据进行主题划分，为行内数据分析人员提供数据自助查询工具，支持可视化、语义化的操作，对善融商务运营数据进行查询和分析，从而为善融商务的产品研发与业务运营提供基本数据支持。在商户店铺后台，提供运营分析工具，将店铺运营相关数据以图表化、可视化的方式呈现给商户，为商户店铺精细化运营和管理提供数据支持，确保店铺经营决策的前瞻性与科学性。

二、具体应用

截至 2014 年末，善融商务成交订单 300 多万笔、金额 700 多亿元，注册会员近 800 万名，入驻商户超过 5 万户。

一是助力小微信贷。小微企业“善融 e 贷”是对入驻善融商务并得到认证的小微企业办理的信贷业务，包括基于商城在线交易情况办理的信用贷款业务，以及入驻商城的小微企业办理的其他小微信贷业务。该产品既能满足小微客户信贷需求，又通过贴近客户、了解客户、做熟悉的客户，有效控制业务风险，成为促进网点“三综合”落地的有力抓手，并有效调动营销人员积极性，增强建设银行产品市场竞争力。

例如，获得贷款的企业主李先生是建设银行老客户，企业基本户在建设银行开立多年，对公及个人账户大部分通过建设银行结算，结算量稳定。该公司主营鞋类产品，主销欧美市场，业绩良好，由于在善融商务平台拥有良好的销售业绩，从而入选建设银行“善融 e 贷”目标客户。该企业每年都需要为进货备货准备大量资金，“善融 e 贷”从贷前调查、收集资料、发起业务申请，仅 3 个工作日便成功发放 100 万元贷款，解决了这位小微企业主融资难的问题，获得客户的好评，顺带签下一笔保额 100 万元的“贷无忧”保险产品。

二是助力传统企业发展壮大。近几年，某品牌白酒销售进入疲软期，为打破销售“瓶颈”，某集团积极改变经营策略，尝试通过电商销售渠道助力白酒销售，提升业绩。因此，该集团高度重视电商平台发展，其授权某新青年电子商务有限公司（以下简称新青年公司）作为电商平台唯一代理商销售某品牌系列酒。建设银行抓住这一良好机遇，成立由相关部门组成的任务型团队联动营销，通过多次走访，与该集团和新青年公司深入沟通，于2013年末营销新青年公司入驻善融商务个人商城平台开设品牌旗舰店。该旗舰店入驻后，在电商业务发展上，建设银行一方面组织商户参与多种形式的线上营销活动，提供广告位资源，如“糖酒汇”、“名酒品鉴”等；另一方面在物理网点设置展架，在滚动屏宣传该品牌入驻善融商务，极大提升了该旗舰店的知名度，带动交易额提升。截至2014年末，该旗舰店交易额达130万元。

在促进传统业务发展上，新青年公司在建设银行新开立一般结算账户，开通高级版企业网银、自助服务回单柜、结算卡、短信、电子对账、电子商票等业务。新青年公司的入驻也为建设银行争取与该集团的其他业务合作创造了机会，并取得突破。

三、案例评析

在互联网金融模式下，银行目标客户类型发生了改变，客户价值诉求也发生了根本性转变，使商业银行传统的价值创造和价值实现方式被彻底颠覆。互联网正在迅速改变传统商业模式和组织形式，凭借其技术优势和庞大的客户数据，逐步渗透到金融领域。长期以来，国内商业银行一方面面临日益严重的技术与服务同质化问题，另一方面第三方支付机构大量涌现，银行支付结算面临严峻挑战，电商平台对客户资料等信息进行屏蔽，银行脱媒现象严重。善融商务是建设银行在互联网金融服务创新的“孵化器”，引导银行支付结算业务、融资业务、负债业务向电子渠道发展，调整业务结构，为银行创造了新的市场机遇和利润空间。集商融为一体的电子商务服务，丰富了互联网市场结构，善融商务可以使银行更主动地去掌握电子商务产业链的主动权，带动整个金融服务模式的转变。“亦商亦融”作为善融商务的最大特点，以建设银行客户资源和品牌资源为依托，为参与善融商务的企业客户和个人客户提供更便捷、更实惠、更全面的金融服务，更好地支持了实体经济和小微企业发展。

建设银行“E 商贸通”

电子商务以降低成本、提高效率、转变经济发展方式的特点，成为现代服务业中的重要产业。中国电商行业在政策、物流、信用、电子支付、供应链金融等体系建设方面不断完善，依托数据与资金两大优势进军新兴的互联网金融领域，给银行带来挑战和新的发展机遇，并成为商业银行战略和业务转型的重要方向。

一、案例介绍

为应对互联网金融的迅速发展，改变互联网金融带来的冲击，逐步推进网络化发展，提高核心竞争力，建设银行主动出击，在前期市场调研，中期风险评估，后期需求制定、系统开发测试的基础上推出适合电子商务平台客户的“E 商贸通”产品。“E 商贸通”是建设银行利用电子支付渠道，为大型商贸电子交易市场及其所属会员客户提供电子商务资金结算、资金清算、资金托管和信贷资金监管等服务的综合性金融服务平台。自推出以来，凭借丰富的功能和优质的服务，受到了市场的广泛认可，覆盖钢铁、煤炭、石油石化等多个行业。

（一）“痛点”解决

随着电子商务的不断发展，各大型交易市场的电子商贸需求不断增长，实体企业迫于电商企业的冲击，纷纷组建电子商务平台抢夺市场份额。在传统的支付产业链中，电商、第三方支付公司和银行只扮演着各自的角色，在电子商务平台发展规模和发展速度迅猛增长的局势下，电子商务平台追求更高效、更安全、更便利的结算方式，期望改变传统支付模式，打破传统支付产业链，通过直接与银行进行金融合作的方式实现电子平台的可持续发展。在此契机下，建设银行推出的“E 商贸通”产品改变了传统支付产业链条，无须第三方支付公司介入，直接将电商平台交易系统与银行结算系统对接，实现由电商平台负责交易，银行负责资金划转、结算和清算的一体化流程。该产品的出现对电子商务业务的发展举足轻重，紧跟近年来电子商务、线上交易、在线支付等结算手段变革带来的产业革新趋势，紧密契合各行业客户整合货物流、资金流、信息流的发展需求，为客户量身打造互联网交易电子商务平台。

（二）运营特点

一是创新服务客户，促进电商平台发展。“E 商贸通”以一点接入、以点盖面的特点，成为适用于电商平台的创新型产品。建设银行深入采集电商平台在扩大交易货物种类、拓展交易链上下游、仓单仓库规范化管理、线上交易情况查询监控等方面的金融服务需求，通过“E 商贸通”产品，与电商平台交易系统进行无缝对接，为核心企业上下游客户提供全流程网络综合服务，实现资金的自由进出划转，提高资金结算效率，全面提升电子商务平台对上下游客户的金融服务能力。

二是优化产品流程，满足电商平台需求。“E 商贸通”不仅具有统一的业务规则和办理流程，还在不断地进行功能优化，目前能较全面地满足各类型平台客户需求，在行业内具有良好的口碑，获得客户的高度认可。

三是提供有效数据，助力电商平台制订长远计划。通过“E 商贸通”结算能为电商平台提供其交易系统内会员数、交易量和交易额等大量交易数据，电商平台通过网上交易数据可分析会员分布区域、交易偏好和网上交易频率，从而为电商平台制定业务发展策略提供数据支持。

（三）产品优势

一是“E 商贸通”借助建设银行强大的支付结算体系，能够为企业构建完整的电子交易系统，解决电商平台基本运营问题，帮助企业提高经济效益、提升现代化管理水平。以“E 商贸通”为基础，结合建设银行提供的综合性金融服务，能够助力企业实现信息流、资金流的整合，最终形成能够影响整个行业贸易的综合性、多样化电子交易市场。

二是为实体企业搭建网络金融服务平台，已是大势所趋。“E 商贸通”在产品研发和推动的同时不断进行产品优化，以满足企业更多的需求，提高客户体验，不仅为企业提供基础网络结算系统及具有前瞻性、战略性、实用性的电子商务配套金融产品，还能推动银行电子化金融商业模式的建立，加快优化整合的步伐。

（四）发展前景

一是转变发展思路，扩大适用范围。“E 商贸通”以其安全的交易系统、较全面的产品功能和细致周到的服务赢得了电子商务平台的赞许，但是从目前来看，“E 商贸通”的受众面趋于狭窄。未来，建设银行将在“E 商贸通”的营销对象选择上转变思路，积极探索与多类型电子商务平台进行合作的方式。

二是重视客户体验，打造以客户为中心的经营模式。在不影响风险控制的情况下，尽量减少现有业务的不必要环节，以提高效率，与客户进行开发交互式接触，及时满足客户新的需求。

三是加快网络化系统建设，实现不同网络产品合作。“E 商贸通”为电子商务平台提供资金结算服务，属于网络结算产品，以“E 商贸通”为基础，以“E 商贸通”提供的各项交易数据为依据，根据客户的类型和需求，建设银行拟将更多的传统业务网络化，研发多种线上金融服务产品，以为客户提供网络支付结算、清算为合作基础，同步推进线上托管、线上信用担保、网络融资、线上国际业务等全流程电子化金融服务体系。

二、具体应用

一是创新优化，实现产品多元化。某网络科技股份有限公司是率先使用在线融资功能的“E 商贸通”商户，其搭建的电子交易平台是中国大宗产品电子商务知名品牌，实现了资金流、信息流、物流的“三流合一”，为大宗产品产业链的各方参与者提供专业资讯、现货交易、在线融资等全方位电子商务解决方案。建设银行与该公司合作推出“e 单通”产品，为网络交易客户提供全流程网上操作的网络融资服务，在此基础上，为实现信贷资金监管、提高客户满意度，建设银行充分调研该公司的交易模式，决定优化“E 商贸通”功能，将网络融资资金监管纳入到“E 商贸通”系统当中，通过该公司电子交易平台实现了“E 商贸通”和“e 单通”的完美对接。该业务模式不仅提高了业务标准化程度，完成信贷资金监管，有效防范风险，还简化了传统业务办理流程，提高系统运行效率，助推该公司迅速拓展上下游会员、壮大经营规模。

二是量身定制，满足交易需求。某集团有限责任公司是中央直管国有重要骨干企业，其希望通过搭建电子交易平台，进一步稳固公司在电子交易市场中的霸主地位。经过初期拜访客户，建设银行发现客户有搭建电子交易平台的意向，但是由于客户以前未涉及过电子商务领域，对平台搭建的模式、架构、方式都还没有清晰的设计理念。针对这一情况，建设银行多次拜访客户，以“E商贸通”产品为基础，以客户需求为主导，为客户设计了一整套电子平台资金结算方案，并协助客户完成整个交易系统的开发。电子交易平台的搭建是建设银行与该公司保持长期合作关系的又一契机，将彻底改变该公司现有交易模式，打破传统销售渠道单一的局限性，拓宽客户供应渠道，吸引更多客户于在线平台进行交易，在节约成本的同时满足了客户多元化的业务需求。

三、案例评析

随着电子商务的蓬勃发展及影响扩大，电商平台自主适应社会发展潮流、积极应对数字化商贸模式、全面改善原有运营模式的内在驱动力旺盛、外在需求明显。银行作为金融服务行业，是否具有洞悉市场发展趋势的眼光、是否能够敏锐捕捉到市场需求点、是否具有满足客户现实需求的能力，将在很大程度上决定其发展成果及未来走向。建设银行的“E商贸通”最初只是支付结算服务的简单网络化，但对于体量庞大、业务传统的实体企业及上下游供应商，如能全面纳入银行打造的支付结算平台并接受其他附加服务，由此带来的综合金融服务收益和客户黏性将不可估量。

光大银行“E 电商”创新电商服务平台

中国光大银行目前已经开发出了富有光大特色的“E 电商”系列平台，推出了“微商城”业务，多项商品已经上线；同时，以“微商城”的推广为契机，又推出了“光大购精彩”商城。2015 年，与中国黄金集团合作建立了光大银行第一个垂直电商平台。不断创新的“E 电商”业务，带动光大银行存款、中间业务收入等多项业务指标大幅增长。

一、案例介绍

（一）基本情况

微信作为新型即时通信工具，拥有庞大的客户群，遍布全国各地、各行各业，其中不乏银行定义的高资质客户。“微商城”就是光大银行充分利用新兴媒体渠道，在微信公众号“中国光大银行”中建立的一个电子商务平台。“微商城”中上线商品的品质由总、分、支三级层层审查，确保高品质商品对客户的吸引力，也在客观上保证了“微商城”的商誉。

“光大购精彩”商城是光大银行联合大型电商及商户，结合中西节日和二十四节气开发的特色电商平台，它是一个以网购为主题，以各种节庆日为依托的一个新型电商平台。为了能给客户提供更好的网购体验，光大银行建立了依托于“光大购精彩”商城的“365 天营销日历”，优惠活动覆盖全年各大节日及节气，形式丰富多样，更联合大型电商及商户，为客户提供市场热销产品的超低折扣或福利赠送。

除了自营式的电商平台，为了满足特定企业客户的需求，光大银行还推出了垂直电商平台业务。中国黄金平台作为光大银行参与开发的第一个垂直电商平台，其提供了传统电商平台的全部功能，并且在平台中植入了“光大云支付”作为支付渠道。自建立之日起，该平台已经累计完成黄金产品销售 12000 余套。

（二）产品创新

光大银行的“E 电商”业务旨在为客户提供更加优质的商品、便捷的服务，为优质的企业提供良好的销售渠道，从而为交易双方搭建起一个高效、安全、便捷的互动平台，在提升客户体验的同时，促进银行对公业务与对私业务共同发展。光大银行不局限于传统自营电商平台业务的发展模式，凭借强大的自主研发能力，使光大银行“E 电商”业务保持高度的灵活性。银行可以根据自身或客户对在营电商平台的需求，不断地对平台进行调整，更好地为商户和客户服务。

“E 电商”从客户需求出发，结合实际情况，为客户选择最合适的电子商务平台。参与光大银行“E 电商”业务的商户可以自行选择在一种或多种电商平台上线。例如，中国黄金集团的许多商品在光大银行的“微商城”与垂直电商平台——“中国黄金平台”上均有销售。而客户在不同的平台登录，进行简单的商品选择与支付后便可以完成商品的购买，友好便捷的交易界面也是“E 电商”业务的一大特色。

（三）优势互补

“E 电商”业务多样的电商平台接口为企业客户提供了多样的选

择，无论企业大小，凡有相应需求的客户总能在光大银行找到适合自己的电商业务。对于那些期望建立专属电商平台，却又受限于行业的大型传统企业，可以选择垂直电商平台业务，光大银行协助其开发专属的电商平台，并负责平台的运营维护，在银行良好信誉的担保下，企业可以专心搞好自己的营销和服务；而对于那些不希望经营与管理电商平台的企业，光大银行可以根据具体产品的特点，为其推荐在“微商城”或者“光大购精彩”商城中上线商品。灵活多样的业务开展形式满足了客户的多样化需求，并且为“E 电商”的发展奠定了良好的基础。

二、业务效果

随着“E 电商”业务的不断开展，光大银行各个电商平台的业绩均有了明显的提升。2015 年，仅北京分行就在“微商城”上线项目 9 个，还有待签商户 4 个、在谈项目 6 家，发展态势良好。开展了“光大网购送福气，百元福袋免费拿”等 30 余项优惠活动。“北京申办 2022 年冬季奥林匹克运动会成功纪念”邮票纯金仿印典藏邮品作为最近在新落成垂直电商平台——中国黄金平台上线的热门商品，销量已经突破 12000 套。光大银行将继续以不断创新、积极进取、求真务实的态度完善电商业务。

三、案例评析

随着我国金融体制改革的不断深入，传统银行业务收入的增长已经遇到了“瓶颈”，开拓新业务领域成为银行发展的必然选择，银行电商平台业务应运而生。银行雄厚的资金底蕴与稳健的风险运作模式为电商业务提供了良好的发展土壤。光大银行推出的“E 电商”业务是突破银行传统业务模式的一次大胆尝试。详尽的市场调研后，光大银行结合自身情况在经营中不断摸索方法，改善业务流程。最终达到了商家、客户与银行的“三赢”状态。在推出电子商务这类新概念业务时，银行需要关注如何利用自身优势，为商户与客户提供最需要的服务。传统的电子商务经营模式已经乏善可陈，如何推陈出新、善用资源，是银行必须要思考的问题。光大银行的“E 电商”业务在这方面作出了很好的尝试，具有一定的学习与借鉴的价值。

兴业银行“掌上医院”服务推动智慧医疗

兴业银行把握互联网发展趋势，推出智慧城市系列互联网 O2O 金融服务，重点服务医疗、公共事业、教育培训、物流交通等行业。2014 年兴业银行推出的“掌上医院”，涵盖挂号、预约、取单、排队、支付等功能，有效提升医院形象，提高医疗效率，提升客户满意度。

一、案例介绍

（一）基本情况

L 医院是一家有着 130 余年历史的医院，2013 被北京市卫生局正式定为三级综合医院。L 医院是其所在行政区内最大的综合性医院，业务辐射本区及周边区县近 150 万人，2014 年，年门诊总量 170 万人次，日均门诊量近 7000 人次，年手术总量近 30000 人次。L 医院经过数年的自助终端信息化建设，取得了显著成效。信息化建设有效优化了就诊流程、改善了就医环境，减少了不必要的非医疗耗时，缓解了就诊耗时长等问题。随着社会信息化的发展，医院信息化建设虽然给医疗服务带来了丰富的医疗数据信息，但病人获取这些医疗信息依然受到医院物理位置的局限，缺乏便利的手段来及时享受医疗信息服务。医院与患者之间存在较为严重的信息不对称情况，病人一旦离开医院，就会出现信息交互困难的情况。

兴业银行根据 L 医院信息化建设现状和业务需求，为客户提供定制“掌上医院”服务，得到医院高度认可。L 医院与兴业银行北京分行签订合作协议，确定其作为该院唯一移动医疗服务提供方。经过近三个月的系统开发、联调测试，L 医院“掌上医院”于 2015 年 9 月正式上线。

（二）产品创新

兴业银行为 L 医院定制的“掌上医院”服务包括患者端和医生端两部分，其中患者端为就医群众提供“医院信息”、“门诊服务”、“医技服务”和“住院信息”等服务。患者通过关注 L 医院微信公众号，可实现查询医院科室、医生等综合信息，实施获取医院动态，查询药品价格；完成预约挂号、当日挂号、队列管理和移动支付等；查询检验报告，完成住院信息查询等。同时，兴业银行为院内医生提供医生端服务平台，医生可在医生端实现个人日程管理、任务协作、医医互动和医患互动等服务。

兴业银行“掌上医院”服务解决了 L 医院患者诊前、诊中和诊后全流程管理，可实现远程信息交互和近程高效服务，有助于提高就诊效率，提升患者满意度。

二、业务效果

兴业银行与 L 医院的银医合作，有助于双方进一步在互联网金融领域提升各自影响力，实现双赢。一方面，L 医院通过引入“掌上医院”服务，减轻医院人工窗口压力，缓解医患矛盾，提高医院内部管理及财务结算的效率，降低运营成本，提升院方医疗信息化建设水平。另一方面，兴业银行通过此创新结算合作模式，规避了传统业务模式下的不足，有效介入了医院的核心“诊疗业务”资金结算，增强了与院方的合作黏性和深度，开拓了更大合作空间，逐步扩大了合作份额。

L 医院“掌上医院”项目落地后，兴业银行成为该院首家非国有结算银行，结算规模逐步上升，首年交易金额预计可达到 1000 万元，2016 年将稳步提升至 3000 万～5000 万元。同时，兴业银行还为医院提供资金保值增值、个人金融等多项产品服务，密切双方合作关系。通过与 L 医院合作，兴业银行逐步打开了与北京市各医院合作的新局面，目前已与多家三甲医院达成合作意向，智慧医疗服务逐步展开。截至 2015 年 10 月，兴业银行已成功拓展近 200 家医院上线，其中三级医院占比超过 50%。

三、案例评析

兴业银行为 L 医院提供的“掌上医院”服务，是新形势下传统银行与传统医疗机构业务合作的升级创新。目前，银行在支付结算服务之外，通过移动互联网介入，进一步完善银医合作结算模式，有利于提升银行服务质量，提高银行特别是非国有银行在传统公立医院差异化服务方面的竞争力。医院通过引入兴业银行“掌上医院”类移动医疗产品，对提升自身竞争力和提高医疗效率具有重大意义。

兴业银行“钱大掌柜”助力互联网金融布局

“钱大掌柜”是兴业银行于2013年12月推出的与金融机构合作的互联网金融品牌，是在原有“银银平台”理财门户上重构和升级而成的。作为一个多元化、开放式的综合财富管理平台，“钱大掌柜”整合了银行理财、信托理财、贵金属交易、银证转账、基金代销等各类财富管理服务，内设“掌柜钱包”、网上理财超市等功能模块，为各合作金融机构的金融产品提供网上销售渠道，为兴业银行及合作金融机构的个人客户提供一站式的财富管理综合服务。

一、案例介绍

互联网客户（包括兴业银行客户、其他银行客户）可以通过“钱大掌柜”官方网站、智能手机客户端或合作银行柜面直接申购、赎回货币基金，并可直观地了解到产品的收益。“掌柜钱包”支持“钱大掌柜”理财账户、兴业银行及合作银行账户、部分银联账户的资金实时转入，同时支持机构客户资金认购，不收取任何手续费。

“钱大掌柜”平台具有以下特点：一是产品线丰富，目前已提供银行理财、信托产品、公募基金、银证转账、贵金属交易，未来还将上线保险产品、基金公司及其子公司专户资管产品、券商定向资管产品。二是销售渠道丰富，不仅具有网站、移动终端等丰富的线上销售渠道，还拥有银行网点柜台、社区银行等线下服务渠道。三是支付方式更加灵活，除兴业银行客户外，还支持136家银行客户和8家银联客户通过线上支付方式购买财富产品。

“掌柜钱包”是兴业银行联合兴业全球基金，共同打造的专门面向互联网用户（个人或者企业）的新一代现金管理工具，对接产品为兴全添利宝货币基金，已具有机构客户投资功能，机构客户可将闲置资金转入“掌柜钱包”，获取较高投资收益，并支持随时赎回。

该产品支持一分钱起购；7×24 小时随时购买，随时赎回；资金存入不设限制（银联卡客户转入金额取决于该银行规定），单日累计赎回金额上限3000万元。独特的资金闭环设计使客户资金只能在绑定的银行卡和“掌柜钱包”之间往来。“掌柜钱包”在目前所有“宝宝”类产品中收益居于前列。

二、业务效果

“钱大掌柜”互联网金融平台成为“银银平台”业务发展与创新的新蓝海。“掌柜钱包”通过“钱大掌柜”平台，实现各种理财的无缝式交易；同时借助了“钱大掌柜”的开放式平台，全方位地让老百姓享受各项金融服务，实现普惠金融。自2014年3月推出后，“掌柜钱包”保持稳定增长，取得了良好的经济效益和社会效益。截至2015年6月末，“掌柜钱包”个人客户数量100多万户，产品规模703亿元，稳居前十大货币基金阵营。下一步，“钱大掌柜”将联合平安保险新推“富盈人生”养老保障产品，对接平安养老保障委托管理基金。

三、案例评析

2013 年，被诸多行内人士称为“互联网金融”的元年，阿里、百度、网易、腾讯等互联网行业巨头陆续推出各种互联网理财产品，竞相角逐庞大的理财市场。兴业银行的“钱大掌柜”正是在此形势之下，综合了各大互联网金融概念的产品，同时结合兴业银行自身在风险控制、金融服务、资金安全和客户优质等方面的优势，适时推出的互联网金融产品。

在初尝互联网金融带来的成果的同时，传统银行应注重发挥专业化综合财富管理优势，避免简单重复的模仿，而应该扬长避短，进行差异化的产品设计与定位，致力于为投资者构建功能丰富、风控完善、安全保障的产品体系。

社 群 类

中国银行 e 社区构建“互联网+”时代新生态

当前，以“互联网+”为代表的新经济形态正凭借其强大的技术优势和海量用户群，逐步渗透到金融领域，撬动着银行业传统运营根基。中国银行主动调整“互联网+金融”发展战略，于 2014 年面向全国推出新产品——中银 e 社区。

一、案例介绍

中银 e 社区以“平台+服务”运作模式，通过“标准化封装”金融 API 应用接口向合作伙伴及客户等第三方用户提供安全、稳定、便捷的金融接入服务，将银行服务“融”入移动互联网，“融”入各类商业生态系统，“融”入非金融服务领域，逐步实现金融和相关产业（商业）的深度融合。

（一）基本情况

中银 e 社区通过互联网和移动互联网为社区提供多渠道、多接口的交互方式，构建一套综合物业、住户、联盟商家、银行等多项功能的智能化社区服务体系，提升物业服务水平，拓展社区生活边界，提高社区整体生活质量，打造银行和客户共同成长的生态环境；积累客户、联盟商家真实的数据资源，深度整合线上生活的多样性和线下交易的真实性，探索智能社区 O2O 商业模式，为客户提供一站式社区金融与商务服务。

在客户方面，中银 e 社区以实体居住小区和办公区域为依托，以物业公司为切入点进行项目拓展，围绕社区业主提供全套生活及周边服务，业主注册后实名制绑定房产，即可享受社区内各种便利服务和专属优惠。具体包括：一是金融服务，如便民缴费、就医挂号、网点和 ATM 查询、金融服务等；二是物业管理服务，如在线物业管理缴费、在线物业管理报事报修、了解小区动态等；三是商户服务，如浏览商品信息、在线订单、商品优惠、便民配送等。

在物业方面，物业管理公司加盟中银 e 社区后，可免费使用物业管理云服务平台和物管通 APP 实现社区日常管理。中银 e 社区在线收费、在线客服、在线信息发布等功能更让物业管理公司实现互联网式社区服务，有效降低运营成本、提升服务效率，拉近与业主之间的关系。

在商户方面，商户加盟中银 e 社区后，可免费使用商户服务平台和商户通 APP 实现线上商品销售，拓宽了销售渠道，通过商品发布精准营销目标客户群，有助提升销售量。

（二）拓展难点

中银 e 社区前期推广难度较大，一方面需要营销物业管理公司、商户和业主三方面注册签约，营销人力和物力成本高、流程长；另一方面来自互联网公司的外部竞争十分激烈，很多公司甚至不惜代价拓展业务。

从营销难易程度看，商户拓展难度最低，零成本签约受到商户普遍认可；物业管理公司拓展难度较大，主要在于物业管理者对互联网、对产品的认知程度不高；业主拓展难度最大，主要在于业主需逐一营销，除线下需要多轮开展地推式营销外，还需物业管理公司配合开展营销和推介。

二、应用成效

目前，中银 e 社区在全国范围已初具规模，签约社区数量持续稳步增长。为确保已签约社区稳定运转，提升客户注册和使用率，下一步将重点做好如下工作：一是加强中银 e 社区生态建设，以社区服务为出发点，基于银行线上产品服务、线下资源及网络云服务平台构建 O2O 服务体系，发挥传统商业银行网点与人员优势，打造物业、住户、商户、银行共同合作繁荣的生态。二是加强业务合作，丰富社区服务资源。整合银行产品资源，丰富中银 e 社区产品，将移动支付、养老宝、微贷款、在线出国金额、便民缴费、就医挂号等产品与中银 e 社区场景进行产品整合；将借记卡、保障卡、信用卡产品、电子银行产品及商户收单等产品服务与中银 e 社区活动整合，从而丰富中银 e 社区产品和服务。三是加强研发，拓展系统功能。2015 年内实现中银 e 社区 2.0 系统升级工作，进一步完善网站和客户端功能，确保稳定性，重点打造中银 e 社区生活通、商户通、物管通移动端应用，持续保持系统研发和投产的速度与质量，不断拓展和完善各项功能，全面提升客户体验。

三、案例评析

中银 e 社区通过互联网和移动互联网为社区提供多渠道、多接口交互方式，构建一套综合物业、业主、联盟商家、银行等多功能的智能化综合社区服务体系，提升物业服务水平，拓展社区生活边界，提高社区整体生活质量，打造银行和客户共同成长的生态环境；通过融合线上生活的多样性和线下交易的真实性，探索智能社区 O2O 商业模式，为客户提供一站式社区金融与商务服务。从业态发展思路看，这种模式是互联网金融走进居民生活的有益之举，但因互联网电商在便民服务上已发展得较为充分和完善，中国银行要在社区互联网金融上取得成效必须要有新创意和新“卖点”。

建设银行手机银行全方位出行服务

随着移动互联网的快速发展，移动金融应用越来越广泛，作为国内第一家推出手机银行的商业银行，建设银行一直致力于移动金融创新，除在移动渠道提供传统金融服务外，还积极引入第三方支付商户，为客户打造生活应用场景，满足客户日益增长的移动支付需求。2012年，建设银行创新推出“悦生活”服务平台，将高使用率、贴近客户生活的非金融服务商户引入建设银行，同年，建设银行成功在手机银行“悦生活”中部署第一家支付商户，带动了手机银行交易量、交易额等多项业务增长。

一、案例介绍

（一）基本情况

去哪儿网是建设银行北京市分行的重要电子支付合作商户，作为全球最大的中文在线旅行搜索服务供应商，随着其无线业务在整体旅游在线业务中所占比例逐渐加大，其业务拓展重心也从PC端转向移动端。建设银行北京市分行敏锐地意识到去哪儿网业务发展需求与该行手机银行产品的契合特性，以移动支付为切入点，为去哪儿网定制手机银行“悦生活”内嵌商户方案，双方正式达成手机银行合作意向，确定去哪儿网在建设银行手机银行中部署商旅服务。经过4个多月的开发、联调测试，2015年1月，去哪儿网的商旅服务产品（飞机票、火车票、景点门票以及旅游度假）在建设银行手机银行客户端成功上线，上线两日交易量即突破 1000 笔、交易额达 40 万元，得到客户的高度认可。

（二）产品创新

为提升客户体验，去哪儿网在建设银行手机银行中部署的产品全部采用了免登录预订模式，将客户预订产品的手机号作为身份识别，省略了内嵌商户中客户需再次注册、登录的流程，大大缩短了客户操作的时间。以购买飞机票为例，客户输入出发时间，出发、到达城市，搜索到合适产品后，只需在预订页面输入相关信息，提交订单后即可通过建设银行手机银行支付或账号支付付款，只需几分钟就能在建设银行手机银行中完成机票购买。通过预定时留存的手机号，客户还可以对订单进行查询、退票等操作。订单支付在建设银行手机银行内完成，为用户提供可靠的安全保障，整个过程高效便捷，实现了去哪儿网产品与建设银行手机银行的无缝对接。

（三）优势互补

建设银行与去哪儿网的手机银行合作，通过双方资源互换、优势互补，实现了利益共享。一是丰富了手机银行商旅应用场景，满足客户购票、出行需求；二是支持客户使用建设银行手机银行和手机账号支付订单款项，有利于培养客户手机银行支付习惯，带动银行手机银行交易量、交易额增长；三是提高建设银行手机银行运作效率，有利于增加客户黏性，树立建设银行手机银行品牌形象；四是拓宽了去哪儿网的产品推广渠道，带动新客户增长；五是通过分析客户结构和行为，为双方后期产品优化、开展精准营销提供数据支撑。

（四）当前效果

随着与去哪儿网的合作进一步加深，建设银行还将去哪儿网的产品同步部署到建设银行微信银行的“悦生活”栏目，并于 2015 年 4 月正式上线，实现移动金融端的商旅服务功能统一。截至 2015 年 5 月末，去哪儿网在建设银行手机银行、微信银行成功交易笔数已突破 26.8 万笔，交易金额达到 4387 万元，并持续稳定增长。

（五）前景展望

2015 年，建设银行明确提出“移动优先”战略，将手机银行作为重点和优先发展方向，下一阶段，建设银行北京市分行还将探索移动金融与第三方支付商户的创新合作模式，依托手机银行、微信银行与移动支付，打造移动金融的统一入口，将更加丰富的金融与民生服务渗透至客户生活的方方面面，全力推动移动金融业务实现跨越式发展。

二、案例评析

在建设银行手机银行中提供商旅预订服务，是银行与去哪儿网在移动金融上的一次成功跨界合作。随着旅游行业的兴起，使用手机银行预订出行服务将成为未来主流趋势，根据第三方支付商户需求寻找新的业务突破点，有利于增加银行产品、服务与互联网的融合度，有助于及时响应互联网时代的客户需求。第三方支付商户注重服务理念、业务流程和用户体验等方面的创新，积累了较为丰富的经验，对客户需求的响应往往优先于商业银行，值得银行学习借鉴。

交通银行移动代驾预约服务构建移动金融生态圈

以手机银行为载体的移动金融创新是互联网金融的重要组成部分，也是银行业务创新的重点方向之一。为了向手机用户群体提供基于场景式的差异化、个性化服务应用，交通银行北京市分行围绕“衣、食、住、行”四个方面，密切关注目标客户群体的场景应用需求。

一、案例介绍

交通银行北京市分行通过对客户生活场景的分析，一方面将金融服务与有车一族客户的个性化出行需求相结合；另一方面为第三方增值服务商提供更为高效便捷的支付结算解决方案，探索在手机银行中引入第三方增值服务商的方式，实现手机银行预约汽车代驾应用。

（一）产品设计初衷

交通银行北京市分行在与某汽车服务公司开展业务接洽时，了解到该公司主营业务为汽车代驾，现有千余名司机，每日接单量千余笔。公司除了自有获客渠道外，还有借助其他渠道拓展业务规模的需求。经过分析研判，交通银行北京市分行认为该公司的业务模式与手机银行打造的出行场景服务有很好的契合点，如客户能在手机银行中随时预约代驾司机，在接受服务后通过手机银行完成费用支付，将实现有车一族的便捷出行，同时也有助于提升该行手机银行的差异化服务体验。

（二）“痛点”解决

在进一步接洽中，交通银行北京市分行了解到要想实现手机银行预约代驾服务，面临两大合作难点：

一是需解决公司向司机收取信息服务费困难的问题。公司在每次向司机提供代驾订单后，将向司机收取信息费。每月初司机向公司进行报单，将上月的信息费缴纳现金给公司。每月报单时，千余名司机集中前往公司财务办公室，造成人多拥挤的混乱场面。此外，公司催缴信息费、清点现金费时费力，且存在收到假币的风险。无论对公司还是对司机而言，目前的状况均有诸多不便。解决上述问题是银行开展业务合作的前提。

二是公司认为司机信息、预约代驾信息是公司的核心竞争力，如将该信息系统嵌入手机银行系统中，无论从技术上还是从管理上均存在较大难度。

针对上述合作难点，交通银行北京市分行从如下几个方面尝试业务创新和流程突破：

一是产品创新，推出“收富通宝”产品。该业务以企业客户为收款方，以个人客户为主要被扣款方。多个个人客户通过在银行电子渠道与同一个收款方签订扣款子约协议，约定扣款模式和扣款信息，实现“多对一”、“可定制”、“自助化”的批量代扣代缴功能。公司作为收款方，每月只需在企业网银中上传需收缴的信息费数据，即可完成收缴工作。

二是流程改造，采用“一站式”签约流程。优化了原本个人客户开卡、开通电子渠道、签订子合约的多步式流程，为个人客户提供“一站式”签约服务，即批量开卡、开通网银、开通手机银行、签订“收富通宝”协议“一站”完成。

三是信息管理突破，在手机银行中设立预约代驾专项应用。鉴于公司对司机信息及预约代驾信息的核心数据要求，同时考虑到代驾预约信息的风险可控性，该应用采用页面跳转方式完成代驾预约。

二、应用成效

此项业务集合汽车服务公司信息资源优势和银行支付结算优势，为个人客户便利出行提供了个性化的增值服务，为企业客户提供了即时、安全、高效的资金支付结算方案，同时拓展了交通银行手机银行、网上银行客户群体。

2014 年，该汽车服务公司实现“收富通宝”收款数万笔，收款金额达数千万元，同期，交通银行北京市分行手机银行活跃用户同比增幅达 60%。

三、案例评析

在互联网金融创新大潮的时代背景下，商业银行传统的金融服务也随着市场和客户需求的改变而不断演进。以手机等智能终端为接入点，为单一客户或特定客户群体提供了个性化、智能化的金融服务，将金融应用嵌入客户日常生活场景之中，围绕客户的“衣、食、住、行”构建移动金融生态圈。交通银行北京市分行的手机银行预约代驾功能即是打造“衣、食、住、行”移动金融生态圈中“出行”部分的试水性尝试。这种尝试也表明，以传统业务为基础，只要根据客户需求进行流程优化和细节改造，即可带来意想不到的“超额利润”。互联网金融最大的特征即是降低金融交易成本，从而实现“多赢”效果。未来，交通银行有意在购车、洗车、加油、车险等一系列增值服务中构建出行消费场景，将金融应用渗透其中，增加更多互动、分享、传播式功能，真正将互联网创新精髓转化为银行客户体验的实质性提升。

民生银行与 O2O 企业合作
线上线下共同获客

基于合作共赢的想法，民生银行与各类 O2O 企业共同主办了一系列线下共同获客活动，取得了非常丰富的营销成果与营销经验。

一、案例介绍

在民生银行组织的汽车养护主题活动中，由 O2O 企业对于民生银行的达标客户提供汽车养护服务的优惠活动，免费为客户进行多项车内安全检测，以超低价格为客户提供现场的汽车清洁与养护服务。通过这样的手段，可以在宣传 O2O 企业品牌与服务的同时，也宣传了民生银行的非金融服务，使客户对于商业银行有了新的认识。

银行将活动分为现场活动和非现场活动两个阶段，在现场活动期间，企业会派出技师上门对于达标客户的车辆进行现场养护服务，同时指导客户注册下单，为企业增加客户量，而社区支行则对于客户进行筛选，符合银行所提出标准的客户方可获得优惠服务的准入资格；非现场活动期间（也就是现场活动的间歇期），企业不派出员工到场，由支行对活动进行宣传预热，并对目标客户通过支行财富客户微信群进行营销，鼓励客户在这段时间内开卡、购买理财产品，使客户达到参加活动的标准，并向达标客户发放优惠券，这样客户就可以在现场活动期间凭优惠券享受特惠服务。

不仅限于汽车养护类 O2O，民生银行也与票务类 O2O 龙头企业开展过以电影为主题的线上线下互动营销活动。活动在一些重点区域试点进行，采用线上邀约、网点开卡、线下集中观影的营销模式，利用线上渠道为小区便民店引流，既有效实现了线上客户的线下转化，促成了零售客户短期内的爆发式增长；又实现了差异化营销，获取了传统小区营销模式未能获取的年轻客群。

二、应用成效

通过一次汽车养护类 O2O 共同获客活动，民生银行共新增客户千余名，合作方也在活动期间获得很好的营销成果，共取得数百单新增订单。而票务类 O2O 活动参与支行在一周内累计开卡近千张，实现了金融资产引入，收效显著。在活动中，支行对于部分有客户号但未使用过民生银行借记卡的存量客户也进行二次营销，大部分客户在得知活动后都反馈积极。

三、案例评析

发展社区支行是民生银行近年来重要的业务布局，社区支行为民生银行的品牌推广和零售业务深入拓展提供了非常宝贵的前沿阵地，但社区支行也面临着营销机会不足的问题。O2O 企业与民生银行存在优势互补的关系，民生银行的社区支行可以提供 O2O 企业线下推广所必要的场所；同时，民生银行社区支行也可以利用不同行业的 O2O 企业在吸引新客户的过程中所提供的优惠资源来吸引客户，并且丰富社区支行的便民功能，给潜在客户更多进入民生银行的理由，与社区居民形成高频次的良性互动，提高社区支行在居民中的曝光度，增加客户黏性，从而实现三方共赢。从上述案例中可见，传统金融企业与互联网企业是良性竞合关系，通过优势互补，二者都可在互联网生态环境中开辟自身业务的新天地。

光大银行“阳光 e 社区” 社区金融好帮手

“阳光 e 社区”是由光大银行主导，以互联网为依托，为物业公司提供多样化社区服务的互联网平台。“阳光 e 社区”帮助物业公司提升服务质量，解决物业公司普遍存在的成本高效率低、信息化服务水平低、收入渠道单一、互联网服务工具缺乏等问题。

一、案例介绍

（一）“阳光 e 社区”的基本情况

“阳光 e 社区”通过整合资源，建立包含房产租售、电商服务、物业服务、社区服务、金融服务等服务板块的高黏性、全方位社区生活服务体系。社区内包含以下服务：

一是房产租售，提供房产信息搜索、浏览、中介预约看房等功能。二是电商服务提供线下周边商户和线上电商服务。线下引入餐馆、便利店、美容院等周边商户并将收入与物业公司分佣；线上主要引入电商平台、商户。三是物业服务，为合作物业公司提供专属板块，提供社区公告、缴费、小区保洁、维修等上门服务等功能，并为物业公司提供物业信息化服务后台。四是社区服务，为街道、社区服务中心等提供便利的信息发布平台，包含街道、医疗、文体设施等周边服务的指南和预约及政务信息发布等。五是推广光大银行的金融产品，还可创建定制理财产品。

（二）产品创新

“阳光 e 社区”以手机 APP 形式为终端住户提供服务，同时为物业公司配置微信公众号及后台管理系统，在运营上采取线上平台与光大银行 110 多个物理网点、合作物业公司等线下网络相结合的方式，提高客户服务水平，最终实现对物业公司、小区居民、优质供应商、房产交易客户等群体的立体营销。

二、业务效果

随着“阳光 e 社区”的逐步开发上线，光大银行与北京地区的多家物业公司建立了业务联系，形成互惠互利的合作伙伴关系。2015 年 5 月末，“阳光 e 社区”正式上线试运行，截至 9 月 30 日，“阳光 e 社区”已经与 10 余家物业管理公司签约，覆盖小区近 300 个，其中与金隅集团的物业合作，成为了地产企业与银行合作的标杆。

下阶段，光大银行还将探索“阳光 e 社区”提供物业缴费、电商等其他多方面的业务形态。通过全新的合作模式，打造移动金融的统一入口，将更加丰富的金融与民生服务，渗透到客户生活的方方面面，全力推动移动金融业务实现跨越式发展。

三、案例评价

“阳光 e 社区”前端发展零售客户，后端连接物业公司，从对公、对私两个方面带动客户增长，深入社区最后一公里，为未来围绕社区提供全方位的金融服务打下坚实基础。“阳光 e 社区”利用互联网与客户建立高黏性的关系，通过为业主客户提供全面的生活服务，拉近了银行、物业与客户的距离。客户通过“阳光 e 社区”实现线上申请、下单、消费、支付等多方面的功能，使得客户的资金流、信息流在银行的体系中循环，做到了交易闭环。该社群汇聚丰富的对私、对公客户资源，引入基层政府管理部门、物业公司、房产中介、电商、小区业主等多方面合作伙伴，整合了银行多领域产品和服务，有效发挥了光大银行全面金融服务的优势。

平安橙子互联网批量获客项目

一、案例介绍

平安橙子作为平安银行推出的一款互联网直销银行产品，只有借助互联网流量入口型企业才能实现批量获客，因此银行需要寻找具有场景化金融需求的互联网企业，并提供符合需求的金融产品方能实现。去哪儿网正是具备海量个人客户，且希望通过提供增值服务形成差异化竞争优势的互联网企业。2014 年，去哪儿网交易量超过 1000 亿元，日交易超过 20 万笔，网站客户数量超过 1.2 亿人，移动客户端“去哪儿旅行”拥有约 4.6 亿人的激活用户量。

根据去哪儿网的需求，平安橙子为去哪儿网用户提供余额理财、贷款业务、特色服务接入及联合推广等金融产品和服务，通过“互联网金融+旅游”模式，构建场景化金融，让旅行资金与理财服务实现无缝衔接。同时，将平安橙子直通银行内嵌入去哪儿网，将客户“开户—理财—消费”流程实现了全线上化，解决了客户账户余额闲置的问题，为客户谋取了最大的利益，同时实现去哪儿网用户与资金引流直接转化为银行客户与资产，并且使理财资金可以直接用于消费。

客户首先在去哪儿网注册成为会员，登录网站后查看货币基金并点击购买，系统将进入实名认证完成四要素信息验证，最后利用验证信息进行橙子银行账户自动开户，实现去哪儿网客户向橙子银行客户的最终转化。

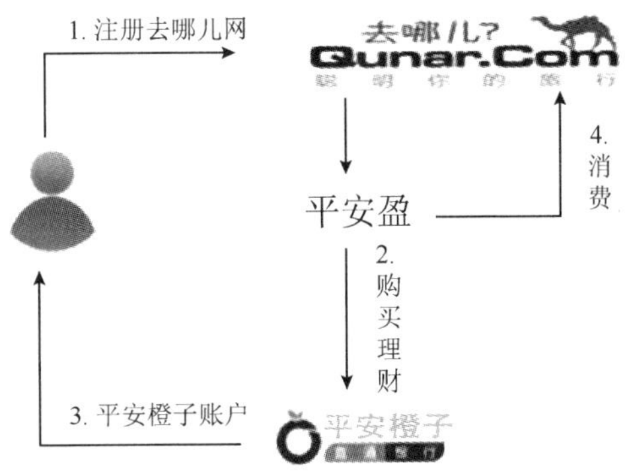

平安橙子业务流程图

二、业务效果

该产品上线 1 小时内 1000 万元额度即被抢购一空，开户量达到 600 户，当月累计开户将近 5000 户，基金销售额 2 亿元，户均资产 4 万元。未来平安银行将上线简单结构类产品和小额消费类贷款产品，为客户提供更加全面的金融服务，满足客户全方位的投资与消费信贷需求。

平安橙子系列产品类型表

企业需求	银行提供产品类型	产品类型
节省费用	快捷支付	零售产品、对公存款
给客户提供余额理财服务	趣游宝基金产品	零售产品、零售资产及中收
锁定客户远期消费	简单结构类产品（计划上线）	零售产品、零售存款
小额消费	橙易贷（计划上线）	信用贷款、交易活跃

三、案例评析

平安银行与去哪儿网的合作充分利用了“互联网+金融+旅游”概念。互联网企业为用户提供平台，为合作企业提供用户及资金流量入口；平安橙子直通银行围绕个人客户，提供理财、融资、账户服务等全方位金融服务，为企业提供有别于其他竞争对手的差异化服务模式，二者优势互补，相互受益，实现共赢。此次合作以直通银行为载体，以产品为单位，通过提供独立产品接口的方式，对外进行输出，为去哪儿网平台提供金融产品接口，实现客户一站式购买，极大地方便了客户。

北京农商银行“社区 e 服务”助力小微企业便利百姓生活

目前，北京市有 5000 多个不同规模的居民住宅社区，而大多数居民社区存在金融服务不够便利的实际问题。为此，北京农商银行根据政府及监管部门“促进普惠金融发展”的要求，积极创新社区金融服务模式，携手北京思创银联于 2014 年 9 月推出了全新基于 O2O 模式的移动互联网金融产品——“社区 e 服务”，将金融服务通过移动互联网延伸到社区生活的方方面面，惠及了广大社区居民和周边小微商户。

一、案例介绍

（一）基本情况

“社区 e 服务”是北京农商银行联合思创银联为惠及社区小微商户和便利百姓生活，推出的基于 O2O 模式的移动互联网金融产品，其通过北京农商银行账户及支付体系将线上支付与线下服务相结合，在为社区居民提供方便快捷的社区生活及日常金融服务的同时，也为周边商户拓宽客户渠道和经营范围。“社区 e 服务”是一款安装在智能手机上的金融产品，为社区周边小微商户提供免费的网上平台，小微商户可将自己的店铺直接开在移动互联网上，通过“社区 e 服务”平台展示、营销自己的商品和服务。“社区 e 服务”已汇集美食外卖、生活超市、家政维修、美容美发、洗车洗衣等社区周边各类店铺信息，社区居民可以轻松完成商品和服务的查询比价，并通过北京农商银行支付体系轻松实现线上支付、余额理财、便利缴费等功能。

“社区 e 服务”包括用户端、商户端和管家端。其中，用户端提供给个人客户，用于浏览小区服务与商品，并在线下单后完成线上支付，同时支持货到付款；商户端则是提供给商户免费快速开店，并轻松实现上传商品、接收订单和广告推送，以帮助商户拓宽客户渠道和经营范围，拥有自己的随身智能店铺。“社区 e 服务”还利用互联网思维首创了管家端功能，通过为社区闲散劳动力，如社区居民、在校学生等人群提供创业机会，以解决社区居民和周边商户之间线上订单的送货需求，即管家通过手机接收来自商户的配送信息，到商家上门取货，然后送货到居民手中，力求解决社区物流“最后一公里”的问题。

（二）产品创新

在互联网金融领域，目前针对小微商户和社区服务是一个空白点。而“社区 e 服务”产品围绕社区周边，为小微商户提供在线开店、资金结算的服务，很好地弥补了这个领域的空白。通过“社区 e 服务”平台连接个人客户和小微商户，为社区周边的小微商户提供了实时收款和快递商品等电商化的服务，提升了小微商户的服务水平，拓宽了其客户渠道，提升了资金效率。同时，通过将互联网的大数据服务介入到民生领域，为社区居民及小微商户提供精准的服务信息，真正体现了金融服务深入社区、科技普惠群众，促进了金融服务实体经济。

二、业务效果

截至 2015 年 9 月末，“社区 e 服务”平台汇总全国商户数据达 500 万条（其中包括北京地区 26 万条商户信息）；建成了回龙观、双井、门头沟三家“社区 e 服务”体验中心。“社区 e 服务”得到广大居民用户及小微商户认可的同时，也得到了来自银行监管部门、新闻媒体等社会各界的认可和关注，并于 2014 年 11 月举办的第十届北京国际金融博览会上荣获“最佳创新发展奖”。

三、案例评析

“社区 e 服务”的推出为社区居民的日常生活提供了极大的便利，真正实现了足不出户即可享受社区周边的生活服务与金融服务；同时，“社区 e 服务”有效拓宽了社区周边商户的销售渠道，为商户带来更多利润，促进小微企业蓬勃发展。“社区 e 服务”的推出是推动普惠金融创新发展的重要举措，是将互联网技术应用于社区金融服务的有益尝试。

邮储银行电视银行从“看”到“用”服务社区百姓

一台电视、一个机顶盒、一个遥控器，用户足不出户，就可轻松查询个人账户信息，办理投资理财、转账汇款、信用卡还款、缴费等各项业务，这就是邮储银行电视银行业务。2012 年末，邮储银行积极响应中央和国务院三网融合的战略部署，坚持服务社区的定位，与歌华有线合作，推出电视银行业务，为广大客户提供了更加优质、便捷的金融服务。

一、案例介绍

（一）基本情况

2012 年 12 月 28 日，邮储银行北京市分行“电视银行”业务在京成功上线，在北京银行业率先实现电视银行、网上银行、手机银行、电话银行四大电子渠道全覆盖。作为北京地区首家推行电视银行系统的金融机构，400 万户歌华电视用户因此受益，足不出户便可享受到全天候、无障碍、多元化的现代自助金融服务。

与电脑、手机相比，电视普及率更高，几乎覆盖中国所有家庭。客户操作简单，与平时收看数字电视相似，仅仅依靠遥控器上下键、返回、确认等几个按键，就可以在电视上进行便捷的操作业务。由此，北京地区的 400 万户歌华电视用户足不出户便可在家中轻松享受金融服务，真正实现了用户从“看电视”到“用电视”的转变，可以称得上是“银行开进客厅，24 小时都不打烊”。

（二）产品特点

相比于手机银行，客户操作的可视界面尺寸更大，更加简单、直观，年纪稍长的用户更易接受；相比于网上银行，由于数字电视自身线路和系统较为封闭，因而更具安全性，也省去了客户购买电脑的成本；相比于电话银行，客户可办理的银行业务更多，更加直观。相比于自助机具（如 ATM，CRS），客户不需要走出家门，就可以办理银行业务，免去了外出奔波、排队漫长等候的困扰。

在安全性方面，邮储银行电视银行使用的是国家有线电视专用网络，其自身线路和系统较为封闭，更易于加密与防范，无病毒，无黑客攻击，私密性强，可直接在家中完成。此外，歌华网络和银行之间采用专线连接，数据加密传送，保证了交易的高度安全性；在快捷性方面，用户的银行业务操作数据是在能够快速传输视频数据的高速宽带网络上运行，高速稳定。

（三）产品功能

目前，邮储银行电视银行柜面注册电视银行的客户已经实现个人客户本外币账户信息查询、转账（定活互转、行内转账）、信用卡（还款、账单查询）、缴费、基金业务、理财业务、个人贷款、第三方存管业务等功能。同时，用户使用遥控器，就能完成邮储银行电视银行的自助注册，自助注册成功后，客户即可办理定活互转、小额缴费等业务，在保证安全性的基础上，全面满足客户多样化的业务需求。

二、业务效果

截至2015年9月，电视银行客户已突破115万户。本着服务社区客户、便民利民的理念，邮储银行北京市分行深入社区进行调研，了解客户真实需求。在对调研数据充分分析的基础上，最终确定以缴费为切入点服务社区客群。自2012年起，经过与合作单位多轮谈判、合作测试，先后上线水费、电话费、电费等缴费项目，实现客户在自家客厅就可以完成公共事业缴费。截至2015年9月，电视银行缴费类交易占比达到56%，有效的分流了柜面业务。下一步，邮储银行北京市分行将继续丰富电视渠道民生及金融服务，真正实现“将银行搬到客户家中”。

三、案例评析

电视银行是邮储银行针对社区客群服务渠道的又一创新举措，通过抓住社区客户的日常服务需求，实现了从“看电视”到“用电视”的转变，进一步拓展了服务渠道，打破了服务时间和空间的限制，满足了客户多样化的金融需求。同时，也进一步降低了运营成本，推动了网点转型，提升了品牌形象，扩大了银行的社会影响力，对银行业的持续健康发展提供了有益的借鉴。

网 贷 类

农业银行数据网贷产品

近年来，移动互联技术的飞速发展对传统金融业务格局产生了深远影响，金融行业的开放、准入门槛的降低、业务手段的创新，使互联网金融得到迅猛的发展，银行、券商等传统金融机构纷纷依托互联网对业务模式进行重组改造。

一、案例介绍

（一）基本情况

为顺应互联网金融发展趋势，农业银行研发并上线了互联网金融信贷业务（以下简称数据网贷），该产品是农业银行依托互联网技术，从提升客户体验出发，针对小微企业贷款准入难、审批难、担保难等困境，通过对核心企业 ERP 系统历史交易进行数据分析，向核心企业上游供应商和下游销售商提供的基于大数据的信用类贷款。

（二）产品特点

与银行传统贷款业务相比，数据网贷产品充分将银行信贷业务与“开放、自由、平等”的互联网精神结合，利用大数据技术，具有流程处理高效、客户体验良好等特点。

一是流程处理高效。与传统信贷产品相比，数据网贷在贷前准备、资料提交、业务流程等方面进行了大胆创新，极大地提高了业务处理效率。

首先是客户申贷便利。数据网贷产品完全贴近小微企业实际状况，量身设计符合企业特征的贷款条件，只要贷款客户与核心企业具有长期稳定的供货、销货关系，具备一定期限的 ERP 交易数据，经核心企业推荐和农业银行审核后，即可获得贷款资格。同时，贷款客户首次申请贷款时完成网上注册后，之后一年内办理单笔贷款均无须提供其他资料。

其次是流程便捷高效。数据网贷产品首次实现了单笔贷款从申请受理到调查、审查、审批，直至放款、还款的全流程网上作业。贷款申请环节由客户在线自助完成，贷款客户仅需按照自身资金需求，点击鼠标即可轻松提交。贷款审批由系统内设的审批模块自动完成，审批模块自动查询客户征信信息，根据内设校验条件对贷款申请信息进行校验后即可完成贷款审批。放款也由系统自动完成，并可实现对异地账户实时放款。还款环节除保留传统的贷款到期日批扣还款方式外，还新增客户网上自助提前还款功能，客户只需点击“提前还款”按钮即可轻松实现提前还款，既节约客户资金成本和时间成本，也有助于贷款资金及时回笼，避免资金回笼后的挪用风险。

最后是业务流程办理时间极大缩短。若不计算网上填写信息时间，数据网贷单笔贷款流程达到“秒级”效率水平，是当前国内银行贷款产品中单笔办理时间最短的产品。

二是客户体验良好。数据网贷产品在设计过程中高度关注客户体验，在能够控制风险的前提下，一切设计以客户便利为首要因素。

首先是银行主动授信，客户自主获取。数据网贷产品秉承开放、平等的互联网精神，第一次将小微企业客户视为平等对话主体，由“等客上门”的被动营销变为银行主动发起授信，在授信额度内客户根据需要自主自助获取贷款。

其次是额度合理。根据与核心企业交易订单或应收账款金额的一定比例确定贷款额度，满足贷款客户日常经营的流动性需求。

再次是期限灵活。与传统贷款期限至少 6 个月起计不同，数据网贷根据应收账款账期或销货回款周期设定期限上限，具体期限则由客户根据自身资金需求灵活掌握，实际期限可以“天”计。

最后是贷款大部分以信用方式发放。数据网贷产品以大数据分析和核心企业配合为基础，在确认业务背景真实性的前提下，极大地放宽了对担保的要求。

（三）风险防控

一是通过封闭运行锁定业务风险。通过商圈封闭、客户封闭、资金封闭的模式，为每个商圈设定贷款总额，实行名单制管理制度，采用受托支付等方式控制业务风险。

二是开发专用模型。针对网络贷款特点，数据网贷产品设计了专门的客户评价模型、授信模型、定价模型、每日预警模型和商圈评级模型，区别于普通贷款的授信和风险管理模式。

三是合理控制额度。单户授信总额设定上线，且单笔贷款额度不得超过客户贷款申请时提交应收账款金额或订单金额的一定比例。

二、应用成效

截至目前，农业银行已在部分分行试点，向近百家上下游企业累计发放贷款上亿元。农业银行北京市分行正在积极推动数据网贷业务在北京落地，通过与总行的沟通对接和客户走访推介，已与多家企业初步达成合作意向。

三、案例评析

农业银行数据网贷的设计是以大数据分析为基础，秉承了互联网网络贷款高效、便捷的基因。但是，在当前信息积累完备性、准确性、有效性仍相对不足的背景下，完全依靠大数据分析作为业务决策和风险控制手段略显不足，中短期内需要辅以传统信贷管理手段，全面实现以数据决策为主的互联网金融模式仍需时日，银行在业务推进过程中要循序渐进，积累数据和经验，并不断优化业务模式。

中国银行“京东商城”代理融易达业务

近年来，国内 B2C 零售电商迅速崛起，对传统零售渠道形成强烈冲击，市场不断洗牌之后，京东商城购物平台（以下简称京东）凭借购物便捷、价格实惠、服务完善等优势，迅速发展成为国内销量最大的综合型网络零售平台之一。在此情况下，为京东供货的供应商规模日益壮大，供应链也逐步拉长，供应商资金是否充裕、供货是否及时对京东的发展影响也越来越大。中国银行找准融资需求“痛点”，通过一定程度的互联网化操作，与京东合作向其供应商提供信贷支持，从而支持了整个京东供应链的发展。

一、案例介绍

（一）业务背景

京东是国内最早开展 B2C 网络零售的企业之一，其从最初的实体店销售转移至网络销售、从早期的电子产品销售到目前的全品类产品销售，互联网及大众网购习惯的普及带动其业务的快速发展。与一些纯销售服务平台不同，京东很大部分业务属自营业务，即京东与其上游供应商签订采购合同，从供应商处采购商品并支付货款，然后以自身名义向消费者进行网络销售。随着京东平台销量的扩大，其供应商的数量也在不断增加，目前已有逾万家供应商向京东供货。京东的供应商以中小型商贸企业为主，京东利用供应链核心企业地位，对供应商多采用赊销的结算方式，这种方式虽然降低了京东的资金成本，但是直接影响了供应商的资金周转及商品采购规模，进而间接影响京东的采购与销售。而大部分中小供应商由于自身实力有限，很难获得银行信贷支持，整个供应链现金流紧张问题在一定程度上制约了京东的发展。在此背景下，中国银行为京东设计了“融易达”产品服务方案，以京东对供应商赊销交易项下的应付账款为还款来源，向供应商提供融资，从而加速供应商资金周转，支撑整个供应链的正常运转。

（二）变革创新

一是创新保理业务开展模式。中国银行与京东供应商开展的“融易达”业务属于保理业务范畴，是基于卖方对买方的应收账款而开展的贸易融资业务，供应商完成对京东供货后将其对京东的应收账款转让给中国银行，中国银行向供应商发放融资，并以京东应付账款为融资款项还款来源。因供应商数量较多，分布全国各地，提交业务单据存在一定困难，且京东也希望统一把控各供应商的融资规模，中国银行便采用了“融易达”项下委托代理融资模式，即由供应商（委托人）委托京东（代理人）向中国银行办理“融易达”融资申请手续。另外，中国银行也要求京东在相关业务项下出具书面文件，保证到期无争议付款。因此，该业务模式下中国银行的风险主要集中在京东自身的付款能力，业务项下交易真实性的审查主要集中在京东提供的合同、发票、到期付款确认函等资料的审查上，中国银行完成审查审批后为供应商提供应收账款融资，并占用京东在中国银行的授信额度。

二是银企直连操作模式极大提升了业务效率。京东与供应商之间的业务往来大都是通过企业之间 ERP 系统及电子邮件等便捷方式完成的，中国银行通过银行业务系统与京东业务系统的互联互通

（银企直连），京东 ERP 系统中基础交易应收账款信息及供应商融资申请可直接推送至中国银行，中国银行接收后可立即处理融资业务，省去了纸质资料提交环节，发放融资后再定期核查基础交易资料。银企直连业务叙做前，卖方、买方与中国银行先签订书面业务协议，明确各方权利义务，并明确京东如在线提交了应收账款信息即表示其知悉中国银行为应收账款项下应收账款债权的受让人，并保证于应收账款到期日无条件将款项付至中国银行指定账户。具体操作时，京东将 ERP 系统的应收账款信息直接传输至中国银行业务系统，并在线向中国银行 SCF 系统提交融资申请，中国银行进入业务操作系统直接发放融资，京东在应收账款到期并付款后在线向中国银行提交已付款信息，中国银行根据付款信息扣收相关账户的到账资金用以归还供应商融资，同时，京东还可在线查询各类申请在中国银行的处理结果。银企直连省略了客户提交书面融资申请及京东逐笔对应付账款进行书面确认的环节，同时，由于京东推送中国银行的应收账款信息由 ERP 系统直接传输至中国银行，真实性较有保障。中国银行依据京东推送的应收账款信息即向供应商发放融资，不事先审核交易纸质资料，贷后管理过程中定期核查京东申请的业务项下相关基础交易资料。银企直连业务节省了大量纸质资料的传递，突破了中国银行发放融资前需审核客户纸质资料的操作流程，通过中国银行认可的电子交易信息的传递，代替了事先的基础交易资料审查，在提高效率的同时又防控了风险。

二、应用成效

2012 年末，中国银行与京东开通银企直连叙做模式，开通前叙做业务最快也要 2～3 个工作日完成，开通后供应商基本可在提出申请后 1 个工作日内获得融资，大大优化了客户体验。2013 年，中国银行为京东数十家供应商叙做融资近 3000 笔，融资金额约 19 亿元，业务量比 2012 年纯线下操作模式大幅增长。但是，由于京东 2013 年末成立了保理公司，其于 2014 年初暂停与中国银行的业务合作，开始通过其成立的融资平台为供应商开展供应链融资业务。京东依靠自身数据资源及与供应商的真实采购交易，可以便捷地完成放款全过程，其以自身供应链核心企业地位，竭力要求供应商通过京东融资平台叙做融资业务。

三、案例评析

现今的企业间竞争正逐渐转变为整个供应链的竞争，低成本、高效率的运作模式，生产、供应、销售各环节的顺畅运转，能够提升整个供应链的竞争力，进而实现供应链条上各个企业的利益最大化，实现多方共赢。中国银行利用保理融资的业务原理为京东设计了融资产品，并在运转成熟后在该业务项下开始进行线上的互联化操作，通过中国银行业务系统与京东 ERP 系统的互联，达到了高效的信息传递，优化了业务处理效率，值得借鉴。在业务壮大后，部分电商也开始利用自身内设金融部门涉足供应链金融、小额贷款等金融业务，对银行业务造成一定冲击。此类企业的主要优势在于对客户的销售数据、信用情况的掌握具有天然便利，可通过大数据分析估算贷款规模、防控业务风险，并进行便捷的业务操作。尽管如此，银行不应视之为蛇蝎，竞争与合作是商业发展的主旋律，银行在与互联网企业合作中，率先体验到互联网的“狼性”基因，取长补短、发挥优势进而转型发展也是收获之一。此外，类似京东独立开展金融业务的电商毕竟不是多数，从长远来看也不会形成主流，银行与大多数电商的合作仍具有长期性、稳定性、共赢性，不必因与京东合作的失败个案而因噎废食。

建设银行“快贷”新突破

互联网金融正在掀起势不可当的发展浪潮，为抢占互联网金融制高点，作为个人贷款业务发展最早、市场份额及口碑占优的国有大型商业银行，建设银行基于互联网技术以及多年积累的优质存量客户大数据，率先研发推出国内银行首个真正全流程个人网上自助贷款产品——“快贷”。

一、案例介绍

（一）基本产品

“快贷”系列产品主要基于开放的互联网平台设计，设计宗旨为“通过房贷捆绑留住个人客户，通过个贷产品绑定金融资产客户”并来满足优质个人客户通过电子渠道快速、便捷融资的需求。

“快贷”系列目前主要包括三大类产品：“快e贷”、“融e贷”和“质押贷”，主要面向四大类客户群体：存量住房贷款客户、有建设银行金融资产（AUM值）客户、私人银行客户以及拥有理财产品和定期存款等质押物的客户。申请渠道目前主要通过网上银行、“房e通”、善融商务等互联网渠道，客户在线申请后，系统会自动审批授予客户一定的贷款额度，客户可通过多种方式进行签约、支用，并可在线查询贷款及归还贷款。随着“快贷”产品功能的不断优化，产品面向的客户群体及申请渠道也将不断拓展。

（二）产品优势

与传统个贷产品相比，“快贷”的主要优势在于：一是实现了客户从贷款申请到贷款归还全流程网上自助操作；二是通过建立授信模型、提取客户大数据，贷款由系统自动实时审批；三是贷款使用方式兼顾安全性与便捷性，既保证了用途合规性，又便于客户灵活使用。

以申请一笔信用方式的个人消费贷款为例，传统操作流程如下：首先，客户须按银行提供的资料清单准备贷款申请资料；其次，到银行指定地点面见客户经理并当面签署相关材料；再次，由客户经理进行贷款调查并提交审批；最后，审批通过后在符合放款条件的情况下发放贷款。贷款支用后，客户须向银行提供消费用途证明材料，提前还款需要到银行网点提出申请并办理相关手续。

“快贷”操作与传统操作流程相比，大大缩短了贷款申请到支用的时间，此外，客户无须提供任何申请材料、无须亲临银行网点，足不出户即可完成从贷款申请到支用还款的全过程，彻底改变了传统个贷产品操作模式。同时，“快贷”产品提前还款可通过登录建设银行个人网银直接完成部分或全额归还，点击归还贷款便可查到当前贷款余额，选择提前还本，一秒钟就能完成还款手续，无须预约、无须审批，这是传统银行在降低用户交易成本上作出的重要努力和尝试。

（三）发展前景

鉴于“快贷”产品的互联网特性，为进一步扩大该产品推广范围，建设银行北京市分行积极向知名互联网平台公司推介“快贷”产品，寻求业务合作契机，希望通过资源互换、优势互补实现利益共享。目前，建设银行北京市分行已与去哪儿网、京东、中粮等知名消费型电商平台对接，双方就业务需求商谈合作模式，以期达成最佳合作效果。这不仅拓宽了“快贷”客户消费渠道，带动新客户增长，而且对互联网公司而言也增加了维护客户的金融服务手段，满足了客户消费融资需求。建设银行目前正在积极推广“快贷”模式，拟将此模式向供应链平台延伸推广，未来将在更多的领域推广个人网上自助贷款这一业务模式。

二、应用成效

“快贷”系列产品 2014 年 4 月正式启动，并于当年 9 月实现投产上线试运营，12 月末在全国推广。不到半年时间，“快贷”已实现全国累计客户数 15.36 万户，授信额度 39.63 亿元，贷款余额 22.43 亿元，推广至今广受市场及客户的认可及欢迎，同时“快贷”产品荣获《银行家》杂志社主办的“2015 中国金融创新奖”之“十佳金融产品创新奖”。

建设银行北京市分行作为“快贷”产品首批试点行，于 2014 年 9 月开办“快贷”业务，截至 2015 年 6 月末，累计实现客户数 5842 户，授信额度和贷款余额数千万元，2015 年新增客户以及贷款发放额较 2014 年呈几何倍数增长，“快贷”产品赢得越来越多客户的青睐。

三、案例评析

“快贷”产品继承了互联网金融快速迭代的基因，其设计理念主要基于对海量客户信息的评价筛选和互联网自助渠道技术的提升。客户仅需登录网上银行点击鼠标，即可实时获得贷款“秒审”结果，在线办完贷款全部流程。而“秒审”的前提是基于银行海量丰富的客户数据，结合多维度客户征信信息，通过建立客户评价筛选模型实现对客户准入的有效把控，是对大数据最直接有效的运用，在“秒审”的背后，是信息系统后台大量信息抓取和复杂加工运算的结果。建设银行积累交易金额、信用记录、行为特征等重要数据为用户画像，并建立较为完善的审贷规则和批贷模型，这与 BAT 企业基于日常交易数据的信用贷款思维如出一辙。上述创新表明，银行海量数据信息是最有价值的大数据，成熟丰富的信贷经验是最宝贵的核心技术，如果将这些优势与互联网技术、商业模式有效融合，传统银行就能在互联网金融浪潮中开辟一片新蓝海。

北京银行直销银行“会贷宝”在线消费贷款服务

北京银行直销银行推出的“会贷宝”产品是在线贷款产品，彰显了方便快捷、足不出户办理业务的互联网特色，取得了很好的市场效果。

一、案例介绍

“会贷宝”产品是北京银行直销银行与北银消费金融公司联合开发的一款纯线上贷款产品。客户只须在线提交人民银行征信报告和其他基本信息，即可申请贷款（最高可达20万元）。从申请贷款到放款，全流程在线完成，无须赴网点面签，极大地提升了服务便捷性，适合“数字一代”的金融需求，得到了市场的广泛好评。

传统意义上的银行贷款，贷款人都需要亲赴网点进行面签，流程烦琐、耗费时间。“会贷宝”产品本质上为消费金融公司推出的贷款产品，绕开了面签环节。目前，客户只须在线提交一份人民银行的征信报告即可申请贷款，与传统银行贷款要求的收入证明、抵押材料，大幅降低了客户的申请难度相比，充分体现了该款金融产品的“互联网基因”。

二、业务效果

截至2015年6月末，产品申请人数已超过5800人，申请总额达到

2.89亿元。目前，该产品是北京银行直销银行最主要的获客产品，也是提升直销银行品牌知名度的主打产品。未来该产品还将不断改良和升级，加快数据来源，确保产品风险可控；缩短审批时间，大幅提升客户体验，最快实现“次日放款”，将互联网服务的快速便捷发挥到极致。

三、案例评析

在线消费贷款业务解决的“痛点”是线下贷款审批手续烦琐、客户需亲自去网点进行审核和面签、放款时间较长等问题。本业务的主要变革创新体现在两个方面：一是全流程在线、客户无须亲赴网点；二是系统通过大数据分析进行放款，有效控制风险，降低贷款不良率。在业务开展中，银行主要通过互联网的远程办理、系统自动化处理、全天候在线等特点，提升了客户体验。

江苏银行“税 e 融”助力小微企业融资

2015 年，在“互联网+”理念的基础上，江苏银行构架“融创智库”大数据平台，将纳税大数据引入小微客户融资领域，创新性地开发出“税 e 融”产品，解决了小微企业融资中“信息核实难”的症结，开辟小微企业融资新思路。

一、案例介绍

“税 e 融”是一款全线上、纯信用的网贷产品，按照“标准化、模块化、批量化、线上化”的思路，利用互联网技术，通过引入大数据分析，并依托该行自主开发的自动审批技术，将企业纳税信用等级、纳税数据与金融手段相结合。

“税 e 融”业务有五大特点：一是全自动。由系统自动审批贷款，改变了以往企业向银行提供大量资料、信贷人员往返调查、审贷人员逐级审批的烦琐贷款流程。现在，客户仅需提供身份证号、工商营业执照号、纳税识别号即可，从点击“申请”到贷款“入账”，最快的不足 1 分钟。二是全信用。充分融入“互联网+”理念，将纳税大数据引入融资领域，不再需要企业提供担保抵押。三是全天候。客户可以 24 小时在线申办贷款，系统 24 小时网上实时审批，实现足不出户、在线获贷。四是全覆盖。小微企业只要符合正常缴税两年以上、纳税信用等级 B 级以上、无不良征信记录，均可享受“税 e 融”贷款服务。五是全渠道。借助“税银平台”，小微企业可以实现在线申请、审批和提取贷款，并且随借随还。

江苏某机械科技发展有限公司是一家生产研发高端数控机床的企业，成立6年来，引进德国、日本、中国台湾的先进技术，设计的系列产品广泛用于军工、航天、高铁、船舶、电力工程等相关企业，销往国内大中型企业及东南亚等国家，年销售额3500万元，年缴税额100万元。跟其他众多的小微企业一样，该公司在经营中扩大产能、备货等，都需要融资贷款。公司总经理章先生以往也和银行联系过几次，但是银行不仅需要企业提供抵押担保，还需要企业提供各种各样的贷款申请材料，最后还不一定能通过审批。得不到融资，有时候订单生产也是一拖再拖，商机稍纵即逝。但这次江苏银行的“税e融”贷款，让章总感觉真正解决了小微企业的“贷款难”的问题。章总初步进行了估算，按照实际上公司资金周转回笼，一年算来实际承担的贷款成本也就在年化4%，真正做到了“支持小微”。

江苏银行与国税局合作创新，通过双方数据共享、优势互补，解决了小微企业融资中“信息核实难”的问题，实现了“以税促贷”，通过小微企业纳税信息可以较真实地反映其经营情况，同时强化了“纳税信用”的观念，有助于实现企业诚信纳税、便捷融资和健康发展的良性循环。

二、业务效果

“税e融”业务于2015年5月初在个别地区试点开展，6月3日正式推广。截至2015年9月，外部获客数近10000户，审批通过的客户近2000多户，落地贷款超过了10亿元。

三、案例评析

互联网金融的本质就是便捷和普惠。“税e融”通过互联网技术在一定程度上解决了金融机构与小微企业间信息不对称、成本居高不下的小微信贷的难点，为解决小微企业融资难、融资贵的问题提供了新的思路。

江苏银行推出网贷新产品“享 e 融”

江苏银行致力于改变传统的单一的销售模式，利用计算机技术和信息技术，以需求为导向，根据不同的消费需求和价格弹性分别定价，满足不同客群的需求，推出互联网消费金融贷款服务产品“享 e 融”。

一、案例介绍

江苏银行总行消费金融与信用卡中心于 2015 年 6 月推出“享 e 融”产品。互联网消费金融贷款服务产品“享 e 融”，解决了传统消费金融贷款业务中客户线下申请流程烦琐、审批时间长等问题。该业务在操作流程、系统建设、数据分析应用等方面都有突破创新。

“享 e 融”是根据客户信用卡开户时间、额度使用、还款情况等数据进行分析，结合客户人民银行征信报告情况，授予客户信用卡账户专项分期额度，最高额度 30 万元。客户申办时在预授信额度内可以实现免审批快速受理，资金瞬间到账。业务开展过程中，银行借助互联网银行模式为客户提供快捷服务。“享 e 融”产品通过互联网渠道进行申办，借款流程简单易操作，资金瞬间可以到账，给客户带来较好的体验，充分发挥了互联网银行模式方便、快捷、安全和高效的优势。主要体现以下特点：一是将大数据技术融入消费金融产品。“享 e 融”充分利用大数据技术，针对近 100 万户存量信用卡客户进行客户信用卡开户时间、额度使用、还款情况等数据进行分析，结合客户人民银行征信报告情况，授予客户信用卡账户专项分期额度。区别于传统的一案一审，减少了人工审批量，通过专家决策系统进行自动评分计算额度，大大提高了审批效率，减少了人力成本。二是通过客户行为分析预先授信赋予额度。通过大数据分析客户行为，实现个性化和精准化客户服务，有助于在创新经营模式时更加贴近、深刻理解客户需求并作出预判，从而改善经营水平、提升经营效率。

二、业务效果

“享 e 融”业务自 6 月中旬投产上线至 9 月末，业务规模已接近 3 亿元。未来，江苏银行将以客户体验为核心，持续进行互联网消费金融业务创新，打造开放的渠道网络，融入客户消费场景，从线上线下两方面入手，加强大数据建设和应用，提升风险管控水平，开发更加完善的互联网消费金融业务。

三、案例评析

“享 e 融”是大数据金融与互联网业务相结合的产品，是互联网金融业务的一次创新。随着互联网金融的兴起，个人消费金融贷款服务产品网络化将是未来的趋势，江苏银行对大数据平台的理解和应用，为业界如何挖掘客户个性化的需求、实现个性化和精准化的服务，如何精确把握信贷的风险点、实现对风险发生规律性的精准把握，提供了一定的参考。

杭州银行“幸福易贷”线上速贷助力消费信贷服务

一、案例介绍

杭州银行在2014年下半年推出消费信贷在线申请产品——“幸福易贷”线上速贷。“幸福易贷”是面向广大工薪阶层推出的个人信用消费贷款。杭州银行在网上银行、杭银钱包（手机银行）上设置“线上速贷”模块，面向公务员、行政事业单位、公立学校医院等客户开通，现阶段采用白名单准入。客户通过该行电子渠道申请“幸福易贷”，在提交个人的业务申请信息后，系统将实现自动征信查询、自动系统审批功能，客户可快速获得贷款审批结果。如线上审批通过，客户可直接到预约网点或要求客户经理上门办理签约手续，一次性完成贷款办理手续，后续贷款授信额度将自动发放到客户借记卡上，客户可通过电子渠道或任一网点柜面自主支取、使用贷款。对于线上未直接审批通过的，仍转线下审批流程。

线上速贷产品，及时地迎合了现在互联网金融的发展趋势，满足广大客户的消费信贷需求，同时又使客户足不出户即可申请消费贷款，提交资料后，即可快速获得贷款审批结果，真正做到了便利、快捷。

二、业务效果

“幸福易贷”线上速贷产品，前期主要在杭州地区客户中试运行，反响良好，现于 2015 年 10 月正式推出。

三、案例评析

“幸福易贷”线上速贷产品是杭州银行适应“互联网+”推出的互联网金融产品。该产品满足了广大客户便捷、快速的消费资金需求。消费信贷产品的发展，将起到刺激居民消费、促进社会经济发展的重要作用。

南京银行POS贷　小微企业好伙伴

POS贷产品最早见于外资银行，根据客户一定时间的POS资金流水开展授信业务。虽然该项业务推出时由于无须抵（质）押吸引了不少的眼球，但由于小微客户很少采用外资银行账户交易，且贷款利率较高，使得业务发展规模比较有限。相反地，随着银联等第三方支付机构POS机具铺设工作的不断扩围，国内商业银行对POS贷产品逐步加以重视，如今POS贷在许多银行早已是小微贷款产品之一。

一、案例介绍

南京银行线上POS贷业务，是指该行使用网上申贷平台，根据第三方支付机构提供的POS流水数据并依托互联网优势，采取全流程“不落地”线上操作模式，贷款受理、审批、放款、还款和贷后管理全部在线完成，对第三方支付机构的签约商户提供经营性融资支持的授信业务。目前，POS贷在南京银行还处在逐步试行和推广阶段，初期采取线上线下相结合的方式，客户通过官方网站线上提交准入及授信申请（或者合作的第三方支付机构进行推荐），银行专职审批人员主要参考客户的刷卡流水进行审批，合同签订及放款流程尚在线下完成。

二、业务效果

南京银行北京分行自2014年推行POS贷业务推行以来，已经与银联商务建立了良好的合作关系，截至 2015 年 8 月末，已经累计完成投放贷款 5000 多万元，贷款 69 户，贷款余额 2600 万元。近期，该业务已经可以实现完全线上化，网上审贷平台自动进行授信额度审批和贷款利率定价。

三、案例评析

目前，多家银行均推出了各具特色的 POS 贷产品。各商业银行主要依据商户 POS 机刷卡交易的流水，测算经营规模并确定授信额度。POS 贷业务针对的是有真实贸易交易的客户，审批主要依托于交易流水，通过大数据技术手段，对客户的准入、审批以及放款、用款进行自动筛选和甄别，将客户的经营数据和预设的模型进行匹配，更加高效、便捷，减少了人工过程，成为切实解决小微企业“贷款难、融资难”问题的重要手段。

北银消费“极速贷”　普惠草根玩转生活

北银消费金融公司（以下简称北银消费）最典型的互联网金融产品“极速贷”，以流程极简、审批快速、安全保障为特点，深受客户欢迎。

一、案例介绍

“极速贷”产品是一款旨在普惠草根客户群体的创新型产品，主要针对普通人群日常生活应急用，为客户提供临时的短期借款服务。“极速贷”产品嵌入“轻松 e 贷”手机 APP 内。

产品具有以下特点：第一，覆盖面较广，贷款额度小。“极速贷”只发放 500 元和 1000 元两个额度的贷款（针对北京、上海、广州、深圳这四大一线城市审批通过的客户，发放 1000 元的贷款；其他城市审批通过的客户，发放 500 元的贷款）。同时要求客户必须自贷款发放起 1 个月内一次性还款，1000 元贷款和 500 元贷款的息费分别为 50 元和 20 元。第二，“极速贷”全流程线上操作。客户在线填写基本材料、上传身份证正反面照片及本人录制视频即可完成贷款申请。北银消费结合公安身份认证、人民银行征信、信用评级等系统的数据核查，配合客户上传录像记录，在控制风险的前提下，提升审批效率。通过贷款审批的客户在其手机客户端内签订核准确认书，确认贷款信息，北银消费以此为基准，作为发放贷款的依据。此款产品具有审批速度快，当天申请、当天放款，一次性全额发放至申请人指定的放款账户内的优势。

二、业务效果

随着该产品在人群中的推广，“极速贷”扩大了北银消费在全国的知名度，获取了更多客户以及大量客户数据，对北银消费业务的开展起到了明显的促进作用，同时大量的客户数据有助于公司进行客户行为分析，为未来更好地进行风险控制提供了支持。截至 2015 年 8 月 31 日，嵌入“极速贷”产品的“轻松 e 贷”手机 APP 的注册用户超过 20 万名。

三、案例评析

在互联网金融时代，手机已经成为人们生活的必需品，几乎所有的手机用户都会使用多种应用软件，一个小小的游戏甚至可以在一夜之间突破上亿的访问量，获取上百万的客户。拓展“掌上应用”是未来互联网金融的发展趋势。随着“极速贷”产品嵌入其他平台进行大范围推广，为广大普通客群提供临时短期借款的服务也将不断改进升级。

直销银行类

工商银行融 e 行

直销银行是互联网时代的一种新型银行运作模式，工银融 e 行是工商银行直销银行品牌的统称，体现了个人客户服务对象全面化和服务方式便捷化等普惠金融的基本内涵。

一、案例介绍

工银融 e 行是工商银行直销银行对外服务品牌，是指不依托物理网点和柜员，客户可以通过互联网方式，直接完成在线注册、购买产品、获取服务，主要交易均通过互联网不落地操作完成的一种线上线下融合金融服务模式。重点打造开放式的精品业务平台，在产品和功能上力求少而精，集中电子账户开立、存款、投资、交易四大类核心功能，为客户提供电子账户在线注册、产品购买的一站式线上服务。工银融 e 行打破时间、地域覆盖范围以及传统实体网点等因素限制，通过简捷的操作、精选的产品为客户提供良好体验的线上金融服务。

（一）特征优势

一是具有互联网金融突出的信用特征。工银融 e 行最大的品牌即是品牌信誉背后的增信功能和价值创造。

二是在大数据挖掘应用上具有得天独厚的优势和巨大潜力，依托商品流、资金流、信息流“三流合一”打造经营新模式，在改善服务和风险管理上具有极大空间。

三是工商银行遍布境内外、联通线上线下的网络布局，区别于其他纯“线上”互联网企业，为客户带来现代化金融服务的新体验，实现了“任意一点接入、线上线下互联互通、全程响应”的一体化服务。

（二）传统银行和互联网基因互补

一是服务开放。工银融e行平台具有去网点和去介质化的特点，个人客户尤其是他行新客户可不落地直接完成账户注册、开立及产品购买，平台为客户提供一站式移动金融服务的良好体验。

二是功能精练。强化用户体验，围绕用户日常应用场景，精选存款、投资、交易、转账等普适性产品，功能上力求优中选优，服务界面力求简单清晰，便于广大客户直观、便捷地体验各类基础金融服务，满足客户核心金融需求。

三是产品精选。融e行持续推出了多款具有较强市场竞争力的专属理财产品，如账户原油等商品交易类产品，在同业市场尚属首创，后续还将推出精选的股票和混合基金、质押贷款等产品。

二、业务成效

自2015年3月23日正式对外发布以来，工银融e行注册用户数已超过2.5万户，市场品牌效应逐步确立，影响力逐渐显现。下一阶段，工商银行北京市分行将积极借助网络营销模式，放大传播声量，形成人脉传播、圈子传播效果，同时，重点做好线下区域特色营销活动，实现营销步调一致、舆论影响倍增、市场收效显著的目标。

三、案例评析

直销银行起源于欧美，指几乎不设立实体业务网点，通过信件、电话、传真、互联网等媒介工具，实现与终端客户直接进行业务往来的银行，如 INGDirect 是成功的直销银行典范，以提倡费用低廉、产品精简、收费明晰的标准化、简单化产品服务定位于年轻客户。国内的直销银行实践中，“直销”核心就是直接面对客户，但是金融产品种类没有根本性变化，还是传统的商业银行产品。这种基于传统金融产品、传统组织架构的金融业态模式能否取得成功还不得而知，在更长远的未来，在技术和监管条件允许的情况下，直销银行的发展思维将催生一种新的金融形态。

兴业银行直销银行轻松理财服务

在互联网金融各种形态中，互联网理财利用移动互联网技术的快速发展，凭借便捷的交易渠道、优质的理财产品、一步式的购买方式、良好的客户体验，成为时代的新宠儿。为此，兴业银行在保障客户资金安全的前提下，推出直销银行，为客户提供便捷安全的整套开户、资金转入、产品购买的一站式平台。

一、案例介绍

（一）基本情况

兴业银行于 2014 年 3 月 27 日，正式上线自主开发的互联网银行销售平台直销银行。直销银行提供的产品包括理财产品、代销基金、定期存款、类余额宝产品“兴业宝”（对接大成现金增利货币基金和兴业货币基金）、“兴业红”（对接广发中证百度百发策略 100 指数型证券投资基金和兴业多策略灵活配置发起式混合型基金）。

直销银行现已推出电脑版、手机版和 Pad 版。自上线以来，除正常升级之外，直销银行已经实现 7×24 小时无休稳定运行。直销银行账户大部分源于兴业银行已有银行卡客户，小部分是他行卡客户通过第三方验证密码、核实身份后开立同名弱实名账户。

（二）产品创新

为保证客户体验，兴业银行在直销银行上采取了一系列措施。首先，可通过他行银行账户作为实名认证渠道，为客户建立弱实名账户，在保证客户信息真实性的同时，为客户提供了方便的开户体验；同时打通了他行资金转入渠道，在客户完成安全检测后，为客户办理资金自动划入服务，免去客户跑柜台、网银切换的麻烦，且减免客户转账手续费；资金转入后，通过自动程序为客户完成产品购买；产品到期或赎回后，资金将转入为客户开立的账户中，该账户仅允许转出资金至绑定银行卡内，保证客户资金安全。全套流程既保证了客户资金的安全，也兼顾了客户交易体验。

二、业务效果

自上线以来，直销银行业务呈现出持续、快速发展的良好势头。截至 2015 年 9 月末，兴业银行全行直销银行客户数达 97 万户，比年初增加 38.5 万户，增长 66%；客户金融资产超过 800 亿元，比年初增加 300 亿元，增长 60%。

在直销银行的发展规划上，一是金融理财产品线不断丰富。在满足监管要求以及客户资金安全的大前提下，尽可能整合社会资源，在理财、基金、定期存款之外创新推出更多更加适合直销银行的金融产品，如创新型的信托、集合理财、资管产品、贵金属产品等。二是进一步提升客户体验。在“互联网+”时代，追求极致的客户体验，通过微信远程视频、O2O 等新的服务模式，线上线下结合，不断优化直销银行的操作服务流程。三是全面提升直销银行的经营服务能力，特别是获客能力，使其成为兴业银行布局金融网络化、实施战略转型的重要抓手。

三、案例评析

兴业银行顺应金融网络化的趋势，从 2013 年开始布局，2014 年初推出直销银行，并以此作为发展互联网金融的突破口，一方面积极探索发展互联网金融业务，另一方面借鉴互联网的理念、技术和商业模式，推动产品研发、服务组织以及营销模式的创新与自我变革。这一过程需要合纵连横，既要把银行自身的固有优势发挥得淋漓尽致，也要善于学习借鉴互联网企业、电商的思维与业务模式，把金融专业优势与互联网技术充分融合运用起来，方能相得益彰。

杭州银行打造直销银行服务平台

互联网金融将成为银行业务的未来发展趋势，积极拥抱互联网并探索互联网金融新模式意义重大而深远。杭州银行充分运用互联网和通信信息技术，努力为客户打造“互联网+传统银行业务”的服务平台。

一、案例介绍

直销银行是互联网时代的一种新型银行运作模式，杭州银行借助互联网技术为客户提供更便捷、优惠的金融服务，同时部分弥补异地分行实体网点少的劣势，吸引部分未持有杭州银行卡的客户。目前杭州银行直销银行已具有 iOS、Android 两个版本供客户安装使用。该行直销银行主要面向年轻人市场，在产品定位上采取审慎态度，力求简单便捷、安全稳健。目前主推三类产品：一是“基金超市”，销售各类基金产品，共有 300 多款基金产品可供客户选择；二是“幸福添利”，对接货币基金，具有购买门槛低、实时支取的特点；三是“幸福乐存”，是一款人民币储蓄增值服务产品，具有可灵活支取、利率回报较高的优点。

二、业务效果

杭州银行直销银行作为一个综合性网上服务平台，让客户告别网点排队开卡的烦恼，网上在线开户、绑定该行或他行借记卡后，即可享受该行的直销银行金融服务。截至 2015 年 10 月，杭州银行已积累了近 50000 名用户，初步形成了用户规模和市场影响力。

三、案例评析

直销银行突破了传统实体网点的经营模式，它的存在不以营业网点和实体柜台为基础。个人客户无须持有本行卡，也无须前往银行实体网点，只需通过互联网即可完成账户注册，系统自动对客户身份进行联网核查，核查通过后，开立电子账户，继而让客户享受到多元化的金融服务。直销银行是一个具有互联网思维的平台，未来，直销银行将朝着独立银行、特定渠道、线上销售驱动、产品简单、风险防控数据化等方向发展。

资产管理类

中信银行“余额宝”基金托管业务

电子商务平台销售货币市场基金产品并支持“T+0”实时赎回功能是当前互联网金融及资本市场快速发展的大趋势。阿里巴巴集团下属第三方支付平台支付宝与天弘基金强强联合，打造了一款具有革命性质的货币基金在线理财产品——余额宝。中信银行作为天弘余额宝货币市场基金的唯一托管行，占据了货币基金线上化的先发优势。

一、案例介绍

2013 年 6 月 17 日，余额宝正式上线，短短几个月，天弘增利宝基金一跃成为国内最大公募基金。在余额宝基金托管业务的竞争中，中信银行凭借专业能力、服务效率等得到支付宝公司的高度认可，成为余额宝旗下唯一基金托管银行。随着基金规模的快速增长，为缓解基金公司每日快速赎回的资金压力，鉴于与支付宝、天弘基金公司的长期良好合作关系，中信银行在业内率先开展了与基金公司的法人账户透支这一创新业务。在相应授信额度内，为天弘余额宝货币基金产品“T+0”赎回功能提供流动性支持，保证该类产品每日平稳顺利运营。

二、业务效果

中信银行是余额宝的唯一托管行和监管行，为其提供专业的托管及监管服务，该行也因此成为“电商基金托管第一家”。天弘基金已成为中信银行最重要的同业存款来源，为银行带来了可观的托管费收入、活期定期存款收入和法人账户透支业务的利息收入等利润。该业务成功上线并平稳运营后，借鉴此互联网基金思路，系统内深圳分行开展了与华夏基金薪金宝和南方基金薪金宝的业务合作，支持刷卡消费和实时取现功能，更是打通了货币基金“T+0”赎回的最后一道屏障，成为中信银行零售条线的明星产品。该成功经验也被业内其他商业银行所借鉴。中信银行还成功营销了嘉实基金活钱包项目，即与国内另一电子商务巨头京东商城开展了合作，极大拓宽了业务覆盖面。

三、案例评析

中信银行作为余额宝唯一托管行和监管行，其与互联网金融融合发展的积极心态值得肯定。就余额宝产品本身来看，此类“T+0”货币基金产品解决了客户沉淀资金收益低、客户流失风险的问题，通过巧妙地将货币基金产品嵌套至支付公司平台，在一定程度上简化了购买基金产品的流程，加以互联网情景设计，使一般客户更易懂得和接受传统货币基金，对银行产品设计很有启发。由于支付公司、基金公司属于轻资本运营的金融机构，自有资金有限，银行给予的流动性支持很好地满足了投资者需求，也契合了支付公司、基金公司的诉求。

北京银行直销银行“慧添宝”货币基金服务

一、案例介绍

货币基金是目前最为流行的“余额理财”产品，结合了低门槛、高流动性、高收益等特点，且多为互联网渠道购买，非常符合年轻一族的理财需求。北京银行直销银行坚持“简单化、标准化、特色化”的产品设计理念，携手中加基金公司开发了“慧添宝”货币基金产品。该产品随时存入支取、风险可控、门槛极低，且收益率大幅高于活期储蓄产品。产品具有以下特点：一是申购门槛低，起购金额为 1 元钱，对于购买期限也没有任何限制。二是产品收益高，收益率是活期利息收入的十倍多。三是随时随地支取，只需在手机或电脑上进行几步简单的操作，资金便可随时转入活期账户进行消费、汇款。

二、业务效果

截至 2015 年 6 月末，该款产品客户数量超过 3000 人，余额超过 800 万元，申请客户数量保持快速增长趋势，产品运营良好。下一阶段，北京银行还计划引入更多的货币基金产品，丰富理财产品系列，满足客户多元化的理财需求。

三、案例评析

“慧添宝”业务设计借鉴了互联网理财基因，解决的“痛点”是年轻群体这类客户资金量普遍较小，大额理财门槛过高，花钱速度快且存不住钱，又想快速积累财富的需求。这也反映了传统银行积极拥抱互联网金融的良好心态，但银行应更加重视此类业务的流动性风险和市场风险管理。

北京银行直销银行“惠存宝”存款服务

一、案例介绍

北京银行直销银行“惠存宝”储蓄产品，通过降低运营成本实现了利率的提升，同时也推动银行主动迎接利率市场化的全面到来。具体来说，该产品具有以下创新点：一是全程在线购买，节省客户时间。“惠存宝”产品采用线上申购模式，甚至提前支取等特殊业务都可在线办理。二是产品多样化，增加选择性。“惠存宝”系列共计有 8 款产品，产品期限从 3 个月到 5 年不等，起购金额从 50 元至 30 万元，客户可根据自己的需要进行不同的选择，一款产品基本上满足了市场上有存款需求的所有类型客户。三是紧跟利率市场化步伐，产品收益前景可观。近日，“惠存宝”产品推出大额存单业务，利率较基准利率上浮超过 40%。

二、业务效果

截至 2015 年 6 月末，该款产品客户数量达到 477 人，余额超过 5600 万元。近期，北京银行直销银行还推出了“惠存宝 MAX”（大额存单）等产品，进一步丰富储蓄产品种类，满足客户多元化储蓄需求。

三、案例评析

“惠存宝”业务开展满足了年轻客户的理财需求、储蓄需求。由于不设实体网点，所以降低了运营成本，因此可以让利客户，储蓄利率高于柜台，且储蓄产品的定位使得“惠存宝”风险可控。

后　记

本书付梓正值我国利率市场化改革基本完成之际，一方面以互联网金融为代表的新经济模式风起云涌，另一方面金融体制机制改革不断步入深水区，在这个“三期叠加”的北京的初冬，我们仍满怀希望地看到，北京银行业的发展“形有波动，势仍向好”。

“互联网金融专题研究小组”组建于2015年初，初衷在于通过实证研究探寻传统银行业面对新经济浪潮和互联网革命的转型变迁，为行业未来发展和有效监管提出有益思路。调研开展近一年来，北京银监局党委书记、局长苏保祥的高瞻远瞩和宏观指导成为研究小组最坚强的后盾支持，局党委委员、副局长曾颖的牵头组织和兼收并蓄为研究小组营造了良好的调研环境和氛围。难忘炎炎酷暑中的现场走访，难忘数易其稿的苦涩失落，难忘观点迥异时的唇枪舌战，这些美好瞬间都将随着文稿收笔被永远地定格在小组成员的记忆中，定格在北京银行业改革转型的脚印中。

本书汇集了北京银监局关于互联网金融对银行业影响的调研报告，以及北京主要银行业金融机构董事长、行长（总经理）对互联网金融的理解感悟和工作思考。在研究报告之外，本书精心筛选整理了银行业金融机构开展互联网金融产品创新、业务开拓和战略布局的实践心得，以典型案例分析的形式全面翔实地展现给读者，实用性、操作性、可借鉴性兼备。这样大规模、深度的分享交流在互联网金融业内尚属首次，在已面世图书中也不多见，但恰能代表我们参与共享经济、合作共赢的信心和决心。

北京银监局国有处主持开展了这一专题调研，从调研策划、问卷设计、现场走访到书稿编撰、版面设计，徐伟、邓彬、韩姝等同志付出了巨大努力和心血。感谢北京银监局武永杰、喻强、刘明艳、徐英晓、肖云钢、王威、李永东、裘骆红、贾永航、张静红等同志对研究小组工作的一贯支持，他们是本书得以完成的幕后英雄；感谢建设银行北京市分行廖林行长、徐洪昇副行长，中国银行北京市分行王建宏行长、刘敏副行长对研究小组的智力援助；感谢工商银行北京市分行龚萍副行长，总行电子银行部董志强高级经理、裘岚菁副处长的专业辅导；感谢陈霄慧、周浩羽、闫璐、李蕾、黄薇、林勇、王玉庆、郝焱、李楠、母春森、郁强、于先波、张昕、张斌、马煜、王伟、顾周聪、和晋予、刘洪明、顾弢、王婧瑶、李贇、范雯枫、张颖、刘晓琳、钱宏亮、王元、晏琳沅、刘晖、马鑫、曾华等同志的不懈努力。大家的付出才使得本书顺利出版。

我们有幸看到，在调研过程中，人民银行等十部委《关于促进互联网金融健康发展的指导意见》落地执行，多家银行陆续发布了自身的互联网金融发展战略，互联网金融在规范发展的道路上脚步越来越坚定，传统银行业在融合发展的进程中姿态越来越自信。

“乘风破浪会有时，直挂云帆济沧海”，寄语互联网金融发展浪潮中的传统银行业！

北京银监局互联网金融专题研究小组

2015 年 11 月 5 日